문화예술계 블랙리스트,
실행과 작동의 기록

이 책은 서울문화재단의 '예술전문서적 발간지원'을 받아 제작되었습니다.

서울특별시 서울문화재단

문화예술계 블랙리스트, 실행과 작동의 기록

김미도

연극과인간

역사의 한 페이지를 엮으며

나는 어쩌다 이 일에 말려들게 되었을까. 2015년 6월 18일, '공연예술 창작산실' 심의 결과의 번복을 요구받던 날로부터 6년도 더 지난 오늘까지 나는 소위 '문화예술계 블랙리스트 사태'에서 헤어나지 못하고 있다.

한국문화예술위원회(이하 '예술위')가 심사위원들을 재소집한 그 날, 나는 회의에 가면서 난생처음 녹취를 준비했다. 그 이유는 이미 2014년 연말에 있었던 '2015 서울연극제 대관 탈락' 사태에서 수상한 낌새를 느꼈기 때문이었다. 그리고 2015년 9월 9일, JTBC를 통해 '검열' 사실을 폭로하기까지 나는 극심한 스트레스에 시달렸다. 어떻게든 저항을 해야 한다는 생각으로 주변에 일부러 검열이 있었다는 얘기를 흘리면서도 막상 도종환 의원실이 증거를 요청해 왔을 때는 결단이 쉽지 않았다. 박정희, 전두환 정권하에서 학창시절을 보낸 나로서는 그런 폭로가 나 자신뿐 아니라 가족에게도 얼마나 위험한 일이 될 수 있는지 잘 알고 있었기 때문이다.

2015년 9월 9일 JTBC 뉴스룸을 통해 그 보도가 나갈 때, 나는 중학교 1학년짜리 큰아들을 옆에 앉혀 놓고 방송을 보기 전에 미리 이런 얘기를 했다. "앞으로 혹시 엄마나 우리 집에 안 좋은 일이 생기면 바로 이것 때문이야.” 아들은 방송을 보고 나서 무슨 일인지 다 이해했다고 했다. 폭로 전에 남편의 동의를 구한 것은 물론이다.

그날 이후, 예상했던 대로 나에게는 감당하기 어려운 일들이 일어났다. 곧바로 이어진 국정감사에서 도종환 의원이 제기한 검열 이슈는 태풍의 눈이 되었다. 난생처음 국회방송이라는 걸 시청하며 문체부 장관, 예술위 위원장, 예술위 직원들의 한마디 한마디에 피가 거꾸로 솟았다. 문화예술계에서는 검열을 규탄하는 성명서들이 무수히 터져 나왔고, 검열로 의심되는 또 다른 사건들이 연달아 폭로되었다. 주변에는 나의 폭로가 부질없는 짓이었다고 비웃는 사람들이 대부분이었고, 심지어 연극계가 더 미운 털이 박힐 거라며 나를 비난하는 세력도 있었다. 한국연극평론가협회에서는 내가 편집장을 맡고 있던 계간 『연극평론』이 지원금을 못 받게 될까 봐 전전긍긍했다. ‘공연예술 창작산실’에서 박근형을 제외하고 검열을 통과한 나머지 7개 단체들은 공연을 올리느냐 마느냐의 문제를 놓고 연일 신경전을 벌인다는 소문이 들려왔다. 나는 그들에게 공연을 그만두라고 말하고 싶었으나 끝내 그런 말은 하지 못했다. 결국 나 때문에 거액의 지원금이 날아가고, 그 사업은 폐지될 거라는 공포 때문이었다.

2016년에 접어들면서 검열 이슈는 사그라지는 듯했고, 나는 정말 괜한 폭로를 한 사람처럼 되어갔다. 그래도 그해 여름, 연극 현장에서는 ‘2016 권리장전_검열각하’라는 제하에 21개 극단의 22개 작품이 릴레이로 공연되면서 검열 이슈에 다시 불을 지피고 있었다. 나는 그 작업에 참여했던 작업자들에게 정말 뜨거운 동지애를 느꼈고, 지금까지도 이루 말할 수 없이 감사하다. 2016년 국정감사에서는 도종환 의원실이 예술위 회의록에서 블랙리스트의 단서를 찾아냈고, 10월 12일에 드디어 한 매체가 블랙리스트 명단을 보도했다. 당시는 이미 최순실과 관련된 여러 사건들로 세상이 들끓기 시작할 때였고, 블랙리스트 사태는 박근혜 탄핵 정국에서 또 다른 중요한 축이 되었다. 촛불 시민들이 거리로 쏟아져 나왔고, 2017년 1월 10일 광화문 광장에는 기습적으로 '블랙텐트' 극장이 설치되었다. 그 추웠던 겨울, 블랙텐트에서 공연된 작품들은 대부분 매진이었다. 광장 주변의 온갖 소음이 침입하는 그 공간에서 예술가들은 공연을 하며 관객들과 함께 온기를 나누었다. 나는 연극인들 중심으로 꾸려진 검열백서위원회의 위원장을 맡아 동료들과 함께 『검열백서』 준비 1호와 2호를 펴내기도 했다.

정권이 바뀐 후, 2017년 7월 31일에 문체부 직속으로 '블랙리스트 진상조사 및 제도개선 위원회'가 꾸려졌고, 나는 민간위원이자 백서발간소위원회 위원장을 맡았다. 그러나 조사위는 국회로부터 차년도 예산을 받지 못해 1년도 못 채우고 해산되었다. 그 후, 나는 회의를 할 사무실도 없고 예산도 거의 없는 상황에서 자원봉사에 가까운 소수의 인력만으로 출판사 한 켠에서 백서발간 작업을 해야 했다. 2019년 2월에 총 10권, 전체 6622쪽 분량의 『블래리스트 진상조사 및 제도개선위원회 백서』가 드디어 출간되었다.

그러나 블랙리스트와 관련된 일은 여기서부터 다시 시작이었다. 나는 문체부 산하의 '이행협치추진단'의 일원으로 다시 블랙리스트 후속조치들의 이행과 제도개선을 점검하는 일을 현재까지도 계속하고 있다. 1년 내내 예산 부족에 시달리던 블랙리스트 조사위에서, 업무 공간조차 주어지지 않던 백서 발간 작업에서 나는 온갖 설움을 삼키며 문재인 정권에 대한 분노가 치밀었다. 이 정권은 블랙리스트 사태 해결을 국정과제 1호로 설정해놓고도 그 해결 과정에 대해서는 도무지 관심이 없어 보였다.

백서 발간 작업을 하고 있던 2018년 9월 13일에 문체부는 가해자들에 대해 '징계 0명'이라는 어이없는 결과를 발표했다. 연극인들이 다시 거리로 나와 일인시위를 시작했고 무용계, 음악계 등 다른 장르에서도 동참했다. 나는 백서 작업 와중에 틈틈이 광화문, 청와대, 국회 앞 등에서 일인시위를 했다. 11월 3일에 문화예술계가 국회 앞에서 청와대 앞까지 대대적인 행진을 벌인 후, 드디어 도종환 문체부 장관이 징계 문제를 재논의하겠다고 결정했다. 2018년 12월 31일에 문체부는 수사 의뢰 3명, 징계 1명이 추가된 최종 징계안을 발표했다. 그러나 수사의뢰자들에 대한 수사는 아직도 개시조차 못하고 있고, 블랙리스트 가해자들은 끊임없이 문화예술계로 복귀하고 있다. 대부분의 가해자들은 사과조차 하지 않았고 일부는 여전히 승승장구 중이다. 예술위를 비롯한 주요 기관들의 제도개선도 지지부진하다. 무엇보다도 블랙리스트 피해자들은 아직도 트라우마에 시달리고 있다.

요즈음 나는 솔직히 매우 허탈하고 우울하다. 이제 내 주변 사람들조차 블랙리스트 사태에 대해 무심해졌다. 내가 가장 듣기 싫은 소리는 "아직도 안 끝났어?"라는 말이다. 왜 아직도 안 끝났는지를 설명하기도 입이 아프고, 내 우울만 더 깊어진다. 그래서 서둘러 이 책을 내기로 했다. 나는 이제 '기록'함으로써 말하고, 논문과 저술을 통해 싸우기로 한다. 내 기억이 생생하게 살아 있을 때, 나는 블랙리스트 사태에 관한 모든 것을 기록하여 역사에 남길 것이다.

돌아보면 사실 그리 허무한 것만은 아니다. 미우나 고우나 도종환 장관 덕으로 빠른 시간 안에 조사가 이루어졌고 백서가 나왔다. 박양우 장관은 블랙리스트 피해자 명예회복과 기억사업을 약속하여 진행 중이다. 황희 장관 취임 이후, 최근에 '예술인의 지위와 권리의 보장에 관한 법률'이 통과됨으로써 헌법에 보장된 표현의 자유는 좀 더 든든한 울타리를 얻었다. 그 밖에도 예술위 위원 선임 절차가 개선되는 등 자잘한

성과들이 있었다. 6년 동안 내가 한 일이 예술가들의 표현의 자유를 신장시키는 데 일조했다면 큰 보람이다. 그 6년 동안 나는 가족에게 많이 소홀했고, 학교에도 오래 머물지 못했고, 연극평도 많이 못 썼고, 평생의 숙원인 한국연극사 집필은 시작도 못 했다. 못한 일들에 대한 아쉬움이 있으나 내가 아니면 할 수 없었던 일을 한 것으로, 그것이 어느 날 내게 운명처럼 주어진 하늘의 소명이었던 것으로 위안을 삼고자 한다.

이 책을 내면서 감사할 분들이 너무 많다. 우선 이 책의 발간을 지원해주신 서울문화재단에 감사드린다. 서울시 산하의 서울문화재단은 블랙리스트 사태로부터 비교적 자유로웠고, 심지어 블랙리스트에 올라 예술위 지원에서 탈락한 예술가들에게도 지원을 주저하지 않았다. '2016 권리장전_검열각하'에 참여했던 연극인들, 칼바람 속에서 블랙텐트를 사수하며 공연을 이어갔던 공연예술인들, 거리에서 시위하며 함께 했던 모든 동료들, 늘 든든한 뒷배가 되어준 '블랙리스트 타파와 공공성 확립을 위한 연극인 회의'(블랙타파)와 '문화민주주의 실천연대', 1년 가까이 동고동락한 블랙리스트 진상조사위 위원 및 전문위원(조사관)님들, 악조건 속에서 백서 발간을 위해 끝까지 내 곁에 남아준 전문위원님들, 미처 열거하지 못한 모든 분들께 진심으로 감사드린다.

가장 감사한 두 분을 꼽자면 도종환 전 문체부 장관님과 이양구 작가님이다. 나는 문체부 '징계 0명' 사태에 맞서 도종환 장관을 비난하기도 했지만, 그가 아니었다면 블랙리스트 사태는 그렇게 강력한 폭탄으로 터지지 못했을 것이다. 도종환 의원실은 2015년 국정감사뿐만 아니라 그 이후에도 지속적으로 증거를 찾아 2016년 국정감사에서 결정타를 터뜨렸다. 그 과정에서 보여준 홍수진 보좌관의 끈질긴 집념과 노력에 대해 경의를 표한다. 또한 정권 교체 이후 도종환 의원이 문체부 장관이 되었기에 그토록 신속히 진상조사위가 꾸려지고, 그 어떤 역사적 사건보다도 빨리 백서가 세상에 나올 수 있었다.

이양구 작가는 내가 예술위 회의의 녹취를 갖고 있다는 소문을 듣고 찾아와 '눈을 부라리며' 왜 빨리 폭로하지 않느냐고 다그쳤었다. 나는 정의감에 불타는 그 앞에서 늘 작아지고 비겁했다. 진상조사위가 꾸려진 후에 나는 민간위원으로서, 그는 조사관으로서 연극계 관련 조사를 위해 정말 사력을 다했다. 백서를 읽어 보신 분들은 알겠지만, 이양구가 조사를 맡지 않았다면 그 짧은 시간 안에, 그 많은 사건에 대해, 그리 상세한 조사보고서를 남기는 일은 불가능했을 것이다. 모든 장르를 통틀어 연극 분야 조사가 가장 충실하게, 광범위하게 이루어졌다고 자부한다. 그 후로도 우리는 문체부 이행협치추진단 활동을 같이하며 늘 의견을 나누었고 일치를 이루었다. 특히 피해자들의 명예회복과 기억 사업에 대해 각별한 애정을 갖고 노력했다. 이양구가 아니었다면 나는 너무 힘들어서 적당한 시점에 이 문제로부터 도망쳤을지도 모른다.

늘 내 책을 내주시는 출판사 '연극과 인간'과 박성복 사장님께 특별히 감사 드린다. 연극과 인간은 이미 블랙리스트 사태 관련 글들을 모은 『세월호와 한국연극』을 출판해 주신 바 있다. 이 책은 블랙리스트 진상조사위 출범 이후 조사에 착수하기 전 중요한 밑그림이 되었다. 늘 팔리지도 않을 책을 부탁드렸는데 이번에는 지원금을 받아 책을 내게 되어 조금은 송구한 마음을 덜 수 있을 것 같다.

끝으로 박근형 연출님께 정식으로 사과의 말씀을 드린다. 나는 좀 더 일찍 폭로했어야 했다. 후배극단들이 공연할 수 있도록 해야 한다는 박근형의 말에 기대어 나는 '공연예술 창작산실'의 검열을 통과한 7개 단체가 모두 지원금을 수혜한 이후로 폭로를 미루었다. 나는 박근형에게 예술위 직원들이 찾아갈 텐데 포기하지 말고 같이 싸우자고 말하면서도 내심 그 싸움을 두려워하고 있었다. 박근형이 포기함으로써 나머지 7개 단체가 지원을 받았지만 나는 진상조사위가 마무리될 때쯤에야 내가 결국 박근형을 피해자로 만들었다는 걸 깨달았다. 내가 녹취를 바로 공개했더라면 8개 단체의 지원금이 모두 날아가더라도, 그 빌어먹을 창작산실이 폐지되더라도 나는 한 명의 피해자도 만들지 않았을 것이고, 7개 단체의 예술가들도 비겁하게 만들지 않았을 것이다. 그때 창작산실로 데뷔한 젊은 작가 한 사람이 이 사태를 겪으며 바로 연극계를 떠났다. 그에게도 미안한 마음을 전하고 싶다.

2015년 6월 이후, 나는 역사 앞에서 부끄럽지 않은 사람이 되려고 최대한 노력했다. 특히 내가 몸담고 있는 문예창작학과 학생들에게 부끄럽지 않은 선생이 되고 싶었다. 검열이 존재하는데도, 검열의 현장을 목격하고서도 모른 체하는 선생이 될 수는 없었다. 내 딴엔 용을 썼지만 돌이켜보면 여전히 부끄럽고 미흡한 일들이 참 많다. 앞으로 남은 시간도 역사에 빚지지 않기 위해 블랙리스트 사태를 역사에 똑똑히 새길 것이다.

2021년 10월에 초안산 옆에서

■ 일러두기

1. 이 책에 실린 글들은 대부분 발표된 시간 순서를 따랐다. 블랙리스트 사태를 시간의 흐름에 따라 개괄할 수 있기 때문이다. 맨 마지막에 수록한 「나도 피해자다」는 블랙리스트 진상조사위가 꾸려질 무렵에 발표한 글이지만 개인적인 내용이 많이 포함되어 맨 뒤에 배치했다. 맨 앞에 놓은 논문 「문화예술계 블랙리스트 작동 방식에 관한 연구」는 그냥 처음에 읽거나 다른 글들을 모두 읽은 다음에 읽어도 좋겠다.

2. 원글이 발표된 시점을 각 글이 시작되는 페이지의 맨 처음 각주 부분에 명기하였다. 블랙리스트 사태의 전개 과정을 시간의 흐름에 따라 이해하도록 돕기 위함이다.

3. 기관 명칭에서 약칭을 쓴 경우들이 있다. 문화체육관광부는 주로 '문체부'로 표기했으며, 한국문화예술위원회는 '예술위'와 '문예위'가 혼용되어 있다.

4. 원글에서는 인용된 기사의 매체와 일시만 적혀있는 경우가 대부분이었으나 책 발간을 준비하면서 기사를 일일이 검색하여 대부분 링크를 찾아 병기했다.

5. 원글을 대부분 그대로 실었으나 독자들의 편의를 위해 연도를 삽입한 경우들이 있다. 예를 들어 '지난 해'로 표기되었던 것의 해당 연도

를 찾아 넣었다.

6. 원글에서는 실명으로 나갔던 가해자들의 이름을 대부분 비실명으로 표기했다. 비실명 표기 기준은 『블랙리스트 진상조사 및 제도개선 위원회 백서』의 원칙을 따랐다. 그러나 기사 인용 등에서 실명이 노출된 경우에는 본문에서도 실명을 그대로 둔 경우가 있다.

블랙리스트 피해자들과,

블랙리스트에 맞서 싸운

모든 동료들에게

이 책을 바칩니다.

문화예술계

블랙리스트,

실행과 작동의 기록

차례

문화예술계 블랙리스트 작동 방식에 관한 연구

- 연극계를 중심으로

2000년, 민주화를 위한 전국교수협의회 활동 - 국가보안법 폐지서명 등
동명이인 확인 후 조치할 것
제외할 것
자체확인 및 12명 제외조치 완료 보고
간이확인: 이상 없음
자체확인 결과 2명 제외, 나머지 3명 진행 - k
임수경 방북지지, 친노, 노무현추모공연기획, 남편 한겨레 활동 등
2009소고기반대 시국선언 1건
대운하 반대
현정부 우호적 활동가로 양해됨
지원중단시 국제적 불신 초래, 연극계원로들의 거센 반발 예상
심사 제외
국가보안법 비판
대표 개인의 활동이 문제되며
절대 안 됨
자체 판단
이력 파악 후 판단
정치적 인물
대사관 요청사항
단순 가담
특이사항 없음
그냥 할 것
제외하고 진행키로 함

차기부터 없앨 것
개폐회식 안 됨
추후 제외할 것
특이 없음
간이확인
정치활동
의심사례, 가능한 안 하는 것으로
각종 시국선언

문화예술계 블랙리스트 작동 방식에 관한 연구*
- 연극계를 중심으로

1. 위헌적 국가범죄로서의 문화예술계 블랙리스트

2020년 12월 23일, 헌법재판소는 문화예술계 블랙리스트 사태에 대한 헌법소원 심판에서 재판관 전원일치 의견으로 위헌 결정을 내렸다. "지원배제 지시는 문화·예술인들의 특정한 정치적 표현의 자유에 대한 사후적인 제한에 해당한다"며 "이로 인해 앞으로 문화·예술인들이 유사한 정치적 표현의 자유를 행사함에 있어 중대한 제약을 초래하게 된다"고 밝혔다. 헌법재판소는 특히 "특정 견해나 이념에 근거한 제한은 가장 심각하고 해로운 표현의 자유 제한"이라며 "헌법의 근본원리인 국민 주권주의와 자유민주적 기본질서에 반한다"고 판시했다.[1]

---

* 『한국연극학』 77호, 2021. 2.

1 「헌재 "박근혜정부 문화예술계 블랙리스트, 위헌"」, 노컷뉴스, 2012.12.23. 〈https://www.nocutnews.co.kr/news/5470240〉 (검색일: 2020.12.26.).

2017년 7월 31일에 문화체육관광부(이하 문체부) 소속으로 출범한 「문화예술계 블랙리스트 진상조사 및 제도개선위원회」(이하 '블랙리스트 진상조사위')는 2018년 6월 18일 활동 종료시까지 11개월 동안 신청사건 112건과 직권사건 33건을 합한 총 145건을 조사한 결과, 총 115건의 진상조사결과보고서를 생산하였다. 2019년 2월 27일에는 총 10권으로 편집된 6,622쪽 분량의 『문화예술계 블랙리리스트 진상조사 및 제도개선위원회 백서』(이하 '블랙리스트 백서')가 발간되었다. 이 방대한 백서는 문화예술계 블랙리스트 사태를 다각도로 분석할 수 있는 기초자료로서 블랙리스트 사태를 더욱 심층적으로 연구할 수 있는 길을 열어주고 있다.

블랙리스트 진상조사위는 블랙리스트 사태를 다음과 같이 정의한다. "'문화예술계 블랙리스트 사태'는 집권세력이 국가기관, 공공기관 등을 통해 법·제도·정책·프로그램·행정 등의 공적(公的) 또는 강요·회유 등의 비공식적 수단을 동원하여, 정권에 비판적이거나 정치적 견해가 다른 문화예술인들을 사찰·감시·검열·배제·통제·차별하는 등 권력을 오·남용함으로써 민주주의 원리를 파괴하고, 예술 표현의 자유와 문화예술인의 권리를 침해한 국가범죄이자 위헌적이고 위법, 부당한 행위이다."[2]

블랙리스트의 위헌성은 블랙리스트 사태 초기부터 끊임없이 제기되었다. 블랙리스트는 "양심의 자유, 표현의 자유, 예술의 자유, 감시 받지 않을 권리, 평등원칙 및 평등권, 검열금지 원칙 등과 같은 개별 기본

2 문화예술계 블랙리스트 진상조사 및 제도개선 위원회, 『문화예술계 블랙리스트 진상조사 및 제도개선위원회 백서1 – 위원회 활동보고서』, 문화체육관광부, 2019.2, 20쪽.

권 및 개별 원칙들에 반할 뿐만 아니라, 민주주의, 법치주의, 문화국가 원리 등 헌법의 기본원리와 정신을 명백하고도 중대하게 침해한다. 한마디로 블랙리스트는 중대한 헌법위반이다."[3]

블랙리스트 사태는 또한 주저 없이 '국가범죄'로 규정되고 있다.

> 누가 국가범죄를 저지르는가? 국가범죄의 주체에는 제한이 없다, 위기 상황에서 군사조직, 보안경찰, 권력자의 조종을 받는 반공식적 폭력 집단, 민병대가 주로 자행한다. 예컨대 자발적인 나치 대중조직과 반공식적인 폭력 집단은 파시즘 체제나 극우 체제가 등장할 때마다 매우 중요한 역할을 수행한다. 이에 비해 평화 시에는 세련된 논리를 갖춘 법 장치들이 학살자의 역할을 조용히 수행한다. 그러나 꼭 공식적인 국가기구나 국가의 후원을 받는 집단만 국가범죄를 자행하는 것은 아니다. 국가는 어떠한 경우에도 영향력을 극대화할 수 있는 수단을 가지고 있다. 따라서 사기업이나 민간 조직조차 국가범죄의 도구가 될 수 있다. 어두운 시대에 나돈 노동조합 활동가들에 대한 블랙리스트가 그 예이다.[4]

"블랙리스트 사태는 청와대가 기획하고 청와대와 국정원이 작성한 리스트를 문체부와 문예위 등이 현장에서 실행한, 국가 공식기구가 조직적인 인권 유린행위를 저지른 조직범죄이지 일부 예술가들의 지원금 배제 문제가 아니다."[5] "블랙리스트 사태의 헌법적 국가범죄는

---

3 유승익, 「국가범죄로서 블랙리스트 사태의 위헌성」, 『문화예술계 적폐청산과 문재인 정부 국정과제 이행을 위한 정책 토론회 '문화계 블랙리스트 사태, 국회의 책무는 무엇인가?'』(자료집), 국회도서관 소회의실, 2017.9.27.

4 이재승, 『국가범죄』, 앨피, 2010, 23~24쪽.

5 이양구, 「국가범죄로서 블랙리스트 사태와 검열에 대한 인식들」, 한국연극평론가협회 편, 『세월호 이후의 한국연극 – 블랙리스트에서 블랙텐트까지』, 연극과 인간,

문화예술표현 또는 문화예술인의 표현의 자유에 국한된 문제가 아니다. 모든 시민의 사상의 자유와 모든 형식의 표현 자유 문제다. 그렇기 때문에 인간의 존엄과 가치의 문제이면서 국가의 존립 의의를 심각하게 묻는 문제다."[6] 즉 문화예술계 블랙리스트 사태는 그 위헌적 심각성이 단순히 문화예술계의 문제에 머무는 것이 아니라 대한민국 모든 국민의 기본권을 침해하며 인간의 기본적 존엄을 위해하는 문제인 것이다.

문화예술계 블랙리스트 사태에 관한 학술적 연구는 이제 막 시작되고 있는 형국이다. 학술논문으로는 이재승의 「블랙리스트 시대」[7], 이준일의 「블랙리스트의 헌법적 쟁점」[8] 정도가 있고, 학위논문으로는 박상욱의 「블랙리스트 사안 보도의 보도경향과 의미구성: 조선,한국, 한겨레 신문보도에 대한 비교분석을 중심으로」[9], 성상현의 「예술가 권리보호 방안 연구: 문화예술계 블랙리스트를 중심으로」[10]가 있다. 즉 현재까지 문화예술계 내에서 블랙리스트가 실제로 어떻게 작동되었는지에 대한 연구는 전무한 실정이다.

이 논문은 블랙리스트 백서 발간 이후 최초로 박근혜 정부의 심각한 위헌적 국가범죄인 문화예술계 블랙리스트 사태가 어떻게 실행되었는지, 그 작동방식을 단계별로 유형화하여 고찰해보고자 한다. 블랙리스트의 존재가 세상에 알려지기 전부터 국가기관에 의해 은밀하

2017.6, 157쪽.

6 오동석, 「국가범죄로서의 블랙리스트」, 『문화예술계 블랙리스트 진상조사 및 제도개선위원회 백서4-블랙리스트 사태의 총체적 조망』, 30쪽.

7 『민주법학』 제66호, 민주주의법학연구회, 2018.3.

8 『세계헌법연구』 Vol.23 No.1, 세계헌법학회, 2017.

9 성균관대학교 석사학위 논문, 2017.

10 한국예술종합학교 석사학위 논문, 2018.

고 치밀하게 작성된 과정과, 그 실행과정에서 단계별로 어떠한 배제의 원리가 작동했는지 규명하게 될 것이다. 블랙리스트의 피해는 연극, 영화, 문학, 출판 등의 분야에 걸쳐 전방위적으로 나타났는데 그 피해의 규모가 너무 방대하여 이 논문에서는 그 피해의 정도가 가장 심각했던 연극분야를[11] 중심으로 블랙리스트의 작동방식을 살펴보겠다. 청와대로부터 문체부로 블랙리스트가 하달되기 시작한 시기는 2014년 5월경인데 처음 내려온 100명 정도의 명단은 거의 문학과 연극 분야였다. 이 시기는 4월 16일에 세월호 침몰 사고가 발생하면서 정부에 대한 비판의 목소리가 커지는 시기였다.[12]

이 연구는 블랙리스트가 다른 분야에서도 유사한 형태로 작동되었을 가능성이 농후하므로 추후 각 장르별 블랙리스트 작동 방식을 연구하는 중요한 초석이 될 수 있을 것으로 기대한다.

---

11 블랙리스트 진상조사위에 접수된 제보 및 조사신청은 총 175건이었으며 그 중 연극, 무용 등 공연분야가 총 51건으로 가장 많았다. 공연 분야 중에서도 연극분야 조사신청이 대다수를 차지한다(『문화예술계 블랙리스트 진상조사 및 제도개선위원회 백서2-블랙리스트 진상조사 종합보고서』, 56~57쪽 참조). 한편, 블랙리스트 진상조사위가 종합한 분야(장르)별 블랙리스트 규모는 총 9,100건인데 그 중 영화 분야가 2,468건으로 전체의 27.1%를 차지하며, 문학분야가 1,707건으로 18.8%, 공연분야가 1,593건으로 17.5%를 차지한다(『문화예술계 블랙리스트 진상조사 및 제도개선위원회 백서1 – 위원회 활동보고서』, 33~34쪽 참조).

12 「문체부 내 건전콘텐츠활성화TF 등의 구성 및 운영 사건」, 『문화예술계 블랙리스트 진상조사 및 제도개선위원회 백서 – 진상조사 결과보고서: 기관별』(부록2-1), 386~388 참조.

2. 블랙리스트의 작동 방식과 유형

1) 불리한 정보 흘리기와 다단계 장치들

문화예술계에서 블랙리스트의 실체를 알아차리기 이전부터 블랙리스트는 은밀하게 작동되고 있었다. 그 대표적인 사례가 '2015 서울연극제' 대관 탈락 사건이다. 2014년 말에 2015 서울연극제가 아르코예술극장 대관심의에서 탈락했을 때, 당시 연극계는 이를 검열로까지는 인식하지 못했다. 행사 주체인 서울연극협회(약칭 '서협')는 이 사태를 단순히 공공기관에 의한 연극 탄압 정도로 간주하고, 곧바로 '연극 탄압 저지를 위한 비상대책위원회'를 발족한 후 2014년 12월 12일에 심의를 주관한 한국공연예술센터(이하 '한팩')를 고소한 바 있다. 그러나 블랙리스트 조사위에 따르면 이미 대관 탈락 사태 한참 전부터 서울연극협회 자체가 블랙리스트에 의한 지원금 배제 대상이었음을 알 수 있다.

서울연극협회는 국정원이 2014년 3월 17일에 작성한 「문체부, 左성향단체 참여 '현장예술인지원사업' 폐지 방침」에서 이미 배제 대상 단체로 적시되었다.

> 1. 문체부는 예술인복지재단에서 주관하는 '현장예술인교육지원사업'에 민족미술인협회, 한국작가협회, 한국작가회의, 우리만화연대, 서울연극협회 등 左성향 단체들이 대거 선정된 것과 관련 사업 자체를 폐지하고 경제적 여건이 어려운 예술인들을 지원하는 사업으로 변경할 계획[13](밑줄 필자)

---

13 국정원, 「문체부, 좌성향 단체 참여 '현장예술인지원사업' 폐지 방침」, 2014.3.17. 『문화예술계 블랙리스트 진상조사 및 제도개선위원회 백서1 – 위원회 활동보고서』, 48쪽에서 재인용.

국정원이 2014년 9월 26일에 작성한 「문체부, 문예진흥기금 비판 단체 지원 차단책 추진」에서는 2015년 문예진흥기금 지원 사업 심의에서 "세부 사업내용에 대한 확인 없이(사업계획이 미확정된 상태에서 신청) 지원대상을 결정했었던 관행을 개선, 세부 사업계획서를 제출토록하여 문제사업을 걸러내는 방향으로 개선책 강구"[14]를 예술위에 지침으로 하달했다.

2015년 아르코예술극장의 정기대관 공모는 2014년 10월 8일에 접수 마감되었는데 이후 예술위는 신청자 및 심의위원 명단을 문체부 공연예술전통과에 보냈다. 공연예술전통과는 지원배제 대상자 명단과 비교한 결과, 심의위원 후보 3명 및 19개 신청단체를 지원배제 대상으로 선별하여[15] 예술위에 하달하였다. 문체부 공연예술전통과가 2014년 10월 31일에 작성한 「2015 한국공연예술센터 정기대관공모 관련 보고」에서는 "BH 협의 결과, 심사위원 3인(김석만, 김미도, 김채현) 제외, 19개 신청단체(서울연극협회, 조은컴퍼니 등) 미선정 요청('14.10.30)"[16]이라고 되어 있다. 즉 청와대가 대관공모의 심의위원 선정에까지 사전에 개입했음을 알 수 있다. 같은 날, 문체부의 배제 지시를 전달 받은 권영빈 예술위 위원장은 유○○ 한국공연예술센터장에게 "내게 미루어라. 협회 전체를 배제하자"고 했고, 유○○센터장의 지시를 받은 김○○공연운영부장은 심의 방법과 절차를 개편하였다. 원래는 각 심의위

14 국정원, 「문체부, 문예진흥기금 비판단체 지원 차단책 추진」, 2014.9.26. 위의 책, 49쪽에서 재인용.

15 『문화예술계 블랙리스트 진상조사 및 제도개선위원회 백서2 – 블랙리스트 진상조사 종합보고서』, 168쪽 참조.

16 문체부 공연전통예술과, 「2015 한국공연예술센터 정기대관 공모 관련 보고」, 2014.10.31. 『문화예술계 블랙리스트 진상조사 및 제도개선위원회 백서 1 – 위원회 활동보고서』, 49쪽에서 재인용.

원들이 채점을 하면 높은 점수 순으로 대관을 결정해왔으나 이를 등급제로 변경하여 심의위원들이 A, B, C, D의 네 개 등급을 부여하고 우선순위에 따라 추천하도록 하였다. 또한 심의위원 추천 이후에도 센터장이 재검토하고 위원장이 최종 결정하도록[17] 심의 과정을 다단계로 변경 설정하였다.

이와 같은 사실들을 종합해 보면 한국공연예술센터의 2015 정기대관공모는 문체부와 예술위가 사전에 배제 단체를 선별하고, 먼저 심의위원 후보 리스트 검열을 통해 문제가 될 수 있는 심의위원 후보들을 배제한 후, 이를 용이하게 실현할 수 있는 심의위원들을 위촉했음을 알 수 있다. 그리고 심의위원들에 의해 배제가 자연스럽게 실현되지 않을 경우를 대비하여 다단계 배제 장치를 미리 고안해 놓았다.

2014년 11월 7일에 열린 대관 심의회의 상황을 보면 심의위원들이 배제 대상 단체들을 대관에서 탈락시키도록 교묘하게 유도하고 있음을 알 수 있다. 센터장 유○○는 특별히 '엄정한 기준'을 적용하고, 각종 협회도 특별하게 취급하지 말라는 권영빈 위원장의 지시를 심의위원들에게 전달했다. 또 김○○ 공연운영부장은 대관신청서 미비, 과거 3년간의 실적 부진과 같이 심의에 불리한 정보들을 심의위원들에게 제공했다. "아르코대극장을 대관하여 주지 않더라도 동숭홀 등의 타 극장을 대안으로 마련해 줄 것"이라고 하며 심의위원들을 대관 배제 쪽으로 유도하였다.[18] 이러한 정황을 종합해 보면 당시 심의위원들은 서울연극제의 대관 배제 요구가 블랙리스트에 의한 것임은 눈치 채지 못했을

---

17 『문화예술계 블랙리스트 진상조사 및 제도개선위원회 백서2 – 블랙리스트 진상조사 종합보고서』, 169쪽 참조.

18 위의 책, 169쪽 참조.

수 있으나 예술위 권영빈 위원장의 지시를 전달한 유○○ 센터장 , 김○○ 공연운영부장[19] 등에 의해 강력히 배제를 요구 받은 것으로 짐작할 수 있다.

결국 2015서울연극제는 대관심의에서 탈락되었고, 이러한 결과는 2014년 12월 1일 대수비[20]에까지 보고되었다. 그러나 서울연극협회가 대관 탈락에 크게 반발하며 한국공연예술센터를 고발하자 2014년 12월 30일에 아르코대극장 등 일부 극장을 2015서울연극제에 대관해 주기로 합의하였다. 이 사실을 알게 된 청와대 교문수석실 김소영은 2015년 1월 8일에 서울연극협회가 고소를 취하하지 않을 경우, 대관을 취소하라는 지시를 다시 문체부와 예술위에 내려보냈다. 2015년 3월 16일에 서울연극협회는 고소를 취하하였으나 청와대는 다시 입장을 바꾸어 서울연극제 배제를 집요하게 요구하였고, 예술위는 아르코예술극장 대극장의 구동부 장치 고장 때문에 긴급 안전 점검을 실시한다는 이유를 내세워 아르코대극장을 폐쇄하는 방법으로 결국 청와대의 지시를 이행하였다.[21]

---

19 김○○ 공연운영부장은 블랙리스트 진상조사위에서 다음과 같이 진술하였다. "서울연극제에 관하여는 당시에 몇 가지 문제점이 있으니 환기가 필요하다고 자신이 심사위원들에게 말하였는데, 가령 대관 후 3년 간의 실적과 관련하여, 서울연극제 취지에 맞지 않는 공연을 하였다거나 수시로 극장의 일정을 바꾸었든가, 어떤 공연의 경우 유료 점유율이 너무 낮은 등의 사유를 심사위원들에게 얘기를 했는데, 심사위원들도 자신이 그렇게 말하는 의미가 예술위가 서울연극제를 배제하여 달라는 의미라는 것은 충분히 알았을 것이라고 생각하고, 심사위원들도 서울연극제를 아르코 대극장 등에 대관 불허하는 것이 부담이 있었기 때문에 아르코 소극장이라도 대관하여 주자는 의견도 있었는데 예술위가 동숭홀 등 6개 극장을 마련하여줄 것이라는 대안을 확실히 제시하자 심사위원들도 부담을 덜고 서울연극제를 아르코 대극장 등에 대관하여 주지 않기로 하는 어려운 결정을 하였던 것이라 하였고," 『문화예술계 블랙리스트 진상조사 및 제도개선위원회 백서 - 진상조사결과보고서: 공연1』(부록 2-2), 42쪽.

20 대통령 주재 수석 비서관회의

문체부는 2015서울연극제 대관 배제 과정이 난항을 겪자 2016년에는 배제를 더 용이하게 실현하기 위해 미리 대비책을 강구한다. 2015년 4월 6일 문체부 예술정책과는 「서울연극제 최근 상황 보고」 문서를 통해 '서울연극제 배제 기본 원칙을 재확인' 하였으며, 2015년 5월 13일에는 2016서울연극제 대관 배제를 위한 대비책을 미리 설계하는 치밀함을 보인다. 그 방법으로 등장한 것이 기존의 '전국연극제'를 '대한민국연극제'로 확대 개편하는 것이었다.[22] 서울연극제를 서울 '지역'행사로 격하시킴으로써 지역행사에는 아르코예술극장을 대관하지 않겠다는 명분을 미리 마련하였다.

이러한 사실들을 종합하면 서울연극제의 대관 배제 과정에는 최소한 다음과 같이 6단계의 배제 장치가 작동하였음을 알 수 있다.

1단계	문제가 될 만한 심의위원 배제
2단계	다득점제에서 A,B,C,D 등급제로 심의 방법 개편
3단계	심의위원들에게 불리한 정보 흘리기
4단계	심의회의에서 배제 실패 경우, 센터장과 위원장이 배제
5단계	서협이 심의결과에 반발하자 극장 수리를 이유로 폐쇄 결정
6단계	익년도 배제를 위해 '대한민국연극제' 확대 개편

2015서울연극제 대관탈락 사건은 청와대로부터 문체부를 거쳐 예술위에 이르는 배제 실행 시스템이 얼마나 집요하게 작동했는지 보여주는 대표적인 사례라 할 수 있다. 다단계로 설계된 배제 시나리오에 의

21 『문화예술계 블랙리스트 진상조사 및 제도개선위원회 백서2 - 블랙리스트 진상조사 종합보고서』, 170쪽 참조.

22 위의 책, 171쪽 참조.

해 심의위원들로부터 결국 대관 탈락을 유도하고, 예상보다 거센 반발이 있자 극장을 아예 폐쇄 시켜 버리는 가공할만한 작전을 감행하였다.

2015서울연극제가 대관 탈락한 '한국공연예술센터 2015년도 정기대관 공모' 사업 심의에서는 서울연극제뿐 아니라 배제 대상 19개 단체가 결국 모두 배제되었다. 예를 들어 극단 백수광부의 경우에는 "심사위원 추천 의견으로 A등급을 받았음에도 불구하고 센터장 추천 단계에서 블랙리스트로 인하여 선정 배제되었다는 사실이 확인된다." 즉 2015 서울연극제의 경우에는 대관 탈락시 거센 반발이 예상되어 심의위원들을 적극 회유하였고, 극단 백수광부의 경우에는 심의위원 전원이 A등급을 주자 센터장 직권으로 배제를 실행한 것이다.[23] "배제를 실행하기 위해 의도적으로 심의제도를 채점제에서 등급별 추천제로 전환하였으며, 심의 프로세스에 센터장 선정과 위원장 결정 과정을 추가하여 이중의 배제 방안을 마련하는 등의 방법으로 결과적으로 청와대의 배제 지시가 있었던 단체가 전원 지원 배제되었다."[24]

---

23 「'한국공연예술센터 2015년도 정기대관 공모 사업' 등 '극단 백수광부' 선정 배제 사건」, 『문화예술계 블랙리스트 진상조사 및 제도개선위원회 백서 – 진상조사결과보고서: 공연1』(부록 2-2), 755쪽. "한국공연예술센터의 극장대관은 공연예술센터장의 의견을 들어 예술위 위원장이 결정하도록 규정되어 있는데, 2014.11.14. 대관심의위원회 심의 결과 극단 백수광부의 '굿바이'가 A등급, 극단 그린피그의 '트로이아의 여인들'이 B등급을 받았음에도 위와 같은 청와대와 문체부의 배제 지시에 따라 서울연극협회와 극단 백수광부, 극단 그린피그 등을 선정에서 제외하는 결정을 하였다."「김기춘 외 3인 1심 판결문」, 2017 고합 102, 82쪽.

24 「2015 한국공연예술센터 정기대관공모 사업 '극단 두비춤' 선정 배제 의혹 사건」, 『문화예술계 블랙리스트 진상조사 및 제도개선위원회 백서 – 진상조사결과보고서: 공연1』(부록 2-2), 699쪽. "센터 직원이 대관 배제가 될 만한 사유를 미리 수집하고 심의위원에게 전달했던 점, 실제 센터 측에서 서울연극협회를 배제하기 위해 위와 같이 동숭홀을 일종의 미끼로 삼아 회유하여 서울연극협회와 서울연극제가 C등급 및 D등급을 받은 점 등을 고려할 때, '2015 한국공연예술센터 정기대관 공모' 등급 심의가 공정하거나 객관적으로 진행되지 아니하였던 사실이 인정된다.", 같은 책,

블랙리스트 실행 초기에는 심의위원들에게 심사 대상 단체들에 관한 불리한 정보를 흘려서 자연스럽게 배제를 유도하는 수법이 많이 활용되었던 것으로 보인다. 그 대표적인 사건 중 하나는 '2015 다원예술창작지원 배제' 사건이다. 2015년 1월에 진행된 1차 심의에서 "예술진흥본부장 이○○ 및 창작지원부장 장○○이 심의에 배석하여 이를 심의위원에게 설명하는 방식으로 탈락을 유도하였다. 가령 배제 대상 중 하나인 '그린피그'의 경우 예술위 사무처에서 '새로운 창작 작품만 지원이 가능하다'는 조건을 제시하여 탈락한 정황이 회의록을 통해 확인되는데, 실제 사업 공고에 명시되어 있지 않은 지원불가 사유라는 점에서 심의위원에게 거짓 사실을 전하여 탈락했음이 확인된다."[25]

또 다른 예는 한국연극인복지재단의 '2015 찾아가는 연극 부당 배제 사건'이라 할 수 있다. 연극인복지재단은 2017년 1월 26일에 이사장 박정자의 명의로 「2015 연극인 일자리 지원사업 '찾아가는 연극' 최종 심사에 대한 재단의 입장」이라는 성명서를 발표하였다.

> 2015년 7월 30일, '찾아가는 연극' 참가 단체를 선정하는 최종 심사를 진행하기 5분 전, 재단은 문체부의 사업담당 직원으로부터 심사대상자 중 '정산 불성실 이행 또는 횡령 사실'로 인해 이 사업에 참가자격이 없다는 내용을 유선 상으로 통지를 받아 촉박한 심사 일정으로 위 내용을 의심의 여지없이 심사규정에 반영하여 진행하였습니다.
>
> 최근, 재단은 이 일이 '문화예술계 블랙리스트'와 연관되어 있을 수 있다는 사실을 인식하고, 그 경위와 입장을 밝힘으로써 예술 검열에 관한

721쪽.

25 『문화예술계 블랙리스트 진상조사 및 제도개선위원회 백서2 – 블랙리스트 진상조사 종합보고서』, 173쪽.

역사기록에 동참하기로 하였습니다.[26]

'찾아가는 연극' 배제 사건은 연극인복지재단이 심의 당시에는 전혀 블랙리스트 실행 사실을 알아채지 못했다가 나중에 문화예술계 블랙리스트 사태가 큰 논란이 되자 무려 1년 반이나 지난 시점에서 부당한 배제가 일어났음을 인지한 경우이다. 블랙리스트 조사위의 조사 결과에 따르면 이 사업에서 실제로 문체부 주무관의 배제 요청에 따라 6개 연극단체가 공정한 심사 기회를 박탈 당한 채 부당하게 탈락한 사실이 확인되었고, 6개 단체의 '기금 미정산 또는 횡령' 사실은 없었던 것으로 확인되었다.[27] 한국연극인복지재단이 뒤늦게라도 블랙리스트 실행을 인지하고 공식 사과한 것은 매우 이례적인 일이다. 블랙리스트를 실행한 다른 기관들은 블랙리스트 조사위 종료 이후에나 마지못해 공식적으로 사과했고, 블랙리스트 실행 당시 기관장들 중에는 2020년 현재까지도 사과하지 않은 경우가 대부분이다.

"블랙리스트 실행 초기, 지원 심의 과정에서 기관의 실무자들이 예술가들을 배제하기 위하여 '정산 미비' '서류 미비' '중복 수혜' 등의 각종 이유를 고안하여 심의위원들에게 심의 시 참고해야 할 의견으로 둔갑하여 제시하였을 때, 대부분의 심의위원이 그들의 말을 별다른 확인 절차 없이 믿고 진행하였던 것도 그간 구축된 신뢰 관계 때문이었을 것이다. 그런데 이러한 오랜 신뢰를 일방적으로 깨고, 예술가들을 기만하고 배신한 것이다."[28] '2015 다원예술창작지원 사업' 심의에 참여한

---

26 〈http://plays.or.kr/xe/index.php?mid=news_notice&page=4&document_srl=29634〉

27 『문화예술계 블랙리스트 진상조사 및 제도개선위원회 백서2 – 블랙리스트 진상조사 종합보고서』, 201~202쪽 참조.

이○○는 블랙리스트 진상조사위 조사를 통해 "1차 심사에서 장○○ 창작지원부장이 서울프린지페스티벌은 다른 기관의 지원을 받는 사업이기 때문에 보다 많은 단체들이 혜택을 받을 수 있도록 예술위 지원사업에서는 지원하지 말자는 의견을 제시하여서 심사위원들도 큰 의심없이 동의하였다"[29]고 진술한 바 있다. 이런 사실들을 종합해 보면 블랙리스트 실행 초기에 심의에 참여하였던 많은 심의위원들이 심의 자리에 동석하는 예술기관 직원들의 말을 그대로 믿고 본의 아니게 '가해자'의 위치에 서게 되었음을 짐작할 수 있다. '서울 프린지네트워크' 기획자들은 블랙리스트 진상조사위로부터 조사 결과보고서를 받은 후, 다음과 같은 글을 페이스북에 게재한 바 있다.

> 우리는 2015년 봄을 기억합니다.
>
> 프린지가 한국문화예술위원회의 다원예술분야 기금에서 탈락되고 지원이 중단되었을 때. 우리가 더 잘해야겠다, 프린지가 아직 부족한 것이 많은가 보다 하면서 씁쓸하게 웃었던 순간을. 긴 기간 서로 믿어왔던 정책의 파트너로부터 어떤 대답도 받지 못했던 허탈했던 순간을. (중략)
>
> 16년간 함께해온 정책파트너가 전문가들을 통해 판단한 최근의 경향과 축제의 방향성에 대해 조언을 듣고 싶었지만 그럴 수 없었습니다. 그해 프린지는 그간 잘 소통해왔던 소중한 상대를 잃었던 것입니다. 그것은 바로 문화융성을 부르짖던 예술기관이자, 바로 국가였습니다.[30]

---

28 이진아, 「블랙리스트 사태가 문화예술계에 남긴 상흔」, 『문화예술계 블랙리스트 진상조사 및 제도개선위원회 백서 4-블랙리스트 사태의 총체적 조망』, 148쪽.

29 「한국문화예술위원회 등 '서울프린지네트워크' 선정 배제 사건」, 『문화예술계 블랙리스트 진상조사 및 제도개선위원회 백서-진상조사 결과보고서:공연1』(부록2-2), 837쪽.

30 〈https://www.facebook.com/seoulfringe/posts/1975402625823393〉 (2018.5.17.)

이처럼 블랙리스트 사태는 예술가들과 지원 기관 사이에, 예술가들과 심의위원 사이에, 그리고 심의위원들과 예술기관 사이에 심각한 불신과 반목을 초래하였다. 여기서 심의위원들은 가해자인 지원기관과 피해자인 예술가들 사이에서 그들 역시 가해자이자 피해자가 되었다. 그 중에는 블랙리스트 실행 사실을 모르는 채 지원기관의 음모에 휘말린 경우도 있고, 알면서 사전 모의까지 하고 적극적으로 동조한 경우도 있다. 전자의 경우 "설사 당시의 자신의 행동이 '비평적 기준'이었다고 하여도 오늘날 그 모든 정황 속에서 자신이 행한 일이 정권의 위법하고 부당한 행위를 돕고 방조하는 결과였음을 이제 알았다면 그들은 '전문가로서' '비평적 안목을 가진 이로서' 제 자신의 과거를 돌이켜보고 성찰해야 했다."[31] 그러나 2020년 현재까지 부당한 심사과정에 연루된 심의위원들이 피해자들에게 사과한 경우는 거의 없다.

2) 직접적인 배제 요구에서 포기각서까지

2015 서울연극제 대관탈락 사태가 연극계에서 큰 물의를 빚자 블랙리스트를 작동시키는 방식은 좀 더 신중하게 진행된다. 2014년 공연예술창작산실 지원사업 연극 대본 공모 당선작 중 하나인 박근형 작 〈모든 군인은 불쌍하다〉는 2015년도 '우수작품제작지원' 심의에서 낭독공연 심사를 거쳐 최종 선정되었다. 그러나 〈모든 군인은 불쌍하다〉가 최종 선정되기까지는 이미 예술위의 배제 시도와 그에 대한 저항이 있었다.

2015년 4월 7일부터 11일까지 5일간 진행된 우수작품제작지원 심의

31 이진아, 앞의 글, 162쪽.

과정에서 심사 마지막 날인 4월 11일에 예술위의 장○○ 창작지원부장이 나타나 심의위원들에게 박근형을 최종 선정에서 배제해 줄 것을 요구했다. 심의위원 중 2인이 이를 강력히 거부했고 심의위원 전원 합의로 최종 8개 작품을 지원 대상작으로 선정하면서 혹시 모를 결과 조작에 대비해 심사평에 이례적으로 작품명을 일일이 열거했다. 그러나 4월 11일에 끝난 심사 결과는 두 달을 넘겨서 6월이 되었는데도 발표되지 않았고, 예술위는 6월 18일에 심의위원 전원을 재소집하여 심사결과 번복을 다시 요구했다. 이 자리에는 장○○은 창작지원부장과 함께 예술위의 이○○ 예술진흥본부장이 나왔다. 그들은 박근형을 배제하지 않으면 발표가 계속 미뤄지고 나머지 7개 작품도 지원을 받지 못할 것이라는 '협박'까지 했다. 심의위원들이 심사 결과를 바꾸지 않자 이○○과 장○○은 박근형을 찾아가 지원 수혜 포기를 종용했고 박근형은 이를 수용했다.[32] 박근형이 지원금을 포기하겠다는 의사를 밝혔음에도 불구하고 예술위는 '포기 각서'까지 받아내는 주도면밀함을 보인다.

> 예술위 직원들이 예술위로 돌아와 보고를 하자 위원장 권영빈은 '박근형 작가에게 포기 각서라도 받아오라'고 지시하였다. 창작지원부장 장○○은 문체부 예술정책과 서기관 오○○과 포기 각서를 받아오는 문제를 상의하였고, 오○○은 이러한 진행상황을 예술정책과장 이○○와 예술정책관 김○○에게 보고하였다. 예술진흥본부장 이○○과 창작지원부장 장○○은 2015.6.22. 박근형을 다시 찾아가서 2015.7.15.자로 표기한 포기 각서를 받은 후 이를 근거로 하여 연극 담당 직원 ○○○에게 2015.8.4.

32 김미도, 「문예위가 실행하고 문체부가 감독했다」, 『시사IN』, 제489 · 490호, 2017.1.28, 46쪽 참조.

국가문화예술지원시스템(NCAS)에 접속하여 극단 대신 포기신청서를 처리하도록 하였다.

한편 2015.9.9. jtbc뉴스룸에서 연극 창작산실지원 심사위원 재소집 당시의 녹취록이 '무대 뒤의 검은 손, 정치 검열 의혹'이라는 제목으로 공개되고, 2015.9.11. 한겨레신문에서도 '정부, 문학창작심사 개입 유신검열 되살아나나' 제하로 아르코문학창작기금 지원심사에서 있었던 지원배제에 대한 의혹이 제기되었다. 이와 관련하여 문체부 장관 김종덕은 2015.9.9. 제1차관 박민권, 예술정책관 B를 불러 문체부 국정감사(2015.9.11.) 및 예술위 국정감사(2015.9.18.)에서 파장이 확산되지 않도록 철저한 보안대책을 강구하고 대응논리를 마련할 것 등 대책을 지시하였다.

2015.10.7. 예술위 창작지원부장 장ㅇㅇ은 국회 교문위 국정감사에서 "포기각서를 받아놓으라고 지시한 사람은 누굽니까?"라는 도종환 의원의 질의에 대하여, "특별히 지시하지 않았습니다"라며, '청와대·문체부의 지시를 받은 사실이 없으며 포기 각서를 받아오라고 지시한 사람은 없다"는 취지의 위증을 하였다.

한편 2015. 11. 예술위는 자체 감사를 실시하였는데, 예술진흥본부장 이ㅇㅇ과 창작지원부장 장ㅇㅇ은 감사 과정에서 감사부장 김ㅇㅇ에게 문체부의 배제 지시에 따라서 박근형 작가를 포기시켰다는 내용을 사실대로 진술하였다. 그럼에도 불구하고 감사부장 김ㅇㅇ은 상임감사 강ㅇㅇ에게 이ㅇㅇ과 장ㅇㅇ 두 사람이 "개인적으로 문제점을 예상하여" 박근형 작가를 찾아가 지원사업을 스스로 포기하도록 하였다는 취지로 감사결과를 보고하였고, 예술위는 이에 따라 두 사람을 징계 조치하였다.[33]

---

33 『문화예술계 블랙리스트 진상조사 및 제도개선위원회 백서2 – 블랙리스트 진상조사 종합보고서』, 175쪽.

'2015 공연예술창작산실 심사번복 요구 및 공연포기 강요 사건'[34]은 한 개인 창작자를 배제하기 위해 얼마나 집요한 전략이 작동했는지 단적으로 보여준다. 2015년 5월 11일에 문체부 예술정책과 오○○ 사무관이 작성한 「문화예술분야 지원사업 관련 현안」문서에 의하면 심사전에 특이사항 4건을 발굴했으나 심사에서 3건이 제외되고, 1건이 제외 불발되었다고 되어 있다. "현장에서 공연을 직접 보면서 인터뷰하는 실연 심사 방식상, 사전에 협의했음에도 불구, 5명 중 2명의 심사위원이 강하게 반발하여 배제 불발"되었다면서 "제외 방안 다각적 검토중"이라고 했다. 그로부터 열흘 후인 2015년 5월 21일에 오○○ 사무관이 작성한 「2015년 문제사업 현황('15.5.13 현재)에서도 비슷한 내용을 반복하면서 〈모든 군인은 불쌍하다〉, 〈고제〉, 〈떠도는 땅〉에 대한 검토의견까지 덧붙였다. 블랙리스트 조사위에서 오○○ 사무관의 진술에 의하면 이 보고 문건들은 문체부 과장, 국장, 장차관, 청와대까지 보고되었다.[35]

1단계	우수작품 제작지원 심의에서 배제 요구
2단계	심사위원 재소집을 통한 심사결과 번복 요구
3단계	박근형에게 지원 수혜 포기 종용
4단계	박근형에게 지원금 포기각서 강요
5단계	NCAS 시스템에 예술위가 직접 포기신청 접수
6단계	국정감사에서 위원장의 배제 지시 사실 부인하는 위증
7단계	예술위 자체 감사에서 위원장의 배제 지시 사실 삭제

34 이 사건에 대한 진상결과보고서는 『문화예술계 블랙리스트 진상조사 및 제도개선위원회 백서 – 진상조사 결과보고서: 공연1』(부록 2-2)에 수록되어 있음.

35 「2015 공연예술창작산실 심사번복 요구 및 공연포기 강요 사건」, 『문화예술계 블랙리스트 진상조사 및 제도개선위원회 백서 – 진상조사결과보고서: 공연1』(부록 2-2), 88~112쪽 참조.

이 사건에서의 배제 시도는 앞에서 다룬 '2015 서울연극제 대관 배제 및 아르코 대극장 폐쇄 사건'이 포함된 '2015 한국공연예술센터 2015년도 정기대관 공모' 사업 심의에서와 다른 양상을 보여준다. 2015정기대관 심의에서는 심의위원들에게 배제 이유가 블랙리스트 때문임을 알리지 않은 채 2015 서울연극제를 비롯한 배제 대상 단체들에 대해 불리한 정보를 흘리는 방향으로 심의가 진행되었고, 극단 백수광부처럼 우수한 등급으로 심의를 통과할 경우 센터장 직권으로 배제를 실행하였다.

그러나 '2015 공연예술 창작산실' 사업에서는 심의 과정에서부터 심의위원들에게 노골적으로 박근형의 배제를 요구했고, 최종 선정 결과 이후에 다시 심의위원들을 재소집하여 박근형이 블랙리스트임을 암시하면서 협박에 가까운 배제 요구를 다시 한 번 강력하게 시도했다. 심지어 배제 대상 당사자를 찾아가 포기 종용과 각서를 요구하는 단계로까지 대담하게 나아간다. 이러한 배제 과정은 두 가지 측면의 시사점을 준다. 하나는 청와대로부터 문체부를 거쳐 예술위로 내려오는 배제 지시를 철저히 이행하지 않으면 안 될 정도로 그 압박이 대단했다는 것이다. 또 하나는 이렇게 심의위원들 및 배제 대상자에게 노골적으로 배제 요구를 전달해도 크게 문제가 되지 않을 것이라 확신했다는 점이다. 즉 검열이 작동하고 있다는 사실이 알려져도 이에 저항하기는 쉽지 않으리라 판단했던 것이다.

이와 유사한 양상의 배제가 비슷한 시기에 '2015 아르코문학창작기금' 사업에서 벌어졌다. 예술위는 2015 아르코문학창작기금 신청자 959명 중, 청와대와 문체부로부터 무려 76명의 배제 대상자 명단을 하달 받았다. 2015년 1월 22일 1차 심의를 통과한 198명의 명단을 문체부에 보고하였고, 문체부는 청와대의 지시에 따라 다시 16명의 배제명단을 내려보냈다. 2015년 3월 말에 진행된 2차 심의에서 16명 가운데

5명이 통과했는데 4월 23일에 다시 추가 배제 지시가 하달되어 배제대상자가 14명으로 늘어났다. 마땅한 배제 방법을 찾지 못해 심의는 계속 지연되었고 6월 26일경에야 3차 심의가 열렸지만 심의위원들은 배제 명단 적용을 거부하고 2차 심의 결과대로 102명을 최종 선정하였다. 이후 예술위는 배제 지시를 이행하기 위해 선정대상을 70명으로 축소하고 2015년 7월 17일에 위원회 서면결의를 통해 최종 선정 결과를 확정하였다.[36] 2015 아르코문학창작기금 사업에서 작동한 배제 시도는 대략 다음과 같다.

1단계	청와대와 문체부로부터 최초 76명 배제대상자 명단 하달
2단계	1차 심의 통과자 198명 중 16명의 배제 명단 하달
3단계	2차 심의 통과자 5명 포함 14명에 대한 추가 배제 지시 하달
4단계	3차 심의에서 102명 확정 후, 위원회 의결로 70명만 선정

2015 아르코 문학창작기금 사업은 비슷한 시기에 난항을 겪고 있었던 2015 공연예술창작산실 사업과 마찬가지로 심의위원들에게 노골적으로 배제 명단을 들이대고 배제를 직접 요구하였다. 이 사업에서 배제

36 『문화예술계 블랙리스트 진상조사 및 제도개선위원회 백서2 - 블랙리스트 진상조사 종합보고서』, 210~211쪽 참조. "당시 심의위원 중 한 명은 예술위 쪽이 이윤택 등 특정 작가들을 거론하며 "선정 리스트를 줄여 달라" "심사 결과를 조정해 달라"고 말했다고 밝혔다. 또 다른 심의위원은 "예술위 쪽이 14명을 빼야 한다며 이씨를 거론했다. 그 명단을 주겠다고 했지만 위원들이 거부했다"고 전했다. 결국 예술위는 지난 7월 이사회를 열어 애초 선정됐던 102명 가운데 32명을 제외한 뒤 70명으로 지원 대상을 축소 선정하는 수정안을 의결했다. 이윤택 작가는 희곡 분야에서 100점을 받아 1순위였음에도 탈락했다. 예술위가 심의위원의 결정을 조정하라는 요구를 넘어 선정 결과까지 무력화시킨 것이다." 「[단독] 100점 맞고 1등 해도… 정부 입맛에 안 맞으면 '탈락'」, 한겨레신문, 2015.9.11. 〈http://www.hani.co.kr/arti/culture/culture_general/708473.html〉(검색일: 2020.12.26.)

지시의 특징은 서너 차례에 걸쳐 청와대와 문체부로부터 계속 배제 명단이 추가되었다는 점이다. 그러나 심의위원들이 끝내 배제에 불응하자 최후의 수단으로 위원회가 32명의 지원 확정자를 배제하였다. 예술위 위원장은 "2015.7.16. 문예위(사무처)가 지원배제를 이행하기 위해 지원대상자를 70명으로 축소하는 내용의 문서에 결재하여 문예위 전체회의 안건으로 상정하도록 한 후, 같은 해 7.17. 자신이 직접 서면결의하고 다른 위원들도 서면결의하도록 하는 등 문체부의 지원배제 지시를 직접 이행"[37]하였다. "즉 '2015 아르코문학창작기금' 심의에서는 문예위 위원들이 검열행위에 가담했다고 볼 수 있다. 그 직전에 '창작산실' 심의에서 결과를 번복하는 일이 쉽지 않자 결국 예술위원회가 직접 검열의 칼을 휘두른 것이다."[38] 2015년 5일 29일, 예술위 「제 161차 위원회 회의록」에서 다음과 같은 부분이 주목된다.

> 장○○ 창작지원부장: 지금 오○○ 위원님과 계속 논의를 하고 있는데 이번 주에 결정이 됐으면 오늘 위원회 회의에 상정을 했겠습니다만 다음 주 금요일 정도에 예정되어 있습니다. (하략)
>
> 오○○ 위원: 이번에 얘기를 들으면서 책임심의위원이라는 것에 대해서 생각하게 됐습니다. 그런데 어떻게 방법이 없고, 차선책으로 다음 주에 심의위원회를 다시 개최해서 심의위원들이 논의를 해야 되는 문제들입니다.[39]

---

37 감사원, 「감사보고서-문화체육관광부 기관운영감사」, 2017.6. 128쪽.

38 김미도, 「블랙리스트의 존재 처음 드러낸 2015년 창작산실 사태」, 『세월호 이후의 한국연극 - 블랙리스트에서 블랙텐트까지』, 115쪽.

39 예술위, 「제 161차 회의록」, 2015.5.29. 『문화예술계 블랙리스트 진상조사 및 제도개선위원회 백서 1 - 위원회 활동보고서』 54쪽에서 재인용.

여기서 오○○ 위원은 당시 예술위 위원 중 문학쪽 위원이다. 이 회의록의 내용을 살펴보면 오○○ 위원은 예술위에서의 검열 작동 사실을 이미 인지하고 있었을 뿐 아니라 2015 아르코문학창작기금 문제에 대해 심의위원들과 배제 문제를 논의해야 한다고 말하고 있다. 적어도 예술위위원회를 통해 2015 아르코문학창작기금 사업에서 32명이 무더기 배제되는 과정을 통해 당시 예술위 위원들은 블랙리스트 실행 사실을 모두 인지하고 있었으며, 이 사업에서 최종적으로 블랙리스트를 실행하는 일에 가담했다고 볼 수 있다.

한편, 한국문예회관연합회(약칭 '한문연') 사무처는 '2015 방방곡곡 문화공감'사업에서 "문체부의 지원배제 지시를 이행하기 위해 2015. 1. 28. 문화공감사업 1차 심의시 심사위원들에게 "결격사유가 있거나 지원할 수 없는 문제가 있어서 지원대상으로 선정하지 않는 게 바람직하다"라고 하면서 결격사유가 있는 공연단체들과 결격사유는 없었지만 배제 지시가 있었던 단체들의 명단을 함께 알려주었다."[40] 그 결과 19개 단체가 배제되었는데 이 사업의 경우에는 심의위원들이 배제 협조 요구에 대해 별다른 문제 제기를 하지 않은 것으로 보인다.

'무대예술전문인력지원'사업 심의(2015.5.22.)와 '기획경영전문인력지원'사업(2015.6.11.) 심의에 간사로 참석했던 당시 아르코인력개발원장 양OO은 지원배제 대상이 지원 가능 후보로 거론될 경우, "해당 단체는 정부 방침으로 지원대상에서 배제되어야 하는 단체입니다. 만일 지원배제가 되지 않으면 이 사업 전부가 폐지되어 모든 단체를 지원할 수 없습니다"라고 하는 등 정부의 지원배제 방침을 심의위원들에게 그대로 설명하고 양해를 구했으며, 심의위원들은 불가피하게 동의할 수

40 감사원, 「감사보고서 – 문화체육관광부 기관운영감사」, 132쪽.

밖에 없는 상황이었다고 진술했다.[41] 즉 2015년 상반기에 진행된 대부분의 예술위 지원심의에서는 공연예술창작산실지원사업에서와 같이 배제 대상 단체나 개인이 배제되지 않으면 해당 사업 전체가 폐지될 수 있다는 위협이 심의위원들에게 공통적으로 전달되었다고 볼 수 있다.

3) 심의위원과 배제 시나리오 사전협의

2015년 9월 9일 JTBC를 통해 '지원자에 작품 포기 종용… 순수예술 '정치 검열' 의혹'[42] 보도에서 2015 창작산실 지원사업의 검열 사실이 적나라하게 폭로된다. 이 보도를 기점으로 검열에 저항하는 문화예술계의 투쟁이 불붙자 문체부와 예술위는 심의과정에서 블랙리스트 실행을 위해 다른 방법을 모색한다. 그중 가장 대표적인 수법은 친정부 성향의 인사를 심의위원으로 위촉하여 사전에 배제 시나리오를 모의하는 것이었다. 이를 위해 예술위는 2015년 7월에 책임심의위원 제도를 폐지하고 심의위원 풀(pool)제를 도입하여 배제에 협조할 수 있는 심의위원들을 섭외하였다.

심의위원과의 사전 모의 사실은 블랙리스트 진상조사위 출범 이전인 2017년 6월 감사원의 「감사보고서 – 문화체육관광부 기관운영감사」에서부터 확연히 드러난다. 예술위는 "2015.10.27. 심의를 주도할 수 있

---

41 「한국문화예술위원회 블랙리스트 실행을 위한 지원 및 심사제도 개편 사건」, 『문화예술계 블랙리스트 진상조사 및 제도개선위원회 백서 – 진상조사 결과보고서: 기관별』(부록 2-1), 526~527쪽 참조.

42 〈http://news.jtbc.joins.com/article/article.aspx?news_id=NB11026116〉 (검색일자: 2020.12.27.)

는 친정부 성향의 심의위원을 사전 접촉하고 지원배제 명단을 공유한 후 심의과정에서 배제대상자가 지원후보로 거론될 경우 해당 심의위원이 사업계획서 부실 등 부적격 의견을 제시하는 방법 등으로"[43] '공연예술발표공간지원'사업에서 22개 단체가 지원배제되도록 하였다.

예술위 이○○ 순회사업부장은 블랙리스트 진상조사위 조사에서 "지원심의위원 구성시 국공립기관에 소속된 인사(기관장, 예술감독)들을 포함 시켜달라는 이야기가 있었고 문체부의 요청이 없더라도 국공립기관 소속 인사를 포함해서 심의위원을 구성해오고 있었다"[44]고 진술하였다. 공연예술발표공간지원사업을 담당했던 양○○ 창작지원부장이 블랙리스트 진상조사위 1차 조사에서 했던 진술은 매우 구체적이다.

> 공연발표공간지원 사업에 관하여, 이 사업 심사 발표가 연기되었던 이유는 문체부 오○○ 사무관으로부터 블랙리스트 검증 결과 도착이 늦어졌기 때문이다. 류○○ 본부장이 심사가 열리던 날 한 두 시간 전에 자신에게 다른 일을 보고 있으라고 하고, 연극분야 안○○, 전통분야 김○○ 심의위원을 사전에 만나 문체부에서 내려온 배제 명단을 공유하고 배제 방법도 협의하였다. 일반적으로 친정부 성향이며 심의에서 협조 가능한 분들로 심사위원 후보를 구성하여 문체부의 승인을 받아 심사위원진을 구성한다. 다만 모든 위원을 사전 접촉하는 것은 무리가 있기 때문에, 그 중 리더 역할이 가능한 심사위원 한 두 사람만 사전 접촉하게 된다.[45](밑줄 필자)

43 「감사보고서 - 문화체육관광부 기관운영감사」, 122쪽.

44 「한국문화예술위원회 블랙리스트 실행을 위한 지원 및 심사제도 개편 사건」, 『문화예술계 블랙리스트 진상조사 및 제도개선위원회 백서 - 진상조사 결과보고서: 기관별』(부록 2-1), 524쪽.

45 위의 책, 529~530쪽.

그런데 양○○ 창작지원부장은 2차 조사에서 공연예술발표공간 지원사업의 배제조치가 어떻게 진행되었는지 심의에 참석하지 못해 알지 못한다고 진술을 번복하였다. 심의에 참여했던 류○○ 예술진흥본부장은 사실확인서에서 ○○○ 극장장이 심의에 늦게 도착하여 사전에 심의 방향을 설명할 수 없었다고 진술하였다.[46]

진술을 번복한 이유는 알 수 없으나 양○○ 창작지원부장의 1차 조사 진술 내용은 당시 예술위 내에서 배제 협조가 가능한 심의위원들을 섭외하고, 심사를 주도할 수 있는 한 두 사람과 사전에 배제 시나리오를 협의했음을 충분히 짐작하게 한다. 양○○ 창작지원부장은 '2016 장애인문화예술향수지원'사업 조사 과정에서 "2015년 하반기경 이후 심사에 참여하는 심사위원들은 심사에 들어갈 경우 블랙리스트를 실행해야 한다는 것은 암묵적으로 알고들 있었던 것으로 판단된다"면서 "심사 과정에서 자연스럽게 탈락되는 경우는 그냥 넘어가고 배제 명단에 있는 단체들이 선정될 수 있는 후보로 거론되면 사전에 만났던 심사위원들이 적극적으로 소위 '결격사유'를 내세워 강하게 반대하면서 관철시키는 방법으로 배제 명단을 제외했다"[47]고 진술하였다.

양○○ 창작지원부장의 진술대로 2015년 하반기 이후 예술위 심의에서는 친정부 인사들을 심의위원으로 위촉하면서 노골적으로 지원 배제를 요청하는 일이 용이해진 것으로 보인다. 그 한 예로서 2016년 6월 예술위의 '공연예술스태프지원'사업에서는 사무처가 "2016년 6월 중순경 지원대상자 선정을 위한 지원심의 과정에 간사로 참석하여 선정 가능성이 있는 단체에 대해 "정부에서 지원을 하지 않는 것이 좋겠다는

46 위의 책, 530~531 참조.

47 위의 책, 537쪽.

지시가 있었다"라고 하는 등 심의위원들에게 지원 배제 지시 내용 언급 및 이행의 고충을 토로하고 배제를 요청하는 방식"[48]으로 19개 단체를 지원에서 배제 하였다.

예술위 공연지원부장 정○은 블랙리스트 진상조사위 조사에서 "2016년 당시는 이미 예술위 안에서는 그것이 소위 블랙리스트라는 것을 광범위하게 인식하고 있었고, 그것은 문체부와 예술위 사이에 묵시적인 약속이나 다름 없는 것이었다"[49]고 진술했다. 즉 2015년 하반기 이후 2016년으로 넘어가면서는 블랙리스트 실행이 예술위 내부에서는 물론 일부 심의위원들 사이에 별 주저없이 실행되고 있었음을 알 수 있다. "블랙리스트 정책의 설계자나 지시자들, 수작업을 통해 이를 마무리하고 적용하는 하위공직자들, 심사과정에 참여한 외부전문가들은 조직범죄의 공범자들로서 각자의 역할을 수행한 것이다."[50] "인류 역사에서 제노사이드는 바로 보통 사람들의 복종행위 때문에 자행될 수 있었다."[51]

4) 자기검열의 작동과 배제

블랙리스트가 실행된 사례 중에서 '한국문화예술위원회 2015년 팝업씨어터 공연방해 및 검열 의혹 사건'과 '작가의방 사건'은 좀 특별하게 주목할 필요가 있다.

---

48 「감사보고서 – 문화체육관광부 기관운영감사」, 123쪽.

49 「한국문화예술위원회 블랙리스트 실행을 위한 지원 및 심사제도 개편 사건」, 『문화예술계 블랙리스트 진상조사 및 제도개선위원회 백서 – 진상조사 결과보고서: 기관별』(부록 2-1), 534쪽.

50 이재승, 「해외 블랙리스트 사례와 그 시사점」, 『문화예술계 블랙리스트 진상조사 및 제도개선위원회 백서4 – 블랙리스트의 총체적 조망』, 90쪽.

51 위의 글, 91쪽.

팝업씨어터란 2015년에 예술위가 기획한 '공원은 공연중'의 10월 프로그램으로 대학로의 극장 로비, 앞마당, 카페 등 공연장이 아닌 일상적 공간에서 돌발적으로 공연이 벌이지는 형식이었다. 문체부가 예술위로부터 섭외 대상자 리스트를 넘겨받아 검증한 결과 전진모 한 사람만 배제하라는 지시를 내려보냈는데 전진모는 자신의 일정 문제로 참여가 불가능하다고 통보하여 특별히 배제조치를 이행할 필요가 없었다. 그런데 2015년 10월 17일, "김정 연출의 〈이 아이〉 공연을 관람한 문화사업부장 임○○은 한국공연예술센터장 유○○에게 전화를 걸어 〈이 아이〉 공연에 '수학여행', '노스페이스' 등의 단어가 나온다고 보고하고, 예술위 경영전략본부장 이○○에게도 전화로 〈이 아이〉 공연에 세월호를 연상시킨다고 보고"[52]하면서 사건이 발단된다.

> 2015. 10. 17. 한국공연예술센터장 유○○, 운영총괄본부장 양○○, 문화사업부장 임○○, 무대예술부장 이○○ 등 예술위 직원들은 일과 시간이 끝난 밤에 모여서 다음 날(2015. 10. 18.) 공연을 어떻게 할 것인지 대책을 논의하는 자리를 가졌고, '다음 날 공연을 취소하자', '공연을 방해하자' 등의 논의가 오고 가다가, 팝업씨어터 공연 취지에 맞게 카페 영업을 정상적으로 진행해야 한다는 명분으로 카페 테이블을 못 움직이게 하고 음악 소리도 그대로 틀어놓기로 하는 등 사실상 공연 진행을 방해하기로 결정하였다. 회의가 끝난 후 문화사업부장 임○○은 공연을 위해 테이블을 원상복귀 시킬 경우 공연단체가 반발할 것을 우려하였고, 담당 직원 ○○○에게 전화를 걸어 다음 날 공연을 취소시킬 수 있는지 물어보았으나 담당 직원은 이를 거부하였다.[53]

52 『문화예술계 블랙리스트 진상조사 및 제도개선위원회 백서2 - 블랙리스트 진상조사 종합보고서』, 180쪽.

다음 날인 10월 18일, 예술위 관계자들은 공연장인 카페에 나타나 커다란 테이블로 배우들의 동선을 차단한 채 공연을 지켜보다가 문화사업부장 임○○이 '테이블을 옮기지 말라'는 등 소리를 질러 관객과 언쟁이 붙었고, 배우들은 심리적으로 매우 불안정한 상태에서 공연을 진행할 수밖에 없었다. 공연이 끝난 후, 예술위는 팝업씨어터 다음 공연인 〈후시기나 포켓또〉의 윤혜숙 연출과 〈불신의 힘〉의 송정안 연출에게 대본 제출을 요구하였다. 두 연출가는 대본 제출 요구를 검열로 받아들이고 이에 항의하며 공연을 보이콧하였다.

팝업씨어터 사건과 관련하여 예술위 경영인사부장 강○○는 블랙리스트 진상조사위에서 "예술위가 공연단체들에게 보호막이 되어야 하는데 오히려 시키지도 않았던 공연 방해를 하였고 그 책임을 가장 지위가 낮은 말단 직원에게 전가하고 또 은폐하려고 했던 수치스러운 일"이라고 진술하였다. 예술위 기획조정부장 김○○는 "당시 직위를 감안했을 때 센터장이나 본부장, 담당 부장이 그러한 행동을 하는 것은 부적절했다"면서 당시 "국정감사에서 예술검열이 문제가 되고 있는 상황"이었기에 "서둘러 공연 방해는 없었다는 결론을 내려야 하는 상황"이었다고 진술하였다.[54]

예술위 관계자들은 팝업씨어터에서 공연하기로 된 김정, 윤혜숙, 송정안 연출이 블랙리스트에 없었는데도 김정 연출의 〈이 아이〉 첫 공연을 지켜본 예술위 직원들이 세월호를 암시하는 내용이 있다는 이유만으로 사전 모의를 거쳐 공연을 방해한 것이다. 2014년 8월 26일에 예술

---

53 위의 책, 180쪽.

54 「한국문화예술위원회 2015년 팝업씨어터 공연방해 및 검열 의혹 사건」, 『문화예술계 블랙리스트 진상조사 및 제도개선위원회 백서 - 진상조사결과 보고서: 공연1』(부록 2-2), 879~880쪽.

위 이○○ 예술진흥본부장이 내부 간부들에게 다음과 같은 내용의 이메일을 보낸다.

> 안녕하세요?
>
> 지난 주 목요일, 서울 대학로 회의 때 위원장님께서, 광주비엔날레 홍성담 화가 작품의 전시 논란 사례를 언급, 예를 드시고, 오늘 나주에서 다시 지시하셨습니다. 지시하신 사항을 전달 드리고자 합니다.
>
> 1) 문예진흥기금 지원 또는 직접 운영하는 공간에서도 유사한 사례가 발생할 여지는 없는지?
>
> 2) 유사 사례를 미리 파악, 예방하기 위한 대책은 무엇인지?
>
> 3) 유사 사례가 발생할 때 어떻게 대처해야 하는지?[55]

여기서 언급되고 있는 홍성담 화가의 작품은 〈세월오월〉이다. "청와대에서는 세월호 관련 시국 선언 등에 참여하는 것을 반정부적 활동으로 간주하고 블랙리스트를 작성하기 시작했다. 세월호 정부 시행령 폐기촉구 선언 문화예술인 594명, 세월호 관련 시국선언인 754명이 블랙리스트에 등재되었다. 세월호 참사 이후 실행된 블랙리스트 사례를 보면 홍성담의 광주비엔날레 전시 작품 '세월오월', '안산순례길' 등 세월호와 관련한 작품들이 철거되거나 지원 배제되었다."[56] 극단 그린피그의 〈안산순례길〉은 2015년 1월에 예술위의 '2015 다원예술창작지원'

---

55 「한국문화예술위원회 블랙리스트 실행을 위한 지원 및 심사제도 개편 사건」, 『문화예술계 블랙리스트 진상조사 및 제도개선위원회 백서 – 진상조사 결과보고서: 기관별』(부록 2-1), 472쪽.

56 「문체부 내 건전콘텐츠활성화TF 등의 구성 및 운영 사건」, 『문화예술계 블랙리스트 진상조사 및 제도개선위원회 백서 – 진상조사 결과보고서: 기관별』(부록 2-1), 369쪽.

사업에서 세월호와 관련되었다는 이유로 배제되었다.[57] 이런 사실들을 종합해 보면 세월호를 떠올리게 하는 작품들은 이미 예술위 내부에서 배제되어야할 대상으로 인식되고 있었을 터이다.[58]

팝업씨어터 사건은 명백히 예술위 직원들의 자기검열에 의한 과잉 반응인데다 후속 공연들의 대본까지 검열하려는 검열관의 역할을 자처하였다. 2015년 상반기에 예술위 내부에서 배제 조치들이 노골적으로 자행되면서 예술위 간부 직원들 사이에는 검열이 내면화되었던 것으로 보인다. 더구나 2015년 9월에 공연예술창작산실 사업의 검열 사실이 폭로된 이후, 예술위 내부에서는 더이상 문제가 발생하면 안된다는 강박이 작동했을 것이고, 이는 정부에서 보기에 문제가 될만한 소재나 내용을 미리 차단하고자 하는 과잉 대응으로 나타났다.

이러한 강박과 자기검열은 국립극단 내부에서도 벌어진다. 극작가 고연옥은 국립극단이 2016년에 새롭게 기획한 창작극 개발 프로젝트 '국립극단 작가의 방'이 시작될 때 공식적인 첫 모임에서 "첫째, '개구리' 같은 작품을 쓰지 말아달라는 것과, 둘째, 국립극단을 위한 작품을 써 달라는"[59] 주문이 있었다고 말한 바 있다.

블랙리스트 진상조사위 조사 결과에 의하면 2013년 9월에 국립극단이 공연한 박근형 각색, 연출의 〈개구리〉는 블랙리스트의 시발점이 된

57 「윤한솔 연출가 관련 전면 배제 사건」, 『문화예술계 블랙리스트 진상조사 및 제도개선위원회 백서 - 진상조사결과 보고서: 공연1』(부록 2-2), 1070~1071 참조.

58 2021년 2월 현재, 조윤선 전 청와대 정무수석과 이병기 전 대통령 비서실장이 세월호 특별조사위원회(특조위) 설립과 활동을 방해한 혐의로 기소돼 1심에서 유죄, 2심에서 무죄를 선고 받은 후 대법원 판결을 기다리고 있는 사실은 당시 청와대 내부에서 세월호 사건으로 인한 비판 여론에 대해 얼마나 촉각을 곤두세우고 있었는지 잘 보여준다.

59 고연옥, 「국립극단 '작가의 방', 왜 극작가를 교육, 교정하려 하는가?」, 『연극평론』, 2017년 봄, 한국연극평론가협회, 2017.3.1, 119쪽.

작품이다. 문체부 공연전통예술과 김○○ 과장이 2013년 9월 12일 경 최종 완성하여 청와대에 보고한 「국립극단 기획공연 〈개구리〉 관련 현안보고」에 의하면 "연극 〈개구리〉가 노무현 전 대통령을 미화하고 박정희 전 대통령을 비하적으로 묘사한 점 등을 지적하면서 '향후 조치계획'으로는 "향후 국립극단 작품에서 '편향된 정치적 소재'는 배제토록 강력 조치", "현 국립극단 예술감독(손진책) 교체 추진" 등이 기술되어 있다."[60] 9월 9일 실수비[61]에서는 "국립극단 개구리 상영 용서 안돼"라는 김기춘의 발언이 나왔고, 같은 날 문체부는 '문화예술정책점검 TF'를 구성하여 블랙리스트 작동과 지원 배제책을 마련하기 시작했다 문체부는 컴퓨터에 '개구리'라는 폴더를 만들어 블랙리스트 실행 관련 문건들을 저장했고, 이 폴더는 전임자로부터 후임자로 인수인계되었다.[62]

고연옥은 "국립극단을 위한 작품을 써달라"는 발언은 "권력에 대한 직설적인 비판 없는 위험하지 않은 작품을 써달라는 의미일 것"이라면서 "권력에 대한 비판으로 국립극단을 위태롭게 하지 말아달라는 것은 큰 충격"[63]이었다고 했다. 2017년 5월 한국연극평론가협회가 주최한 토론회 「젊은 극작가들의 창작 환경과 공공극장의 역할 - 국립극단 '작가의 방' 사태를 넘어서」에서 정○○ 국립극단 공연기획 팀장은 "제가 그 말을 했던 요지는 무엇이냐면 '국립극단으로서의 제약이 있을 수 있어서 여러분들에게 모든 작품을 한다고 다 약속을 못하니 일단 마음대로 다 쓰십시오, 그리고 국립에서 못한다고 하면 밖에 나가서 하면 되니까

60 『문화예술계 블랙리스트 진상조사 및 제도개선위원회 백서 1 - 위원회 활동 보고서』, 43쪽.

61 대통령비서실 실장 주재 수석비서관 회의

62 『문화예술계 블랙리스트 진상조사 및 제도개선위원회 백서 1 - 위원회 활동 보고서』, 43~44쪽 참조.

63 고연옥, 앞의 글, 120쪽.

다 쓰십시오'라고 말을 했는데 그 말이 뒤집어 말하면 '국립에서 못하는 작품을 쓰지 말라'는, 분명히 오해의 소지가 있었"다면서 이러한 발언이 '자기검열이라는 실수'[64]라고 고백하며 사과하였다. 김윤철 당시 국립극단 예술감독은 이 자리에서 국립극단에 검열의 외압이 있었음을 공식적으로 발언하였다.

> 이 국가가, 이 정부가 외압을 보낼 때 주로 작품에 대해서 외압하는 게 아니라 사람에 대해서 외압합니다. (중략) 그러나 저는 장관 만나서, 차관 만나서, 우리 문화부 수뇌부들을 다 만나가지고 이 검열, 이 외압의 부당성에 대해서는 제가 기회 있을 때마다 설파를 했습니다. 심지어 국정원 직원까지도 제가 불러들이기도 했어요. '이 문제를 함께, 청와대하고 함께 풀어가도록 노력해야겠다'. 제가 할 수 있는 기회가 있을 때마다 나는 문체부를 적으로 만들지 않으면서 설득의 대상으로 봤습니다.[65] (밑줄 필자)

김윤철 예술감독의 발언 중에서 박근혜 정부가 어떤 특정 작품을 문제 삼은 것이 아니라 '사람'을 문제 삼았다는 것은 바로 블랙리스트에 근거한 배제를 의미한다. 즉 블랙리스트에 오른 예술가는 지원에서 무조건 배제한다는 원칙을 가지고 있었던 것이다.

블랙리스트 진상조사위는 '작가의 방' 사건의 경우, "적어도 '작가의 방'에서 집필한 작품을 국립극단에서 공연하기를 희망하였던 작가들에게는 소재의 제한이 있을 수 있었다는 사실이 확인된다"고 하였다. '작

---

64 토론회 「젊은 극작가들의 창작 환경과 공공극장의 역할 – 국립극단 '작가의 방' 사태를 넘어서」, 『연극평론』, 2017년 여름, 한국연극평론가협회, 2017.6.1, 132쪽.
65 위의 글, 137쪽.

가의 방' 프로그램을 공모제가 아닌 초청 형식으로 진행한 것에 대해서는 "공모제를 회피하였던 방식 자체가 블랙리스트 작가가 응모하는 것을 차단하고자 하는 검열 의도가 없었다고 단정하기는 어렵다"[66]고 결론지었다.

'팝업씨어터' 사건이 공연 도중에 검열이 자행된 경우라면, '작가의 방' 사건에서는 작품이 쓰여지기도 전에 특정한 소재 및 주제를 제한하는 일이 벌어진 것이다. 두 사건 모두 프로그램 담당직원들이 박근혜 정부의 과도한 블랙리스트 실행을 목도하면서 자기검열을 통해 블랙리스트에도 없는 예술가들의 연극작업을 방해한 경우라 할 수 있다. 앞에서 김윤철 예술감독은 '작품'이 아닌 '사람' 위주의 배제였다고 증언하였는데 두 사건은 블랙리스트와 무관한 작품에까지 검열의 촉수가 뻗어나가고 있었음을 보여준다.

3. 폭로와 저항에 따른 블랙리스트 작동 방식의 변화

3.1. 책임심의위원제에서 심의위원 풀제로의 전환

블랙리스트의 단초가 되는 박근혜 정부 최초의 문건은 2013년 3월 15일, 국정원이 작성한 「문화예술계 건전화로 '문화융성' 기반 정비」이다. 이 문서에는 소위 블랙리스트로서 12개 단체와 17명의 개인이 거명되고 있다. 2013년 8월 8일, 김기춘이 대통령 비서실장으로 부임했고,

66 『문화예술계 블랙리스트 진상조사 및 제도개선위원회 백서2 - 블랙리스트 진상조사 종합보고서』, 284쪽.

8월 16일에 국정원은 「문화예술계 좌성향 세력 활동 실태」를 청와대에 보고한다. 이 문서에서는 "①예술위 위원 등 문화예술기관 임원 임명 시 특정 편향 인사 배제(예술위 위원 2013.11월 3명 임기만료, 2014년 2월 9명 임기만료, 책임심의위원: 8개 예술분야 총 40명, 임기 1년(2013.3.3.~2014.2.) ②문화예술 지원 사업에서 순수 예술이 아닌 특정 편향성이 강한 작품에 대한 지원이 배제될 수 있도록 문화예술진흥기금 지원금 관리규정 개정 등을 제시"[67]하고 있다.

이런 와중에 국립극단 기획공연 〈개구리〉(2013.9.3.~9.15.)가 올라가자 김기춘은 실수비에서 이 작품을 크게 문제 삼았고, 2013년 9월 9일에 문체부에서 조현재 1차관을 단장으로 하는 '문화예술 정책 점검 TF'가 구성되었다. 국정원은 2013년 10월 2일에 「문예계 내 좌성향 세력 재확산 시도차단」 건의에서 다음과 같이 제안한다.

> (공공분야) 문체부 산하 예술위 등 공공기관장 성향 및 좌 성향 문예진 지원여부 등을 점검, 임기만료 등 계기 시 철저한 검증을 통해 문제인물 배제.
>
> (민간분야) 좌성향 단체·인물에 대해서는 정부 공동사업·공모작 선정 배제 등 보조금·운영자금 중단 원칙 기조를 확대. 자금줄 차단.
>
> 보조금 지원이 불가피한 경우 회계감사 등을 통해 횡령·유용 여부 등을 면밀 조사, 퇴출.[68]

---

67 노이정, 「블랙리스트 작동의 실태와 문화예술계에 끼친 해악」, 『문화예술계 블랙리스트 진상조사 및 제도개선위원회 백서 4-블랙리스트 사태의 총체적 조망』, 110쪽.

68 위의 글, 110쪽에서 재인용.

블랙리스트 실행 초기에 국정원, 문체부, 예술위 등에서 생산한 주요 문건과 연극계 현장에서 벌어진 주요 사건의 관련 양상은 다음과 같다.[69]

<table>
<tr><th colspan="2">블랙리스트 실행 관련 정부측 주요 문건</th><th colspan="2">블랙리스트 관련 주요 사건 및 현장 대응</th></tr>
<tr><td>2013.8.16.
국정원</td><td>「문화예술계 좌성향 세력 활동 실태」</td><td rowspan="2">2013.9.3.</td><td rowspan="2">국립극단 기획공연 박근형 연출 〈개구리〉 개막(9.3~15)</td></tr>
<tr><td>2013.9.3.
문체부</td><td>「문화예술 분야 좌편향 대응책 보고」</td></tr>
<tr><td>2013.9.9.
청와대</td><td>실수비에서 김기춘 국립극단 "〈개구리〉 용서 안돼."</td><td rowspan="3">2013.9.12.</td><td rowspan="3">「국립극단 기획공연 〈개구리〉 관련 현안 보고」에서 '아리스토파네스 시리즈 2차 작품(구름), 9.24~10.5) 등 2013년 국립극단 후속작품에 정치적 소재의 내용은 배제토록 조치' 및 '현 국립극단 예술감독(손진책) 교체 추진'
같은 날, 중앙일보에 「〈개구리〉에 대한 기사 「박정희·박근혜 풍자냐 비하냐, 국립극단 연극 논란」 게재</td></tr>
<tr><td>2013.9.9.
문체부</td><td>「[대외비] 문화예술계에 대한 균형있는 지원방안」(예술정책과) '문화예술 정책 점검 TF' 구성→ 2014.4.21. '건전 콘텐츠 활성화 TF'로 명칭 변경, 2015.4.20.까지 운영.</td></tr>
<tr><td>2013.9.12.
문체부</td><td>「국립극단 기획공연 〈개구리〉 관련 현안보고」</td></tr>
<tr><td>2013.9.26.
국정원</td><td>「시·도 문화재단의 좌편향·일탈 행태 시정 필요」</td><td rowspan="2">2013.9.20.경</td><td rowspan="2">국립극단 〈구름〉 연출가 남OO가 최OO 사무국장으로부터 빨간줄이 그어진 대본을 전달 받음. 최OO 사무국장은 대본이 들어있는 봉투를 손OO예술감독으로부터 받음</td></tr>
<tr><td>2013.10.2.
국정원</td><td>「문예계 내 좌성향 재확산 시도 차단 건의」</td></tr>
<tr><td>2014.1.24.
국정원</td><td>「문체부 장관, 左성향 민간보조사업 지원 배제책 강구 지시」</td><td>2014.2.4.</td><td>국립극단 신임 예술감독 김윤철 취임</td></tr>
<tr><td>2014.1.27.
국정원</td><td>「문예기금 운용기관의 보조금 지원기준 보완 필요 의견」</td><td rowspan="2">2014.3월경</td><td rowspan="2">예술위 책임심의위원 후보자 105명 가운데 문학분야 황현산 등 19명 배제 지시 하달</td></tr>
<tr><td>2014.2.20
국정원</td><td>「문예진흥기금 지원사업 심사체계보완 필요 여론」</td></tr>
<tr><td>2014.3.17.
국정원</td><td>「문체부, 左성향 단체 참여 '현장예술인 지원사업 폐지 방침'」</td><td>2014.3.21.</td><td>한국예술인복지재단, '현장예술인 지원사업' 폐지</td></tr>
<tr><td>2014.5.
청와대</td><td>「문제단체 조치내역 및 관리방안」</td><td>2014.3. 이후</td><td>서울연극협회가 이미 배제 대상 단체로 강력히 거론됨</td></tr>
<tr><td>2014.9.26.
국정원</td><td>「문체부, 문예진흥기금 비판단체 지원 차단책 추진」</td><td>2014.10~11월</td><td>한국공연예술센터 '2015 서울연극제' 대관배제 시나리오 협의</td></tr>
</table>

2014.10.21. 문체부	「건전 문화예술 생태계 진흥 및 지원 방안」 「건전 문화예술 생태계 진흥 세부 실행 계획」	2014.10.30.	좌측 문건(10.31.) "BH 협의 결과 심사위원 3인(김미도, 김석만 김채현)제외, 19개 신청단체(서울연극협회, 조은 컴퍼니 등) 미선정 요청", 예술위로 하달
2014.10.31. 문체부	「2015 한국공연예술센터 정기대관공모 관련 보고」		
2014.11.7. 예술위	「2015년도 정기대관공모 접수 결과 및 심의추진 수정계획(안)보고」	2014.11.14 이후	'2015 서울연극제' 대관 탈락(11.14) 서울연극협회, 「연극탄압에 대한 성명서」 발표 등 연극계 반발
2014.12.8. 문체부	「서울연극제 관련 상황 보고」, 대관탈락 이후 연극계 동향	2014.12.18. ~29.	'2015 소외계층 문화순회사업'에서 블랙리스트 배제
		2014.12.31.	서울연극제의 아르코예술극장 대극장 재대관 합의
2015.1.6. 문체부	「서울연극제 관련 상황 보고」, '사실상 불가토록 제도개선 예정'	2015.1.6.	1차 '대학로 X포럼' 토론회에서 서울연극제 대관탈락 사태 토론
2015.1.15. 문체부	「2015년 문예진흥기금 공모사업 추진현황」, 다원예술분야 프린지 페스티벌 '제외 예정'	2015.1.16. ~23.	'다원예술창작지원사업'심의에서 '서울프린지네트워크', '안산순례길' 등 배제
2015.3.17. 문체부	「서울연극협회 고소 취하 후 속조치 검토 보고」	2015.2.3.	한국문예회관연합회 '방방곡곡' 사업에서 블랙리스트 배제
2015.4.3. 예술위	「아르코예술극장 대극장 폐쇄 알림」「아르코 예술극장 대극장 긴급점검 및 보수계획 수립」	2015.4.7. ~11.	'창작산실' 우수작품 제작지원 시범공연 심의, 4.11.에 박근형 배제 요구
2015.5.11. 2015.5.21. 문체부	「문화예술분야 지원사업 관련 현안」, '창작산실' 사업 "제외 방안 다각적 검토 중", 배제 대상 3작품에 대한 검토의견	2015.6.18.	'창작산실' 심사위원 재소집, 심의 결과 번복 요구, 오후에 박근형에게 포기 의사 확인
2015.6.18.~20.	예술위 권영빈 위원장이 박근형에게 포기각서 받으라고 지시	2015.6.22.	박근형에게 포기각서 받음
		2015.7.30.	연극인복지재단 '찾아가는 연극' 심의에서 블랙리스트 배제
2015.8.5. 예술위	「문화예술진흥기금사업 지원 심의 운영 규정」 개정, 책임심의위원제를 심의위원 풀제로 변경	2015.8.	예술경영지원센터 '2015 문화원-예술단체 매칭 신규프로젝트 개발지원' 사업에서 극단 마실 배제
2015.9.16. 문체부	팝업씨어터 '공연은 공연중' 사업에서 전진모 배제 지시	2015. 9.9.	JTBC 창작산실 검열의혹 폭로
2015.9.18. 국정감사	2015 국회 교문위 국정감사, 창작살실 검열의혹에 대해 예술위 위원장 위증	2015.9.10. 이후	연극계를 비롯한 공연예술계에서 검열에 대한 각종 규탄 성명 발표 및 토론회

2015.10.7. 국정감사	2015 국회 교문위 국정감사, 박근형 포기각서 제시, 예술위 직원들 위증	2015.10.17.	팝업씨어터 〈이 아이〉 공연 방해 사건 발생
		2015.10.27.	'공연예술발표공간 지원사업'에서 블랙리스트 배제
2015.10.27. 국립국악원	「국립국악원 〈금요공감〉 공연 변경 관련 상황 보고」	2015.10.24.	국립국악원 금요공감 프로그램 〈소월산천〉에서 박근형 배제 사건
2915.11.11. 예술위	창작산실 사업 감사에 대한 허위 보고서 작성	2015.10.29.	팝업씨어터 사태에 항의하는 젊은 연극인들의 시위 시작
2015.12.8. 문체부	「한국문화예술위원회 문예기금사업 개편안」, '장르별 기획사업 발굴 강화'	2015.12.2.	한국예술인복지재단 '예술활동증명 심의위원 선정'에서 10명 배제

위의 표에서 보듯이 2015 서울연극제를 대관 배제하는 일이 난항을 겪자 문체부와 예술위는 아예 심의위원들에게 배제 대상자들을 알려주고 협조를 구하는 쪽으로 블랙리스트 작동 방식을 변화시킨다. 그 대표적인 예가 연극계에서는 2015 창작산실 사업에서 박근형을 노골적으로 집요하게 배제한 사건이라 할 수 있다. 비슷한 시기에 다른 심의들에서 심의위원들이 협조를 해 준 경우도 있으나 창작산실의 경우에는 심한 저항에 부딪혀 심의결과를 바꾸지는 못했다. 그러자 예술위 직원들이 배제 대상자를 직접 찾아가 포기각서를 받아내기에 이르고, 이 사건은 2015년 9월 9일 JTBC 폭로를 거쳐 그 직후에 이루어진 9월과 10월의 국정감사에서 태풍의 눈이 된다.

이 과정에서 블랙리스트를 편리하게 작동시키기 위해 예술위가 가장 먼저 강구한 제도의 변화는 2015년 7월에 책임심의위원 제도를 폐지하고 심의위원 풀(pool)제를 도입하는 것이었다. 이 시점은 위의 표에서

69 아래 표는 주로 『문화예술계 블랙리스트 진상조사 및 제도개선위원회 백서』 중 진상조사결과보고서를 수록한 부록 2-1(기관별), 2-2(공연1), 2-3(공연3) 및 검열백서위원회 편, 『밝혀진 사실, 은폐된 진실 – 검열백서 준비 2호: '블랙리스트 사건' 1심 특집』에 근거하여 작성되었다.

보듯이 창작산실 사업(2015.4~6)에서 심의위원들이 반발하여 박근형을 배제하는 일이 저항에 부딪히고, 비슷한 시기에 아르코문학창작기금도 심의위원들이 반발하여 위원회가 직접 배제를 의결한 직후의 일이다.

그러나 블랙리스트 조사위에 의하면 예술위 심사방법 개선을 위한 움직임은 2014년부터 이미 계획되고 있었다. 국정원은 2014년 1월 27일 「문예기금 운용기관의 보조금 지원기준 보완 필요 의견」을 청와대에 보고한 데 이어 2014년 2월 20일 「문예진흥기금 지원사업 심사 체계 보완 필요 여론」이라는 보고서에서 "①예술위 공모심사 체계를 심의위 추천(1.2배수)→이사회 승인(2차)으로 전환, 이사회에서 작품을 최종 선정토록 개선, ②심의위원 임명(3월) 시 과거 활동경력은 물론 이념편향 여부에 대한 철저한 검증을 통해 건전예술인사 확대 필요"를 제시한다. "청와대는 이 문서를 2014년 2월 21일, 문체부에 팩스로 송부하고 대통령 비서실장 김기춘은 문체부로부터 「예술위 2014년도 문예진흥기금 지원대상」을 보고 받으며, 좌성향 인물·단체가 지원대상에 포함되어 있다고 지적한다. 대통령 비서실장이 예술위의 예술기금 지원명단을 보고 받고 구체적으로 검열을 지시하는 일이 일어나고 있는 것이다."[70] 이에 따라 2014년 2~3월경에 예술위 책임심의위원 후보 105명 중 19명의 배제 명단이 청와대에서 문체부 예술정책과로 하달되었다. 국립극단 〈개구리〉 사태에 즈음하여 유진룡 장관의 지시로 조직되었던 문체부의 '문화예술 정책 점검 TF'는 2014년 4월 21일부터 '건전콘텐츠 활성화 TF'로 명칭을 변경하고,[71] 문예진흥기금 지원사업에서

---

70 노이정, 앞의 글, 110~111쪽.

71 유진룡 장관의 재임기간은 2013년 3월부터 2014년 7월까지였다.

예술위 간부들과 블랙리스트 배제를 지속적으로 협의하였다.

2014년 4월 21일 국정원이 작성한 「문체부, 국가정체성 확립을 위한 자체 정화시스템 가동」 문서에 의하면 문예진흥기금 사업 심사를 하는 책임심의위원 후보들에 대해 성향 검증을 실시, 좌성향 인사들을 전원 배제 시켰다고 보고하고 있다. 2014년 6월 27일 문체부 예술정책과 오○○ 사무관이 작성한 「문예기금 개선 필요사항」 문서에서는 2015년 공모사업과 관련하여 "심사방법 개선, 책임심의위원 워크숍 추진 등"이 언급되고 있다.

2014년 9월 26일 국정원이 작성한 「문예진흥기금 비판단체 지원 차단책 추진」 문서에서는 문예진흥기금 사업 심사를 담당하는 책임심의위원들을 보수 인사로 선임한 후 책임심의위원들을 통해 문제 사업들을 제외시킬 예정이라고 보고하였다. 그 결과로 문체부는 2014년 10월 21일에 「건전 문화예술 생태계 진흥 및 지원 방안」을 청와대에 보고하였는데 함께 첨부된 「건전문화예술 생태계 진흥 세부 실행 계획」에서 블랙리스트 배제를 위한 여러 대비책을 강구하였다.

> '공모 단계(신청 및 접수)'에서는 먼저 ①예술위와 문체부가 신청서를 검토하고 사전협의한다, ②예술위 사무처에서 특이사항(블랙리스트에 올라있는지)을 확인하고 심의자료에 반영한다, ③예술위 사무처는 필요시 책임심의위원과 사전협의한다. '심사 단계(심의 및 선정)'의 해결책은 다음과 같다. ①책임심의위원회 심의에서 정치편향 작품/단체/예술가 선정 배제한다, 예술위 사무처 간부가 간사로 심의에 참여하고 비공식 내부 가이드라인으로 관리한다. ②심의 후 문체부와 함께 결과를 공유하고 최종 확인한다, 문제 발생 시 위원장 책임 하에 해결 조치한다. ③위원회 전체 회의에서 의결하며, (문제가 남은 부분은) 최종 의결과정에서 배제

조치한다. '사후 관리 단계(보조금 교부 및 정산)'에서는 예술위가 지원사업 관리 운영, 환류를 강화하여 위반 사업은 차기 지원 대상에서 배제한다.[72]

여기서 중요한 부분은 블랙리스트 배제를 위해 책임심의위원들과 사전 협의하고, 예술위 사무처 간부들이 간사로 심의에 참여하여 배제 가이드라인을 제시하도록 했다는 점이다. 또한 만일 심의위가 블랙리스트를 배제하지 않으면 위원장 책임하에 위원회에서 블랙리스트가 궁극적으로 배제될 수 있도록 최후의 대비책을 강구해 놓았다. 이를 간략히 정리하면 다음과 같다.[73]

책임심의위원회(심사)

→ 정치편향 작품/단체/예술가 선정 배제, 예술위 간부 간사 심사에 참여 *비공식 내부 가이드라인

심사단계

심사 후 결과공유 및 최종확인(예술위, 문체부)

(심의 및 선정) → 문제발생시 위원장 책임하 해결조치

위원회 전체회의(의결)

→ 최종의결과정에서 배제 조치

72 문체부, 「건전문화예술 생태계 진흥 세부 실행 계획」, 2014.10.21. 노이정, 앞의 글, 113쪽에서 재인용.

73 「한국문화예술위원회 블랙리스트 실행을 위한 지원 및 심사제도 개편 사건」, 『문화예술계 블랙리스트 진상조사 및 제도개선위원회 백서 – 진상조사결과 보고서: 기관별』(부록 2-1), 471~477쪽 참조.

그러나 예술위 간부가 심사에 간사로 배석하여 배제를 유도하는 것만으로는 배제가 원활히 진행되지 않았고, 배제 실패 시 위원회 의결로 배제를 실행하는 것에도 무리가 따른다고 판단되자 전격적으로 2015년 8월 5일에 '문화예술진흥기금사업 지원심의 운영규정'을 개정하여 책임심의위원제도를 심의위원 풀제로 변경하기에 이른다.

> 예술위는 문체부와의 협의에 따라 2015.8.5. '문화예술진흥기금사업 지원심의 운영규정'을 개정하여 책임심의위원 제도에서 심의위원 풀(심의위원 후보단) 제도로 변경하여 위원장이 개별 심사마다 심의위원 풀에서 심의위원을 선정하고, 필요한 경우 사무처 직원을 심의위원으로 선정할 수 있도록 하였다. 심의위원 풀은 예술위 위원회가 구성하고, 위원장은 심의위원 풀에서 심의위원을 선정하며 그 내용을 위원회에 보고한다. (문화예술진흥기금사업 지원심의 운영규정 제7조 제 3항)
>
> 2016년 예술위 심의위원 풀은 2016.1.경부터 선정작업에 들어갔는데 청와대, 국정원 등의 지원배제 명단이 문체부를 통하여 예술위로 내려왔으며, 그 과정에서 심의위원 후보자의 인원이 너무 많아 2016.7월 경에야 심의위원 풀이 최종 확정될 수 있었다.[74] (밑줄 필자)

위에서 인용한 김기춘 외 3인의 1심 판결문에 의하면 심의위원 풀제는 결국 배제를 용이하게 하기 위해 위원회가 블랙리스트 실행에 협조할 수 있는 인사들로 심의위원을 구성하겠다는 의도이고, 심지어 사무처 직원을 심의위원으로 선정하도록 하고 있다. 예술위가 심의위원 풀의 후보자 명단을 문체부에 올리자 청와대와 국정원이 검증작업을 했

---

74 김기춘 외 3인 1심 판결문(2017 고합 102), 85쪽.

다고 되어 있는데 예술위에서 심의위원 풀 구성을 담당했던 문학지원부장 강○○에 의하면 무려 54명에 대해서 배제지시가 하달되었다고 한다. 또한 심의위원 풀제를 도입하는 안건이 예술위 소위원회와 전체회의에 상정되어 논의 과정에서 위원들이 추가로 전문인사를 추천하는 등의 보완 조치가 이루어졌다고 진술하고 있어[75] 당시 예술위 위원들이 심의위원 풀제로의 전환이 갖고 있는 의미를 충분히 숙지한 상태에서 이에 동조했음을 알 수 있다. 예술위 제 161차 회의록(2015.5.29.)에 나타난 권영빈 위원장의 발언은 이러한 정황을 잘 입증해준다.

> 권영빈 위원장: 지금까지는 우리 예술위 위원들이 추천해서 책임심의위원들을 설정하면 해당 기관에서 그분들에 대한 신상파악 등을 통해서 "된다, 안된다."는 얘기가 나오고 있습니다. 그래서 그 과정에서 탈락되는 경우가 있습니다. (중략) 또 하나는 책임심의위원을 선정해 놓고 보니까 여러 가지 문제 중에 지원해 줄 수 없도록 판단되는 리스트가 있는데 거기에 대해서 아무도 책임을 안 진다는 겁니다. 그래서 우리 직원들이 굉장히 곤욕을 겪고 있습니다. 이런 문제는 여기 위원님들도 참여를 해주시고, 앞으로는 조금 더 자유롭게 이 문제를 해결할 수 있는 유연성 있는 심사제도로 가야되지 않느냐는 겁니다.[76]

심의위원 풀제 도입 이후에는 먼저 심의위원 섭외 단계에서 주로 친정부적인 기관장들을 심의위원으로 섭외하고, 협조적인 심의위원과 미리 배제 시나리오를 협의한 다음에 심사회의를 개최하였다. 이 때 예술

75 「한국문화예술위원회 블랙리스트 실행을 위한 지원 및 심사제도 개편 사건」, 522쪽.

76 제161차 예술위원회 회의록, 2015.5.29.

위 사업 담당자들은 심의에 간사 역으로 참여하여 심의위원들에게 배제 대상자나 단체에 대한 부정적인 정보들을 제공함으로써 자연스럽게 배제를 유도하고, 배제가 여의치 않을 경우 미리 협조를 구한 심의위원이 주도적으로 배제를 실행하였다. 심의위원 풀제 도입 이후, 예술위 심의에 참여한 심의위원들은 블랙리스트 실행에 적극 협조했거나 최소한 방조했다는 혐의에서 자유롭지 못한 이유이다.

3.2. 문제사업의 폐지와 새로운 기획사업 추진

2015년 5월 11일에 문체부 예술정책과 오○○ 사무관이 작성한 「문화예술분야 지원사업 관련 현안」 문서에 의하면 2014년 6월부터 2015년 5월까지 공모사업에서 총 213건의 배제 조치가 있었다고 되어 있다. 그러나 공모사업 추진 과정에서 "특히 문학과 연극분야의 경우, 특이사항이 증가함에 따라 사업추진이 곤란한 상황이라고 하면서, 사회이슈와 연계된 특이사항이 지속적으로 증가함에 따라 실제 지원할 수 있는 대상도 점점 줄어들어 현재의 공모 시스템에 한계가 있다"고 하였다. 이러한 상황을 타개하기 위해서는 심사제도 개선과 더불어 문예기금사업을 '공모제'에서 '기획사업'으로 전환할 것을 제안하고 있다.[77]

2015년 9월 9일 JTBC를 통해 검열의혹이 전격 폭로된 이후, 국정감사가 진행되는 동안 10월 2일에 박명진 예술위 위원장이 김종덕 문체부 장관을 면담했다. 예술위 직원과 박명진 위원장이 작성하여 이 자리에 제출된 '장관님 면담 참고자료'에 의하면 '문학, 연극계 등 예술현장

77 「한국문화예술위원회 블랙리스트 실행을 위한 지원 및 심사제도 개편 사건」, 549~551쪽.

의 비판 분위기 확대', '예술위의 향후 지원심의 과정과 결과에 대한 현장의 집중 주목', '예술위 위원들의 동요'를 경계하고 있다. 이런 과정을 거쳐 문체부 예술정책과는 2015년 12월 8일에 작성한 「한국문화예술위원회 문예기금사업 개편안」을 통해 사업방식에 있어 "소액다건 직접 지원의 비중을 줄이고 장르별 기획사업을 발굴·강화"할 것을 제시하고 있다.[78]

2016년 1월 8일 「한국문화예술위원회 문예기금사업 개편안」은 소액다건식 단순공모를 축소하고 기획공모사업의 비중을 강화하겠다는 의도를 뚜렷이 밝혔다.[79] 즉 공모제를 통해 지원신청을 하는 개인 및 단체들을 블랙리스트와 일일이 대조하여 배제하는 일이 너무 번거롭고 심의가 지연되는 일이 빈발하자 예술위는 아예 지원제도 자체를 기획사업 위주로 바꾸기로 획책한 것이다. 이러한 지원제도 개편에 대해 박명진 위원장은 "이러한 기획사업은 문체부에 사업 주관처만 보고하고, 지원 예술가나 단체의 명단을 제출하지 않도록 설계한 사업으로 정부의 외압을 막고, 지원배제 압력의 폐해를 막을 수 있었습니다"[80]라고 변명하였다. 그러나 기획사업 위주의 지원제도 개편은 기초예술을 진흥하고 역량있는 예술가 개인 및 단체를 지원해야할 예술위 본연의 임무를 심각하게 왜곡시키는 결과를 초래하였다.

새로운 기획사업들을 추진하기 전에 블랙리스트 작동에 의해 폐지된 사업들이 있다. 연극분야와 관련해서는 '대관료지원사업', '공연예술발표공간지원사업', '창작산실대본공모사업' 등이 폐지되었다.[81] 2015년도

78 위의 글, 560~566쪽.

79 위의 글, 576~578 참조.

80 위의 글, 562쪽.

81 「한국문화예술위원회 블랙리스트 실행을 위한 지원 및 심사제도 개편 사건」, 594~

에 큰 물의를 빚었던 창작산실 사업은 다음과 같이 굴절되는 과정을 겪었다.

> 2015년도까지는 '대본공모지원', '시범공모지원', '우수작품제작지원', '우수작품재공연지원' 4개 단계 사업으로 진행됐으나, 2016년도부터는 '대본공모지원' 사업이 폐지되어 3개 사업으로 축소되었고, 2017년도부터는 구 '시범공연지원' 및 '우수작품제작지원'사업이 통합되어 '공연예술창작산실 「올해의 신작」'사업으로 개편되었고, 구'우수작품재공연지원'사업은 '공연예술창작산실 「올해의 레퍼토리」' 사업으로 변경되었으며, '공연예술창작산실 창작아이디어 지원사업(가칭)'이 신규사업으로 추진되었다.[82]

예술위는 2016년에 폐지했던 '공연예술 창작산실'에서의 대본 공모 사업을 2020년에 부활시켰다. 그러나 블랙리스트 작동에 의해 폐지되거나 왜곡된 사업들은 아직도 시정되지 못한 경우가 대부분이다.

블랙리스트 초기 작동 과정에서 폐지된 사업 중에 '현장예술인교육지원사업'은 특별히 주목을 요한다. 국정원은 2014년 3월 17일 「문체부, 左성향단체 참여 '현장예술인지원사업' 폐지 방침」 보고서에서 "좌성향 단체들이 대거 선정된 것과 관련하여 사업자체를 폐지하고 경제적 여건이 어려운 예술인들을 지원하는 사업으로 변경할 계획"[83]을 세

597쪽 참조. 문학 분야에서는 '아르코문학창작기금'을 폐지하였고 '우수문예지지원사업'을 축소 집행한 결과, 남은 예산으로 '문예지우수콘텐츠아카이빙사업', '2016 유망작가지원사업', '2016 문학주간 사업'을 신설하였다.

82 「2016 '한국예술창작아카데미' 및 '공연예술창작산실' 사업개편 과정에서의 블랙리스트 작동 의혹 사건」, 『문화예술계 블랙리스트 진상조사 및 제도개선위원회 백서 – 진상조사결과보고서: 공연1』(부록 2-2), 424쪽.

웠다. 2014년 3월 21일 예술인복지재단 이사회에는 "'예술인 복지사업 변경계획(안)'의 추진 배경은 'ㅇ배우 우ㅇㅇ씨 자살, 송파 세모녀 자살 등 현행 복지 제도가 혜택이 필요한 사람들에게 도움이 되지 못하는 사례 발생 ㅇ한정된 예산 하에서 긴급지원이 필요한 어려운 예술인들을 발굴하고 지원할 수 있는 방향으로 사업 재설계 필요"[84] 등으로 제시되면서 '현장예술인교육지원사업'의 폐지가 결정되었다. 예술가들의 복지를 책임져야 할 기관에서 "이미 선정된 사업을 폐지하기 위하여 가난한 예술인들을 위한 긴급복지사업을 해야 한다는 명분을 내세우는 과정에서 송파 세 모녀의 죽음, 배우 ㅇㅇㅇ의 자살을 명분으로 갖다 붙인 매우 비도덕적인 사건"[85]이라 하겠다.

한편, 폐지된 사업 대신 새로운 기획사업으로 신설된 경우들이 있다. 2016년에 처음 개최된 '원로연극제'에 대해서는 당시부터 여러 가지 의혹이 뒤따랐다.

> 갑자기 대학로에는 '원로연극제'라는 전에 없던 화려한 연극제가 나타났다. 온갖 매체들에서 야단스럽게 홍보를 했고, 심지어 지하철이 혜화역에 정차할 때마다 안내 멘트가 흘러나왔다. 엄청난 홍보 예산이 배정되어 있다는 건 어렵지 않게 짐작할 수 있었다. 그 홍보 예산 규모에 비추어 보면 지원액도 상당했을 듯하다. 그런데 원로연극제를 두고 온갖 뒷담화만 무성할 뿐, 아무도 그 개최 과정에 대해서는 잘 모르고 있었다.
>
> 한국문화예술위원회가 기획과 제작을 맡았으니 한국문화예술위원회

83 「한국예술인복지재단 블랙리스트 실행 사건」, 『문화예술계 블랙리스트 진상조사 및 제도개선 위원회 백서 – 진상조사결과보고서: 공연2』(부록 2-3), 26쪽.

84 위의 글, 29쪽에서 재인용.

85 이양구, 「피해자의 눈으로 본 블랙리스트 사태」, 『문화예술계 블랙리스트 진상조사 및 제도개선위원회 백서 4 – 블랙리스트 사태의 총체적 조망』, 280쪽.

의 지원심의를 거쳤을 법하지만 어떤 절차와 과정을 거쳐 4인의 연극인이 선정되었는지 이 글을 쓰는 지금까지도 오리무중이다.[86]

블랙리스트 진상조사위 조사 결과, "2016년 신설된 제1회 원로연극제가 2016년 문예진흥기금사업을 개편하라는 청와대 지시를 받은 문체부가 블랙리스트 실행을 용이하게 하기 위한 의도에서 2016년 예술위 기획사업을 확대하는 과정에서 신설되었고, 젊은 연극인들이 블랙리스트 문제에 대한 반발이 심하였던 상황에서 원로연극인들에 대한 우대 조치의 일환으로 기획되었다는 사실이 확인된다."[87] 원로연극제는 2회부터 '늘푸른 연극제'로 명칭을 변경하여 한국연극협회가 주관하면서 70세 이상 원로연극인을 선정해 프로그램을 꾸려왔고, 2019년부터는 예술위가 다시 주최를 맡고 기획사 스튜디어 반이 주관하면서 공모제로 변경되었다.[88]

대규모 기획사업으로 등장한 것은 '기초공연예술활성화추진사업단'이었다.

박근혜 후보의 대선 캠프에 참여하였던 정OO 연극분야 예술위원이 청와대 A선임행정관에게 요청하여 대관료 지원사업, 기획·경영인력전문사업, 연습공간조성사업 등의 명목으로 예산 지원을 요청하였고, 2013년 하반기 국회에서 66억의 항목이 민간경상보조금으로 편성되어 문체부를 통

---

86 김미도, 「원로 연극제와 원로에 대한 예우」, 『연극평론』, 2016년 가을, 20쪽.

87 「한국문화예술위원회 블랙리스트 실행을 위한 지원 및 심사제도 개편 사건」, 600쪽.

88 「공모제로 바뀐 '늘푸른연극제'…"노년의 삶 무대 올립니다"」, 이데일리, 2019.11.19. 참조. 〈https://www.edaily.co.kr/news/read?newsId=01161126622687360&mediaCodeNo=257&OutLnkChk=Y〉 (검색일자: 2020.12.28.)

해 예술위로 내려왔다.

예술위는 민간경상보조금으로 내려온 66억원을 공모사업으로 운영하는 대신 기초공연예술활성화추진단을 구성하고 단장을 섭외하고, 예술위 직원들을 추진단의 사무국 직원들로 겸직 발령을 내는 방식으로 구성한 후 운영 근거 규정도 만들지 않은 채 사업추진단을 운영하였다.

기초공연예술활성화 추진단은 대관료지원사업이 폐지되는 과정에서 동숭홀·아트원씨어터 등을 임대하여 재대관하는 사업을 추진하는 과정에서 공모과정을 거치거나 외부에 타당성 평가 과정을 거치는 일도 없었다. 재대관 사업지원 단체 중에서 블랙리스트 단체가 많아서 극장이 3개월 가량 공실되는 일도 발생하였다.[89]

이처럼 블랙리스트를 용이하게 작동시키기 위해 오랫동안 지속되어 온 공모제 지원사업들을 폐지시키고 새로운 기획사업들을 신설하였다. 그러나 기획사업들을 수행하는 과정에서도 블랙리스트 배제를 실행하다 보니 장기간 대관 공실이 발생하는 등 예산이 낭비되는 경우가 허다하였다. 그 피해는 결국 작은 예산이라도 지원 받아야 창작품을 생산할 수 있었던 수많은 예술가들에게 돌아갔다.

블랙리스트 실행과정에서 가장 심각하게 왜곡된 연극계 사업 중 하나는 '대한민국연극제'이다. 앞에서 살핀 바와 같이 서울연극협회가 주관하는 '서울연극제'는 블랙리스트 작동 초기부터 청와대의 배제 대상이었기 때문에 2015서울연극제가 아르코대극장 대관심의에서 탈락하였다. 2014년 11월경 서울연극제 대관탈락 이후 권영빈 예술위위원장은 향후 아르코대극장을 서울연극제 등 '지역행사'에 대관하지 않겠다

89 「한국문화예술위원회 블랙리스트 실행을 위한 지원 및 심시제도 개편 사건」, 611쪽.

는 방침을 세웠다. 한국연극협회는 2014년 11월 초 서울연극협회 등 산하 16개 지회를 상대로 전국연극제의 대한민국연극제 전환에 대한 동의를 받아 2015년 3월, 한국연극협회와 문체부의 협의로 대한민국연극제로의 전환이 의결되었다.[90]

원로연극제, 대한민국연극제, 기초공연예술활성화추진사업단 등의 기획사업은 결국 소위 '화이트리스트' 사업이라 할 수 있다. 블랙리스트를 배제하는 대신 화이트리스트를 지원하는 과정은 히틀러 시대의 나치당의 문화정책을 떠올리게 한다.

> 국가는 검열 시스템을 확립했고 동시에 평점 시스템을 도입하며 체계적으로 문화예술계를 통제한다. 평점 1점마다 4퍼센트의 세금 감면 혜택을 주면서 제작사의 재정에 직접 영향을 끼쳤다. 당연히 '면세 대상 특별 상여금', '국가 배우' 등의 각종 혜택을 통해 매우 충직한 문화예술인들을 양성하고자 했다. 감독과 배우를 체계적으로 포섭했고 풍족한 급료는 물론 스타까지 만들어주는 구조였으니 수많은 사람이 배제되는 만큼 수많은 사람이 포섭되는 모양새였다. 동전의 양면처럼 블랙리스트와 화이트리스트가 만들어진 것이다.[91]

대한민국연극제라는 대형 화이트 사업 기획 과정에서 아이로니컬하게도 서울연극협회는 전국연극제가 대한민국연극제로 확대 전환되는 데 동의했다. '대한민국연극제'라는 명칭은 원래 '서울연극제'의 모태가

---

90 「'전국연극제'의 '대한민국연극제'로의 변경과 관련한 '서울연극제' 위상 약화 의혹 사건」, 『문화예술계 블랙리스트 진상조사 및 제도개선위원회 백서 - 진상조사결과 보고서: 공연1』(부록2-2), 참조.

91 심용환, 「히틀러의 블랙리스트 사업 그리고 슈페어」, 『우리는 누구도 처벌하지 않았다』, 위즈덤하우스, 2019, 113쪽.

되는 명칭이기도 한다. 그러나 이러한 역사성에 대한 천착도 없이 전국연극제가 대한민국연극제로 명칭 변경 및 지원 확대가 이루어질 때, 당시 서울연극협회 송형종 회장과 박장렬 전 회장은 한국연극협회 당연직 이사로 회의에 참석하여 이 결정에 동의하였다. 더구나 블랙리스트 진상조사 결과 이러한 사실들이 명명백백히 드러난 이후에 박장렬 전 서울연극협회 회장은 2019년 서울에서 개최된 대한민국연극제의 예술감독직을 수행하였다.

5. 복구 불가능한 피해와 변질된 제도-결론을 대신하여

이상에서 살펴본 바와 같이 문화예술계 블랙리스트 사건은 청와대, 국정원, 문체부, 예술위 등이 긴밀하게 협조하는 가운데 이루어진 대규모 국가범죄였다. 블랙리스트를 작동시키는 국가기관들의 계획은 상당히 주도면밀하였다.

블랙리스트 실행 초기 단계에서는 심의위원들에게 블랙리스트를 작동시켜 블랙리스트 배제가 유리한 분위기를 만들어놓고 각 지원사업의 담당자들이 배제 대상 단체에게 불리한 정보를 흘리는 방식을 주로 활용했다. 그러한 방식에 의해 배제된 단체가 반발하거나 심의위원들이 반발하는 사태가 벌어지자 심의위원들에게 노골적으로 배제 명단을 들이밀고 애원하듯이 협조를 구하거나 사업 자체가 배제될 수 있다는 식의 은밀한 협박을 가하기도 했다. 드디어 검열 의혹이 언론에 폭로되자 블랙리스트 배제 압력에 시달리던 직원들은 블랙리스트에도 없던 인물이나 작품을 배제하기 위해 자기검열을 작동시켰다. 좀 더 배제를 용이하게 하기 위한 방법으로 예술위는 책임심의위원제를 심의위원 풀제로 변경했으며, 문화예술단체를 중심으로 친정부적 심의위원들을 위촉하고 사전에 배제 시나리오를 협의하기도 했다. 이윽고 공모제를 통한 지원심의 방식이 블랙리스트 배제에 근본적인 한계가 있음을 깨닫고 보다 원천적인 배제를 위해 기획사업 위주로 지원제도를 개편하기에 이르렀다.

블랙리스트 진상조사와 백서 발간을 통해 그 사건의 실체들이 낱낱이 드러난 지금, 문체부와 산하기관들 사이에, 그리고 문화예술관련 기관들과 예술가들 사이의 신뢰는 산산이 깨져버려 좀처럼 회복되지 않고 있다. 무엇보다도 블랙리스트 피해자들이 입은 피해는 거의 복구되지 못하고 있으며, 블랙리스트 사태 이전의 예술환경으로 복귀하지 못하고 있다. 2013년 9월 국립극단에서 〈구름〉 공연을 준비하던 중 "특정 대사에 자로 대고 반듯하게 그은 빨간 줄이 그어진 대본"을 건네받았던 남인우 연출은 "병원에 입원해야 할 만큼 스트레스를 받았다고 하면서, 공연이 끝난 후에는 뒤를 돌아보고 싶지도 않았"[92]다고 한다. 서울프린지네트워크의 오성화 대표는 예술위에서 "매년 5,000만원씩 지원을 받았는데 2015~2016년 동안 지원을 받지 못하게 되면서 1억원 가량의 빚을 지게 되었다고 하였다.[93] 서울프린지네트워크를 배제하기 위해 예술위는 서울프린지페스티벌이 서울문화재단의 지원금을 받을 것으로 예상된다고 심의위원에게 거짓말을 하였다.

2015년 예술경영지원센터의 '2015 우수프로그램 문화원 순회사업' 중 '문화원 - 예술단체 매칭 신규프로젝트 개발지원'에서 배제된 극단 마실의 경우는 지원기관이 블랙리스트를 실행하기 위해 멋대로 심사원

---

92 이양구, 「피해자의 눈으로 본 블랙리스트 사태」, 279쪽.

93 위의 글, 281쪽.

칙을 변경하기도 했다. 예술경영지원센터는 심의위원들에게 블랙리스트 단체들을 배제해달라고 요청했으나 받아들여지지 않자 원래 심의 절차에 없던 3차 문화원 최종 심사를 추가하였고 '중복 지원 대상 문화원 제외'라는 원칙을 새롭게 만들어 극단 마실을 끝끝내 배제하였다. 당시 예술경영지원센터 대표였던 김선영은 블랙리스트 조사위에서 "그때 당시에는 문체부의 배제 방침이 있었다는 얘기를 할 수 없어서 '담당 직원의 실수였다'고 말할 수밖에 없었다"는 취지로 진술하였다.[94] 극단 마실의 손혜정 대표는 진술조서에서 다음과 같이 심경을 피력했다.

> 믿고 지원했던 공공기금이 이해할 수 없는 이유로 선정 취소되고 그 일을 보고도 사실대로 말해주지 않고 예술가를 바보 취급하며 말도 안 되는 이유를 들어 설득하고 겁주고 어르는 예술행정가와의 만남은 사람에 대한 실망감, 예술정책에 대한 불신으로 이어지고 공공기금에 대한 실망으로 번져 그것에 기대어 사는 우리들의 작업을 더이상 이어나가고 싶지 않게 만들었습니다. 결국 더이상 사람들을 만나고 싶지 않고 나누는 것은 더더욱 하고 싶지 않게 만들었습니다. 저는 이 사건 이후에 활동을 현저하게 하지 못하고 있습니다. 그만큼 정신적 피해가 큽니다. (중략) 그 이후 저는 앞으로 무엇을 믿고 컴퓨터 앞에 앉아 자판을 두드려 가며 지원서를 쓸 것인가? 아니 최소한의 임금을 받으면서도 공공의 기금의 목적에 충실하기 위해 흘렸던 땀과 노력이 무색해져 버렸고 의욕을 완전히 상실하게 되었습니다. 3개월간 혼자 예술경영지원센터와 싸우면서 현장 예술가의 힘없는 위치를 절절하게 체험했습니다. 그리고 어디에도 호소할 곳이 없다는 것이 막막하고 슬펐습니다. 그래서 멀리 도망하고 싶었

94 「극단 마실(손혜정) 배제 사건」, 『문화예술계 블랙리스트 진상조사 및 제도개선위원회 백서 – 진상조사 결과보고서: 공연2』(부록 2-3), 225쪽.

고 지금까지도 해외에 거주하고 있습니다.[95]

이처럼 한 예술가의 삶이 철저히 짓밟히고 회복 불가능한 상태로 망가진 상태를 국가는 어떻게 책임질 수 있는가. 2020년 5월에는 팝업씨어터 사태의 공익제보자인 예술위 전 직원 김진이가 국가와 예술위를 상대로 손해배상 청구 소송을 냈다.[96] 그는 '팝업씨어터 공연방해 및 검열 의혹 사건'을 폭로한 후 부당한 전보 조치 등 인사상 불이익을 받다가 퇴사한 바 있다. 김진이는 문화예술기관 직원들 중에서 유일하게 블랙리스트 실행 사실을 내부고발하였다. 2019년 12월, 박양우 문체부 장관은 팝업씨어터 사건이 벌어진 대학로예술극장 1층 씨어터 카페에서 블랙리스트 피해자 명예회복과 기억사업을 약속하였으나[97] 기억사업을 위한 예산 신청은 2020년에 국회를 통과하지 못했다. "국회 문화체육관광위원회 소속 국민의 힘 의원들은 블랙리스트로 공직자들이 고통 받고 있으며 블랙리스트를 사회적으로 기억하는 것은 어이없는 일로 여야 정쟁을 부추기는 것이라고 망언을 했다."[98]

흔히 블랙리스트 사태는 문화예술계의 홀로코스트에 비유되곤 한다.

현대적 제노사이드는 목적을 지닌 학살이다. 적대자를 제거하는 것은

---

95 이양구, 「피해자의 눈으로 본 블랙리스트 사태」, 290쪽.

96 「'문화계 블랙리스트' 내부고발자 소송…예술위 "항소 포기"」, 머니투데이, 2020. 12.19. 〈https://news.mt.co.kr/mtview.php?no=2020101913587686667〉 (검색일: 2020.12.28.)

97 「박양우 장관 "블랙리스트 피해자 명예회복하겠다"」, 뉴스1, 2019.12.2. 〈https://www.news1.kr/articles/?3783251〉 (검색일: 2020.12.28.)

98 정윤희, 「왜, 다시, 혹은 지금도 블랙리스트인가?」, 프레시안, 2020.11.18. 〈https://www.pressian.com/pages/articles/2020111811191681568?utm_source=naver&utm_medium=search#0DKU〉 (검색일: 2020.12.28.)

> 목적 그 자체가 아니다. 그것은 다른 어떤 목적을 위한 수단 – 궁극적 목적으로부터 도출되는 필요, 길의 끝에 도달하기를 원한다면 취해야만 할 조치 – 이다. 목적 그 자체는 더 나은, 그리고 근본적으로 다른 사회에 대한 거대한 전망이다. 현대의 제노사이드는 – 완벽한 사회의 계획에 적합한 사회질서를 이끌어내기 위한 – 사회공학의 한 요소이다.[99]

박근혜 정권의 블랙리스트 작성과 지원 배제는 소위 '좌파' 예술인들의 제노사이드와 그 이후 우파 중심의 문화예술계를 구축하는 것이었다. 박근혜 정부 출범 이후 국정원에 의해 최초로 작성된 문화예술정책 관련 문서인 「문화예술계 건전화로 '문화융성' 기반 정비」(2013.3.15.)[100]는 바로 그러한 전략을 여실히 드러낸다. 이 문건은 좌파 문화예술인들은 "국론을 분열시키고 편향된 가치관 조장에 몰두"하고 있어 '문화예술계의 건강성'을 저해하는 요인으로 보았다. "박근혜 정권은 국정과제인 '문화융성'의 적대세력이 '문화예술인'이라면서, 제거하고 배제해야 할 대상으로 규정했다."[101]

블랙리스트에 의한 문화예술계의 학살은 다행히 블랙리스트에 대한 거센 저항과 촛불혁명에 의해 그 작동을 멈추었다. 그러나 블랙리스트로 인해 왜곡된 제도들은 시정되지 않고 있으며, 피해 예술가들의 삶은 복구되지 않았다. 블랙리스트로 인해 무너져내린 예술생태계 역시 쉽사리 복원되지 않고 있다. 예술가들이 예술행정 업무를 담당하는 정부

---

99 지그문트 바우만, 정일준 역, 『현대성과 홀로코스트』, 새물결, 2015, 165쪽.

100 이 문건은 문재인 정권이 들어선 후, 2017년 9월 29일 청와대 민정수석실 캐비닛에서 발견되었다.

101 오창은, 「'블랙리스트 문건'에 드러난 '전체성의 폭력': 담론적 관점에서 본 블랙리스트」, 『문화예술계 블랙리스트 진상조사 및 제도개선위원회 백서4 – 블랙리스트 사태의 총체적 조망』, 260~263쪽.

기관을 바라보는 시선도 여전히 곱지 않다. 블랙리스트로 인한 피해의 복구는 가해자들의 진심어린 사과와 변질된 제도의 회복이 선행되지 않고서는 앞으로 나아가기 어렵다. 이 논문에서 수행한 블랙리스트의 작동방식에 관한 연구가 앞으로 블랙리스트 사태의 재발방지와 제도개선, 피해자 명예회복 및 기억사업에 기여할 수 있기를 바란다.

참고문헌

1차 문헌

감사원, 「감사보고서 - 문화체육관광부 기관운영감사」, 2017.6.

검열백서위원회, 『기록할 수 없는 이야기 - 검열백서 준비 1호: 사건일지와 질문들』, 2017.4.

검열백서위원회, 『밝혀진 사실, 은폐된 진실 - 검열백서 준비 2호: '블랙리스트 사건' 1심 특집』, 2017.9.

김기춘 외 3인 1심 판결문, 2017 고합 102.

문화예술계 블랙리스트 진상조사 및 제도개선위원회, 『문화예술계 블랙리스트 진상조사 및 제도개선위원회 백서1 - 위원회 활동보고서』, 문화체육관광부, 2019.2.

문화예술계 블랙리스트 진상조사 및 제도개선위원회, 『문화예술계 블랙리스트 진상조사 및 제도개선위원회 백서2 - 블랙리스트 진상조사 종합보고서』, 문화체육관광부, 2019.2.

문화예술계 블랙리스트 진상조사 및 제도개선위원회 『문화예술계 블랙리스트 진상조사 및 제도개선위원회 백서 - 진상조사 결과보고서: 기관별』(부록 2-1), 문화체육관광부, 2019.2.

문화예술계 블랙리스트 진상조사 및 제도개선위원회 『문화예술계 블랙리스트 진상조사 및 제도개선위원회 백서 - 진상조사 결과보고서: 공연1』(부록 2-2), 문화체육관광부, 2019.2.

문화예술계 블랙리스트 진상조사 및 제도개선위원회 『문화예술계 블랙리스트 진상조사 및 제도개선위원회 백서 - 진상조사 결과보고서: 공연2』(부록 2-3), 문화체육관광부, 2019.2.

한국문화예술위원회, 제161차 회의록, 2015.5.29.

2차 문헌

고연옥, 「국립극단 '작가의 방', 왜 극작가를 교육, 교정하려 하는가?」, 『연극평론』, 2017년 봄, 한국연극평론가협회, 2017.3.

김미도, 「원로 연극제와 원로에 대한 예우」, 『연극평론』, 2016년 가을, 한국연극평론가협회, 2016.9.

김미도, 「문예위가 실행하고 문체부가 감독했다」, 『시사IN』, 제 489·490호, 2017.1.28.

김석현 · 정은영, 『블랙리스트가 있었다』, 위즈덤하우스, 2018.3.

노이정, 「블랙리스트 작동의 실태와 문화예술계에 끼친 해악」, 『문화예술계 블랙리스트 진상조사 및 제도개선위원회 백서 4 - 블랙리스트 사태의 총체적 조망』, 문화체육관광부, 2019.2.

심용환, 『우리는 누구도 처벌하지 않았다』, 위즈덤하우스, 2019.3.

오동석, 「국가범죄로서의 블랙리스트」, 『문화예술계 블랙리스트 진상조사 및 제도개선위원회 백서4 - 블랙리스트 사태의 총체적 조망』, 문화체육관광부, 2019.2.

오창은, 「'블랙리스트 문건'에 드러난 '전체성의 폭력': 담론적 관점에서 본 블랙리스트」, 『문화예술계 블랙리스트 진상조사 및 제도개선위원회 백서4 - 블랙리스트 사태의 총체적 조망』, 문화체육관광부, 2019.2.

유승익, 「국가범죄로서 블랙리스트 사태의 위헌성」, 문화예술계 적폐청산과 문재인 정부 국정과제 이행을 위한 정책 토론회 '문화계 블랙리스트 사태, 국회의 책무는 무엇인가?' 자료집, 2017.9.27. 국회도서관 소회의실.

이양구, 「국가범죄로서 블랙리스트 사태와 검열에 대한 인식들」, 한국연극평론가협회 편, 『세월호 이후의 한국연극』, 연극과 인간, 2017.6,

이양구, 「피해자의 눈으로 본 블랙리스트 사태」, 『문화예술계 블랙리스트 진상조사 및 제도개선위원회 백서 4 - 블랙리스트 사태의 총체적 조망』, 문화체육관광부, 2019.2.

이재승, 『국가범죄』, 앨피, 2010.

이재승, 「해외 블랙리스트 사례와 그 시사점」, 『문화예술계 블랙리스트 진상조사 및 제도개선위원회 백서4 - 블랙리스트의 총체적 조망』, 문화체육관광부, 2019.2.

이진아, 「블랙리스트 사태가 문화예술계에 남긴 상흔」, 『문화예술계 블랙리스트 진상조사 및 제도개선위원회 백서 4 - 블랙리스트 사태의 총체적 조망』, 문화체육관광부, 2019.2.

지그문트 바우만, 정일준 역, 『현대성과 홀로코스트』, 새물결, 2015.

토론회 「젊은 극작가들의 창작 환경과 공공극장의 역할 - 국립극단 '작가의 방' 사태를 넘어서」, 『연극평론』, 2017년 여름호, 한국연극평론가협회, 2017. 6.1.

기타 신문기사 및 칼럼

블랙리스트,
네버엔딩 스토리

2000년, 민주화를 위한 전국교수협의회 활동 - 국가보안법 폐지서명 등
동명이인 확인 후 조치할 것
제외할 것
자체확인 및 12명 제외조치 완료 보고
간이확인: 이상 없음
자체확인 결과 2명 제외, 나머지 3명 진행 - k
임수경 방북지지, 친노, 노무현추모공연기획, 남편 한겨레 활동 등
2009소고기반대 시국선언 1건
대운하 반대
현정부 우호적 활동가로 양해됨
지원중단시 국제적 불신 초래, 연극계원로들의 거센 반발 예상
심사 제외
국가보안법 비판
대표 개인의 활동이 문제되며
절대 안 됨
자체 판단
이력 파악 후 판단
정치적 인물
대사관 요청사항
단순 가담
특이사항 없음
그냥 할 것
제외하고 진행키로 함

차기부터 없앨 것
개폐회식 안 됨
추후 제외할 것
특이 없음
간이확인
정치활동
의심사례, 가능한 안 하는 것으로
각종 시국선언

블랙리스트, 네버엔딩 스토리*

2015년 가을, 잇달아 터진 검열 사태에 반발하여 1천명 가까운 연극인이 서명한 항의성명이 국회에 전달되었고, 겨울에도 많은 연극인들이 추위에 떨며 길거리에서 검열에 저항하는 시위를 벌이기도 했다. 그러나 아무도 정식으로 사과하지 않았고, 검열의 현실적 주체로 지목된 박명진 한국문화예술위원회 위원장은 여전히 그 자리에서 버티고 있다. 저항의 불씨를 이어가기에는 연극인들 모두가 피로하고 지치기도 했다. 정치적으로 너무나 큰 이슈들이 터져 나오는 가운데 검열 이슈를 이어갈 명분도 마땅치 않았다.

꺼져가는 저항의 불씨를 다시 지핀 것은 '2016권리장전_검열각하'였다. '검열각하' 공연 릴레이는 2016년 6월 9일에 시작되어 10월 30일까지 144일간 21개 극단과 개인의 22개 작품, 110회 공연이 이루어졌다. 크라우드펀딩에 427명의 후원자들이 참여했고, 332명의 배우와 스태프가 참여했으며, 총 6671명의 관객이 관람하였다. 무려 5개월 동안 진행

---

* 『연극평론』 2016년 가을.

된 이 대장정을 통해 연극인들은 관객들과 함께 서로 뜨겁게 연대하며 검열에 대한 문제의식을 더 냉철하게 키워나갔다.

정치권에서 더 이상 큰 문제로 다뤄지지 않던 검열 이슈는 뜻밖에도 '최순실 게이트'와 함께 다시 터져 나왔다. 2015년 11월 6일 한국문화예술위원회(이하 문예위) 회의에서 박병원 위원(한국경영자총협회 회장)은 미르재단 설립에 포스코가 30억 원을 출연하기로 했다는 소식을 전하며 문예위 차원의 대응을 주문하게 된다. 특히 "미르재단의 사업 영역이 기존 문예위의 업무와 중복돼 발생하는 비효율·낭비에 대한 우려" 때문이었다.[1]

블랙리스트 논란의 재점화

박병원 위원의 발언과 관련하여 2016년 국정감사에서 국회의원 도종환 의원실은 문예위에 관련 회의록 제출을 요구한다. 그런데 문예위는 문제가 될 만한 발언들을 상당 부분 삭제한 회의록을 국회에 제출했고, 도종환 의원실은 회의록 원본을 입수하여 대조한 결과 '블랙리스트'의 실체에 대한 발언들을 발견하게 된다.

> □ 권영빈 전 위원장은 상황을 정리하며 "우리 예술위원들이 추천해서 책임심의위원들을 선정하면 **해당 기관에서 그분들에 대한 신상파악** 등을 해서 **"된다, 안 된다"**는 얘기가 나오고 있습니다. 그래서 그 과정에서

---

1 「[단독]박병원, "문예기금 놔두고 따로 돈 걷나… 기가 막힌 일"」, 한겨레, 2016. 10.10. 〈https://www.hani.co.kr/arti/politics/politics_general/764868.html〉 (검색일: 2021.8.14)

탈락되는 경우가 있습니다. 그런 사정 때문에 "이 사람은 곤란하다"는 얘기가 나올 수도 있으니까"고 발언했다.

□ 이어서 권 위원장은 "책임심의위원을 선정해놓고 보니까 **여러 가지 문제 중에 지원해 줄 수 없도록 판단되는 리스트가 있는데** 거기에 대해서 아무도 책임을 안 진다는 겁니다. 그래서 우리 직원들이 굉장히 곤욕을 겪고 있습니다."라고 발언한 뒤 "또 하나는 심의상의 문제... 참 말씀을 드리기가 힘든데요. **심의를 우리 마음대로 할 수가 없게 되어 있다.** 그런 점에서 자율적인 심의가 원만하지 않다"고 발언했다.

□ 한 위원은 회의 말미에 "○○○ 부장이 공문을 준 게 뭐냐 하면 심사위원 추천권이었습니다. 심사위원을 추천했습니다. 안 받아졌습니다. 결국 그분도 **청와대에서 배제한다는 얘기로 해서 심사에서 빠졌습니다.**"라고 발언했다. 심사위원 선정 과정에까지 청와대가 깊숙하게 개입하고 있는 것이다.[2]

위의 내용들을 종합적으로 정리하면 블랙리스트를 가지고 지원심의에 개입한 것은 바로 청와대이다. 지원대상에 대한 블랙리스트뿐 아니라 심의위원에 대한 블랙리스트도 작동하고 있었음을 알 수 있다.

도종환 의원이 국정감사에서 블랙리스트의 존재를 확인한 데 이어 드디어 한 언론 보도를 통해 9,473명의 블랙리스트 명단이 공개되기에 이른다.

문화정책에 밝은 예술계 한 인사는 이날 한국일보와 만나 "지난해 5월 흔히 말하는 '블랙리스트'가 청와대에서 내려왔고 우리 입장에서는 이에 따라 행동할 수밖에 없다고 하는 문체부 공무원들의 푸념을 들었다"면서

2 도종환 국회의원 홈페이지

실제 이 문건을 직접 보기도 했거니와 너무 어처구니가 없어 사진으로 찍어두었다"고 말했다. 이어 "그때는 저 말이 진짜일까 싶었는데 이후 예술계에서 이런저런 잡음이 들리면서 정부가 이 블랙리스트를 충실하게 실행하고 있다는 것을 알게 됐다"고 덧붙였다.[3]

한국일보에서 공개한 블랙리스트는 세월호 정부 시행령 폐기 촉구선언 문화예술인 594인, 세월호 시국선언 문학인 754인, 문재인 후보 지지 선언 6,517인, 박원순 후보 지지 선언 1,608인 등 총 9,473인으로 이루어져 있다. 세월호 문제에 가슴 아파하는 문화예술인들을 모두 블랙리스트로 처리하고, 선거에서 특정 후보를 지지했다는 이유만으로 블랙리스트에 올려놓은 것이다. 이 기사가 나온 직후 많은 문화예술인들이 SNS를 중심으로 블랙리스트에 들어가 있음을 자랑스러워하고, 자신의 이름이 없는 것을 오히려 부끄러워하는 아이러니컬한 상황이 벌어졌다.

그런데 이 블랙리스트는 허술하기 짝이 없다. 그냥 여러 종류의 선언에 동참한 예술인들의 이름을 마구 긁어다 붙인 것이다. 블랙리스트 작성의 시발점은 대체로 2013년 9월 박근형 연출의 〈개구리〉 공연에 대한 중앙일보 최민우 기자의 기사 "박정희·박근혜 풍자냐 비하냐... 국립극단 연극 논란"(2013.9.11.)으로부터 비롯되었다고 본다. 박근형이 2015년도 창작산실 심의에서 문제가 된 것은 심의 대상작인 〈모든 군인은 불쌍하다〉 때문이라기보다 2013년도의 〈개구리〉 공연 때문이었다.

---

3 「"세월호 선언 등 9473명, 문화계 블랙리스트 확인"」, 한국일보, 2016.10.12. 〈https://www.hankookilbo.com/News/Read/201610120429856146〉(검색일: 2021.8.14.)

또 하나의 중요한 계기는 '2014 광주 비엔날레' 특별전 '광주정신'에 출품된 홍성담의 〈세월오월〉 전시가 철회된 사건이다. 2014년 8월 8일에 김기춘 전 청와대 비서실장이 '홍성담 배제 노력, 제재 조치 강구'란 지시를 하달하며 작가를 '사이비 예술가'로 지칭한 사실이 김영한 전 청와대 민정수석의 비망록 공개를 통해 알려졌다. 그런데 정작 홍성담 작가는 블랙리스트에 올라 있지 않다. 홍성담 작가는 "김 전 실장이 분명히 저를 지칭해 블랙리스트 작성이 시작된 것으로 보이는데, 왜 이 명예로운 명단에 저는 없는 건지"[4]라며 한탄했다. 윤장현 광주시장은 당시 김종 문체부 제 2차관으로부터 직접 전화를 받았다면서 "역사를 꿰뚫어보는 홍 작가의 작가정신을 존경했지만 지금 생각하면 작품을 당당히 내거는 등 시정이 처한 여러 현안을 정면돌파하지 못한 게 부끄럽다"[5]고 고백했다.

김기춘 전 대통령 비서실장의 8월 8일자 지시를 내려받은 권영빈 당시 문예위 위원장은 8월 26일에 1. 문예진흥기금 지원 또는 직접 운영하는 공간에서도 유사한 사례가 발생할 여지는 없는지 2. 유사 사례를 미리 파악하고 예방하기 위한 대책은 무엇인지 3. 유사 사례가 발생할 때 어떻게 대처해야 되는지 대책을 연구해 보고하라고 지시한다. 10월 2일에는 김기춘이 다시 문화예술계 좌파 책동에 투쟁적으로 대응하라고 주문한다.[6]

---

4 노형석 기자, 「'박근혜 허수아비' 그림… 알고 보니 풍자 아닌 예언!」, 한겨레, 2016.11.14. 〈https://www.hani.co.kr/arti/culture/culture_general/770240.html〉 (검색일: 2021.8.14.)

5 「尹광주시장 "'세월오월' 전시 불가, 김종 차관 전화 영향"」, NEWSIS, 2016.11.14. 〈https://newsis.com/view/?id=NISX20161114_0014515587〉 (검색일: 2021.8.14.)

6 「도종환 "블랙리스트 작성 조윤선, 사퇴 않으면 해임"」, CBS 김현정의 뉴스쇼,

2014년 하반기부터 이미 블랙리스트가 작동되고 있었다는 증언도 나왔다. 2014년 하반기에 진행된 '2015 우수문예지발간지원사업'에서 심사를 맡았던 한 문인은 문예위 담당 직원이 특정한 몇 잡지를 거명하면서 '반드시 빼야 한다'고 했다 한다.[7] 그렇다면 2014년 하반기 이후 정부 예산으로 집행되는 문화예술 관련 모든 심의에서 검열기제가 작동하고 있었다고 봐도 무리가 아닐 것이다.

블랙리스트 작성의 주역들

'최순실 게이트'가 그 거대한 실체를 본격적으로 드러내면서 블랙리스트의 하달 체계도 좀 더 분명한 윤곽을 드러냈다. 10월 29일자 조선일보 기사는 블랙리스트의 몸통이 조윤선 당시 정무수석과 청와대였음을 보여준다.

> 최근 논란을 빚고 있는 '문화계 블랙리스트'가 내려오기 시작한 때도 '최순실 인맥'이 문체부를 장악하기 시작한 2014년 여름이었다. 문체부 고위 관료를 지낸 A씨는 "이 무렵 갑자기 청와대 정무라인 쪽 사람들이 세종시 문체부 청사로 찾아왔다"고 말했다. 이들은 사람 이름이 빼곡하게 적힌 A4 용지 한두 장씩을 예술국 사무관들에게 건넸다. 정식 공문형식

2016.11.11. 〈http://www.nocutnews.co.kr/news/4683268〉 (검색일: 2021.8.14.)

7 「[단독] "2014년 우수문예지 지원심사 때 '블랙리스트' 이미 작동"」, 한겨레, 2016.11.10. 〈https://www.hani.co.kr/arti/culture/book/769800.html〉 (검색일: 2021.8.14.)

도 아니었고 그걸로 어떻게 하라는 설명이 적힌 것도 아니었다.

'도대체 이게 어디서 나온 문건인가. 청와대 양식도 아니고 처음 보는 양식인데...'라며 공무원들은 의아해 했는데, 문건을 들고 온 사람들이 구두로 간단하게 설명했다. "이 사람들 지원해 주지 말라는 얘깁니다" 이른바 '블랙리스트'의 실체였다. 문체부 공무원들은 '지금이 유신 때도 아니고 21세기인데 이게 무슨 짓인가'란 자괴감에 빠졌고, 사무관 한 명은 하도 스트레스를 받아 턱이 빠지는 병에 걸릴 지경이었다고 한다.

면밀하게 조사한 결과물이 아니라 그때그때 인터넷을 검색해서 올린 것으로 보이는 어설픈 수준의 명단이었다. A씨는 "지금 알려진 9473명의 '명단'은 문체부 산하기관에서 그동안 내려온 명단을 모아 정리한 것으로 보이는데, 전체 명단을 합치면 더 규모가 커질 것"이라고 말했다.[8]

여기서 중요한 사실은 청와대 정무라인으로부터 블랙리스트 하달이 시작된 2014년 8월 당시 청와대 정무수석이 2016년 현재 조윤선 문체부 장관이라는 점이다. 조윤선의 정무수석 재직기간은 2014년 6월부터 2015년 5월까지이다. 검열사태가 본격적으로 터져 나온 2015년은 '최순실 게이트'의 주요 인물인 차은택의 외삼촌 김상률이 청와대 교육문화수석으로 재직한 기간(2014.12~2016.6)이기도 하다. 청와대에서 내려온 블랙리스트를 문예위 등 산하기관에 하달한 김종덕 전 문체부 장관은 차은택의 홍익대 스승이라고 한다. 청와대가 김종덕에 이어 조윤선을 문체부 장관으로 임명한 것은 블랙리스트를 더 주도면밀하게 활용하기 위한 포석이었다고 해석할 수 있다.

---

8 「껄끄러운 고위관료 3명 자른 뒤…崔씨 인맥에 예산 몰아주기」, 조선일보, 2016. 10.29. 〈https://www.chosun.com/site/data/html_dir/2016/10/29/2016102900184.html〉 (검색일: 2021.8.15.)

그렇다면 블랙리스트 파문에 있어 반드시 현직에서 사퇴시켜야 할 주요 인물은 두 사람으로 압축된다. 바로 조윤선 문화체육관광부 장관과 박명진 한국문화예술위원회 위원장이다. 김기춘 전 대통령 비서실장, 김상률 전 교육문화수석, 김종덕 전 문체부 장관, 김종 전 문체부 제 2차관, 권영빈 전 문예위 위원장에게도 기필코 책임을 물어야 한다.

검열사태가 본격적으로 알려지게 된 '2015 창작산실' 심의는 권영빈 문예위원장 재임기간에 이루어졌고, 박근형 연출로부터 문예위 직원들이 포기각서를 받아내고 불법으로 문예위시스템에 접속하여 포기 등록을 한 것은 박명진 위원장 부임 후의 일이다. 이러한 중대 사안에 대해 2015년 국정감사에서 모르쇠로 일관하던 박명진 위원장은 2016년 국정감사에서 회의자료를 조작하여 국회에 제출하는 또 한 번의 범법행위를 저질렀다. 도종환 의원은 "문예위의 조작된 회의록은 국민의 대표기관인 국회를 능멸하고 국민을 속이는 행위다"라고 목소리를 높였다. 유성엽 위원장도 "(위원회에서) 허위, 조작 자료를 국회에 제출했고, (거기엔) 미르재단 관련 중대한 증언도 포함돼 있다"라며 "내용을 떠나 이건 상임위 차원에서 (책임을 물어야 할 정도로) 범법행위다"라고 지적했다.[9] 이처럼 한 번도 아니고 두 번씩 범법행위를 저지른 사람이 한국문화예술위원회를 계속해서 책임지고 있는 현실은 개탄스럽기 그지없다.

사실 2015년에 검열사태로 온 문화예술계가 그리도 심하게 앓고 있을 때 그 어떤 해명도 없이 침묵으로 일관했던 문예위 위원들에게도

9 「미르 · 청와대 개입 '삭제'한 문예위 회의록, 왜?」, 오마이뉴스, 2016.10.10. 〈http://www.ohmynews.com/NWS_Web/View/at_pg.aspx?CNTN_CD=A0002250280&CMPT_CD=SEARCH〉(검색일: 2021.8.15.)

그 책임을 묻고 싶다. 특히 당시 연극분야 위원이었던 정○○은 2016년 현재 한국연극협회 이사장직을 맡고 있다. 2015년 6월 18일, 문예위가 '2015 창작산실' 심의위원들을 재소집하여 박근형의 〈모든 군인은 불쌍하다〉를 선정작에서 제외해달라고 요구했을 때, 심의위원들은 이를 거부하며 차라리 최종 심의단계인 '문화예술위원회'가 결정하면 될 일이라고 주장했다. 그러나 문예위 직원들은 박근형 연출을 직접 찾아가 포기 각서를 받아내기에 이른다. 이 과정에서 문예위 위원들은 과연 이 문제를 보고 받았는지, 보고 받았다면 어떤 얘기가 오고 갔는지 궁금하지 않을 수 없다.

또한 '창작산실' 심의로부터 얼마 지나지 않은 시점에 '아르코 문학창작기금' 심의에서는 이윤택을 비롯한 12명을 지원대상에서 배제하라고 심의위원들에게 요구하다 받아들여지지 않자 아예 문화예술위원회 의결로 무려 30여 명을 무더기 배제하는 만행이 저질러진다.

> 결국 예술위는 지난 7월 이사회를 열어 애초 선정됐던 102명 가운데 32명을 제외한 뒤 70명으로 지원 대상을 축소 선정하는 수정안을 의결했다. 이윤택 작가는 희곡분야에서 100점을 받아 1순위였음에도 탈락했다. 예술위가 심의위원의 결정을 조정하라는 요구를 넘어 선정 결과까지 무력화시킨 것이다.[10]

즉 '2015 아르코 문학창작기금' 심의에서는 문예위 위원들이 검열행위에 가담했다고 볼 수 있다. 그 직전에 '창작산실' 심의에서 결과를

---

10 「[단독] 100점 맞고 1등 해도… 정부 입맛에 안 맞으면 '탈락'」, 한겨레, 2015.9.11. 〈https://www.hani.co.kr/arti/culture/culture_general/708473.html〉 (검색일: 2021.8.15.)

번복하는 일이 쉽지 않자 결국 예술위원회가 직접 검열의 칼을 휘두른 것이다. 2015년 7월의 이 예술위원회는 분명히 박명진 위원장 체제하에서 열린 것이다. 문예위의 조직적인 검열행위를 가장 잘 알고 있을 문예위 위원들은 이제라도 당시 검열의 실태를 낱낱이 고백해야 한다.

2016년 11월 현재, 최순실 게이트에 대한 검찰 수사가 이루어지고 박근혜 대통령이 국정 운영능력을 상실하면서 검열사태에 대한 증언들도 조금씩 더 터져나오고 있다. 급기야 조윤선 현 문화체육관광부 장관이 블랙리스트 작성을 주도한 정황이 아주 구체적으로 보도되었으며 블랙리스트의 작성 및 하달 체계까지 구체적으로 제시되기도 했다.[11]

증언으로 재구성한 문화예술계 블랙리스트 작성에서 배포까지 ※2014년 7월~2015년 1월

11 노형석 기자, 「[단독] "블랙리스트 청와대 공식문서 아닌 메일 팩스로… 기록 감추기"」, 한겨레, 2017.11.7. 〈https://www.hani.co.kr/arti/culture/culture_general/769216.html〉 (검색일: 2021.8.15.)

전달 경로 중에 교육문화수석실의 용○○ 행정관이 주목된다. 용○○행정관은 2014년 11월 주미 한국문화원장에 내정됐으나 차은택과 가까운 것으로 알려진 광고업계 민간 인사에 밀려 닷새만에 경질되었다고 한다. 이후 그는 문체부 국립국악원 기획운영단장으로 밀려났다가 2016년 2월 주영한국문화원장으로 발령났다.[12] 그가 국립국악원에 재직하던 2015년 11월에 바로 앙상블 시나위의 '소월산천' 공연에 대한 검열 의혹이 제기되었다. 국악원이 공연 2주 전에 갑자기 박근형 연출을 배제할 것을 요구하고 나섰던 것이다. 국립국악원 검열 사태에 지속적으로 항의해 온 정영두 안무가는 2016년 10월 29일부터 열흘간 런던의 주영한국문화원 앞에서 런던의 예술가들과 함께 용○○ 원장에 대한 항의 시위를 벌였다. 용○○ 원장은 청와대 재직시절부터 블랙리스트의 작성과 하달에 가담했으며 국립국악원에서도 그 검열 임무를 충실히 수행했다고 볼 수 있다.

청와대 주도로 블랙리스트를 관리했다면 그 자체로 대통령의 탄핵 사유가 될 수 있다. 박원순 서울시장은 "이런 야만적 불법행위와 권력 남용을 자행하는 현 정부와 대통령은 탄핵 대상이 아닌가요?"라고 규탄한 바 있다. 문화연대가 박근혜 정부 들어 예술검열의 논란에 선 사례들을 조사한 결과에 따르면 2013년 9월부터 2015년 10월까지 24건에 달한다.[13]

---

12 「해외 한국문화원장도 차은택 손에?」, 한국일보, 2016.11.1. 참조. 〈https://www.hankookilbo.com/News/Read/201611012074025012〉 (검색일: 2021.8.15.)

13 「"문화계 검열, 세월호 규명 · 대통령 풍자에 민감"」, 한국일보, 2016.10.23. 〈https://www.hankookilbo.com/News/Read/201610231432199525〉 (검색일: 2021.8.15.)

사찰과 검열은 그렇게 한통속이었다. 국가기관과 그 산하기관 모두가 국가정보원의 분신임을 드러냈다. 국가는 몽땅 전체주의적 사찰기관이었다. 국가정보원의 댓글공작에 힘입어 출범한 때문인지 박근혜 체제의 국가기관들은 사찰과 검열을 국력 삼아 대통령을 향한 소리없는 헌신을 바탕으로 음지에서 일하고 양지를 지향하고 있어나 보다.[14]

이제 우리는 당장 검열을 주도한 핵심 인물들에 대해 국회 청문회 실시를 강력히 요구해야 한다. 범법 행위들이 입증된다면 마땅히 법에 의한 처벌도 해야 한다. 무엇보다도 표현의 자유를 침해하는 검열 행위는 대한민국 헌법에 위배되는 것이다.

'박근혜 – 최순실 게이트'의 부역자들

앞에서 언급한 블랙리스트 작성의 주역들 외에도 '박근혜-최순실 게이트'에 부역하며 엄청난 이권을 챙기고, 검열의 가위에 짓눌린 동료 예술인들에게 큰 상처를 준 인물들이 있다. 법적인 책임이 없을지는 몰라도 도덕적 책임에서까지 자유로울 수는 없다.

차은택이 문화예술계를 좌지우지한 행각들이 보도되면서 의혹의 눈길은 당연히 차은택의 후임인 박○○ 전 창조경제추진단장 겸 문화창조융합본부장에게로 쏠렸다. 박○○은 문화예술인들의 대대적인 시국선인이 예정된 11월 4일을 하루 앞둔 11월 3일에 문체부에 사의를 표

14 오동석, 〈문화예술계 블랙리스트, 사찰과 검열의 통치술〉, 창비주간논평, weekly.changbi.com, 2016.10.26.

명했다. 그는 차은택과 개인적 친분이 없다고 밝혔지만 그를 향한 가시 돋친 시선이 쉽게 거두어지지는 않을 것같다. 새누리당 이정현 대표의 부인 전시회에 ㅇㅇ컴퍼니 소유의 갤러리를 무료로 빌려준 것도 비난을 받았다.

문화예술계 인사를 좌지우지한 김종 전 문체부 제 2차관의 인맥과 관련하여 자주 언급되는 인물 중 하나가 상명대학교 공연예술경영학과의 조ㅇㅇ 교수이다. 무용가 B씨는 "조교수는 김종 전 차관과 한양대 동문으로 김 전 차관이 2005년 수원대에서 한양대로 옮기기 전후해 골프 모임을 갖는 등 가까운 사이인 것으로 알려져 있다"며 "박근혜 정부 들어 국제춤축제 연맹 집행위원회 의장 등을 지내며 정부 지원사업에도 참여했다"고 말했다.[15]

상명대학교는 차은택이 2014년 8월 19일 대통령 소속 문화융성위원회 위원으로 위촉된 후, 8월 27일에 단 1회 공연한 뮤지컬 〈원데이〉의 총연출로 공식 행사에 처음 모습을 드러낼 때 상명아트센터를 제공했다. 이날 박근혜 대통령은 공연장을 직접 찾아 '문화융복합의 첫걸음'이라고 격려했다. 〈원데이〉 공연 6일 전에 차은택의 대학원 은사인 김종덕이 문체부 장관에 취임했으며 이후 1억 7890만 원의 자금 지원이 전격적으로 결정됐는데, 문체부는 갑자기 예산을 마련할 방법이 없어 체육진흥투표권 공익사업적립금 계정에서 돈을 빼내 썼다.[16]

예산 전횡의 사례는 국립극장의 〈향연〉 공연에서도 있었다. 김종덕

---

15 「국립무용단 예술감독 인사에도 김종 입김?」, 한국일보 2016.11.11. 〈https://www.hankookilbo.com/News/Read/201611110470718141〉 (검색일: 2021.8.15.)

16 「문체부, 차은택 제작 '융·복합 뮤지컬' 지원금 환수 조치」, 경향신문, 2016.11.14. 〈https://www.khan.co.kr/politics/politics-general/article/201611140600015〉 (검색일: 2021.8.15.)

전 문체부 장관이 지난 해 국립극장에 무용공연 〈향연〉을 4개월만에 만들라고 지시하면서 제작 예산 6억 1437만원 가운데 6억원이 국립극장과는 관계없는 문예위의 '창작산실'예산으로 충당됐다고 한다.[17] 연극, 오페라 등 기초예술 민간단체를 대상으로 집행되어야 할 창작산실 예산이 김종덕 전 장관의 무리한 요구에 의해 국립극장으로 흘러들어간 것이다.

한편, 윤○○ 전 한국예술종합학교 교수는 공공주도형 융복합 창작 프로젝트인 '궁프로젝트' 총괄 감독을 맡았는데 궁프로젝트는 한국콘텐츠진흥원과 국고가 투입된 30억짜리 대형사업이었다. 윤○○ 교수는 김종덕 전 장관의 이종사촌의 남편, 즉 '매형'이다.[18]

최순실, 차은택 라인은 광주 국립아시아문화전당까지 유린한 것으로 보인다. 광주 문화예술단체들은 "전당 개관을 불과 7개월 앞둔 2015년 2월, 아시아문화전당 측은 갑자기 전시예술감독이었던 이영철 감독을 해임하고 수년을 준비해 왔던 개관 프로젝트를 백지화했다"고 주장했다. 이후 김종덕 문체부 장관의 후배인 목○○ 연세대 교수의 내정설이 돌다가 실제로 그렇게 됐고, 목교수를 임명하기 위해 무리하게 정관까지 변경했다는 것이다.[19] 목○○ 교수는 지난 해 연말 아시아문화전당 감독에서 퇴임한 뒤 올해 6월 평창올림픽 개폐회식 영상감독을 맡았다.[20]

---

17 「[단독] 김종덕 전 장관, 민간 지원예산 문체부 산하기관에 전용」, NEWS1, 2016.11.17. 〈https://www.news1.kr/articles/?2833071〉 (검색일: 2021.8.15.)

18 「[단독] '차은택 스승' 김종덕, 매형에게 30억 사업 밀어주기」, 노컷뉴스, 2016.11.15. 〈https://www.nocutnews.co.kr/news/4685027〉 (검색일: 2021.8.15.)

19 「"최순실-차은택 일당, '광주' 유린하고 '평창'으로」, 오마이뉴스, 2016.11.7. 〈http://www.ohmynews.com/NWS_Web/View/at_pg.aspx?CNTN_CD=A0002258482&CMPT_CD=SEARCH〉 (검색일: 2021.8.15.)

'문화융성, 창조문화융합'이란 이름으로 포장된 국가정책이 사실은 최순실과 차은택 등 특정 개인의 사익을 위한 거짓말이었다는 점이 백일하에 드러났다. 그들의 말 한마디에 문화예술 고위 관료와 기관장들이 옷을 벗고, 그 자리엔 입맛에 맞는 '예스맨'들로 채워졌다.

그들의 사익을 위한 '프리패스 진용'이 갖춰지자, 예술가에게 돌아가야 할 수조원대의 정책 지원금이 그들 배를 불렸다. '해처먹고 말아먹는' 것도 모자라, 검열과 탄압으로 예술가의 팔을 비틀고 영혼을 옥좼다. '절차적 민주주의 쟁취' 이후 이토록 광범위한 검열은 없었다고 예술인들은 하나같이 혀를 내두른다.[21]

대한민국 문화예술계는 '박근혜-최순실 게이트'로 인해 막대한 피해를 입었다. 검열의 칼날 아래 얼마 되지도 않는 지원금마저 잘려나갈 때, 차은택 라인의 측근들은 국고를 물 쓰듯 쓰며 문화융성의 탈을 쓴 채 특혜 입은 예술행위를 일삼았다. 문화체육관광부는 최순실과 차은택의 개인사업 융성을 위한 일개 기획홍보대행사같은 역할을 했다. 전현직 문체부 장관과 전현직 문예위 위원장은 검열의 주역으로서 예술가들에게 씻을 수 없는 상처를 주었다. 이 상처들을 어떻게 회복할 수 있을 것인가.

이 글을 시작할 때는 조윤선이 블랙리스트의 몸통이라는 심증을 갖고 출발했으나 그 사이에 확정적인 보도가 나왔고, '박근혜-최순실 게이트' 관련 문화예술계 비리들이 날마다 터져 나와 글을 쉽게 마무리할

---

20 「부패융성 부른 박근혜 정부 문화정책」, 경향신문, 2016.11.12. 〈https://www.khan.co.kr/national/national-general/article/201611121500011〉 (검색일: 2021.8.15.)

21 손준현의 첫공막공, 「픽션같은 현실, 현실 앞에 예술」, 『한겨레 21』, 2016.11.11.

수 없었다. 아마 또 다른 검열의 만행과 부역의 수치스런 사례들이 당분간 계속 추가될 듯하다. 블랙리스트의 네버엔딩 스토리이다.

블랙리스트의 존재 처음 드러낸 2015년 창작산실 사태

2000년, 민주화를 위한 전국교수협의회 활동 - 국가보안법 폐지서명 등
동명이인 확인 후 조치할 것
제외할 것
자체확인 및 12명 제외조치 완료 보고
간이확인: 이상 없음
자체확인 결과 2명 제외, 나머지 3명 진행 - k
임수경 방북지지, 친노, 노무현추모공연기획, 남편 한겨레 활동 등
2009소고기반대 시국선언 1건
대운하 반대
현정부 우호적 활동가로 양해됨
지원중단시 국제적 불신 초래, 연극계원로들의 거센 반발 예상
심사 제외
국가보안법 비판
대표 개인의 활동이 문제되며
절대 안 됨
자체 판단
이력 파악 후 판단
정치적 인물
대사관 요청사항
단순 가담
특이사항 없음
그냥 할 것
제외하고 진행키로 함
차기부터 없앨 것
개폐회식 안 됨
추후 제외할 것
특이 없음
간이확인
정치활동
의심사례, 가능한 안 하는 것으로
각종 시국선언

블랙리스트의 존재 처음 드러낸 2015년 창작산실 사태*

연극계에서 특정 대상에 대한 박근혜 정권의 고의적 지원 배제 의혹이 최초로 불거진 때는 2014년 연말이었다. 서울연극협회가 주관하는 '2015 서울연극제'가 아르코예술극장 대관 심의에서 탈락한 것이다. 이 일을 두고 2014년 연말부터 2015년 연초에 걸쳐 연극계는 강력한 항의 투쟁을 벌였다. 그러나 이때까지만 해도 엄청난 규모의 블랙리스트를 기반으로 한 문화예술계 검열이 전방위적으로 이루어지고 있으리라고는 거의 짐작하지 못했다.

이후 '블랙리스트'의 존재 가능성이 처음으로 시사된 것은 2015년 9월 9일에 JTBC 단독 보도를 통해 폭로된 '2015년 창작산실' 검열 사태였다. 필자는 바로 '2015년 창작산실' 연극분야의 심사위원이었다. 한국문화예술위원회(이하 문예위)가 주관한 창작산실 시범공연 심사는 4월 7일부터 11일까지 동숭아트센터 소극장에서 이루어졌다. 심사 대상 작품은 총 15개였고 5일간 다섯 명의 심사위원이 시범공연을 관람하며

* 「문예위가 실행하고 문체부가 감독했다」, 『시사IN』, 2017년 1.28 · 2.24 설 합병호(제 489·490호)

심사가 진행되었다.

심사 마지막 날인 4월 11일 점심시간에 갑자기 당시 문예위 창작지원부의 장○○ 부장이 나타났다. 그는 문제가 되는 작품들이 있으니 이들을 최종 선정에서 배제해 줄 것을 요구했다. 심사위원 중 K연출가(2016년 작고)는 불같이 화를 내며 그 자리를 박차고 나갔다. 필자는 오후에 심사 대기 중인 마지막 두 작품을 고려하여 끝까지 심의에는 참여하지만 특정 작품을 배제하는 것에 동의할 수 없음을 분명히 밝혔다. 장○○ 부장은 뛰쳐나간 연출가 K를 다시 정중히 모셔왔고 오후 심의가 진행되었다. 심사위원들은 전원합의로 15개 작품 중 8개 작품을 지원대상작으로 선정하였고, 혹시 모를 결과 조작에 대비하여 심사평에 이례적으로 작품 이름들을 일일이 열거하기로 했다.

4월 11일에 끝난 심사결과는 두 달을 넘겨 6월이 되었는데도 발표되지 않았다. 급기야 문예위는 6월 18일에 심사위원 전원을 재소집하여 심사결과를 번복하라고 요구하기에 이른다. 이 자리에는 장○○ 부장과 함께 당시 문예위의 이○○ 예술진흥본부장이 나왔다. JTBC가 보도한 대로 그들은, 세 개 작품이 문제인데 박근형의 〈모든 군인은 불쌍하다〉만 빼주면 나머지는 봐주겠다고 했다. 그들은 박근형이 2013년에 국립극단에서 연출했던 〈개구리〉가 박정희 전 대통령과 박근혜 현 대통령을 비판했기 때문이라고도 했다. 박근형을 배제하지 않으면 발표가 계속 미뤄지고 나머지 7개 작품들도 지원을 받지 못할 것이라며 '협박'까지 했다. 그리고 그들은 문체부로부터, 아니 더 윗선으로부터 내려오는 모종의 리스트가 존재함을 암시했다. 이른바 '블랙리스트'였던 것이다.

심사위원들이 심사 결과를 바꾸지 않자 이○○과 장○○은 아예 박근형 연출을 찾아가 지원 수혜를 포기하라고 종용한다. 그리고 6월 21

일 일요일에 장○○ 부장은 필자에게 다시 만나자고 했다. 그는 박근형이 지원금 포기를 약속했는데 위에 보고를 했더니 "박근형을 뭘 믿고 그냥 말만 듣고 왔느냐, 각서라도 받아오라"고 했다는 것이다. 필자는 더 이상 예술가를 모욕하지 말라고 경고했다. 그러나 이○○과 장○○은 6월 22일 오후에 박근형을 다시 만나 결국 포기각서까지 받아냈고, 각서의 날짜를 '7월 15일'로 요구했다.

'창작산실' 심사결과는 6월 29일에 발표되었다. 물론 이 발표에는 박근형의 〈모든 군인은 불쌍하다〉가 포함되어 있었다. 그 후 문예위 직원 누군가는 8월 4일 날짜로 문예위 행정시스템에 극단 측의 포기신청을 입력하였다. 이는 명백한 범법행위이다. 2015년도 국정감사에서 이○○은 "포기하기로 하셨는데 또 '홈페이지에 들어가셔서 이렇게 저렇게 등록하셔야 됩니다'라고까지 말씀드리는 것이 정말 송구스러웠습니다"라고 진술한 바 있다.

당시 사태의 추이를 이토록 자세히 복기하는 것은 블랙리스트의 실행 과정이 얼마나 악랄하고 집요했으며, 우리 시대 최고의 예술가를 얼마나 고통스럽게 했는가를 역사에 기록하고자 함이다. 박근형은 개인적으로 감사원 감사도 두 차례 받았으며 오랜 기간 신변의 위협을 느끼지 않을 수 없었다.

2015년 9월 10일 JTBC 보도가 나간 후, 연극계는 너나없이 충격과 분노에 휩싸였다. 창작산실에 선정된 7개 극단은 지원을 받느냐, 거부하느냐를 놓고 격론을 벌였다. 결국 박근형의 〈모든 군인은 불쌍하다〉를 제외한 7개 작품으로 그 해 '창작산실' 무대가 꾸며졌지만 연극계의 내홍은 깊어만 갔다. 2015년 겨울에는 '세월호'를 연상시킨다고 한국공연예술센터가 공연을 방해한 '팝업씨어터' 사태, 박근형이 연출작업에 참여하는 것을 트집 잡은 국립국악원의 '소월산천' 사태가 연이어 터지면서 연극인들은 칼바람 부는 길거리로 검열 반대 시위를 나섰다. 연극인들의 결사적인 투쟁은 장장 5개월에 걸쳐 21개 극단이 참여한 '권리장전2016_검열각하'로 이어졌다. 그리고 '검열각하' 프로젝트가 끝나갈 무렵, 2016년도 국정감사를 통해 블랙리스트의 실체가 드디어 만천하에 공개되었다.

한국일보를 통해 보도된 9,473명의 명단은 사실 기본 바탕에 불과했다. 최근 특검을 통해 블랙리스트는 청와대와 국정원과 문체부에 의해 더 정교하게 가다듬어지고 치밀하게 관리되었음이 드러나고 있다. 예를 들어 필자가 참여했던 '2015 창작산실' 연극분야 심사 과정에 대해서는 '심사 전 4건 발굴(3건 제외, 1건 배제 불발)', '심사 후 특이사항 2건 통보', '현장에서 공연을 직접 보면서 인터뷰하는 실연 심사방식 상사전에 협의했음에도 불구, 5명 중 2명의 심사위원이 강하게 반발하여 1건 배제 불발'이라는 구체적 보고가 문건에 올라가 있다. 여기서 문제가 된 3건의 작품은 〈모든 군인은 불쌍하다〉(박근형 작/연출), 〈고제〉(백하룡 작/전인철 연출), 〈떠도는 땅〉(동이향 작/연출)이며 문예위 검토의견까지 첨부되어 있다.

문체부의 블랙리스트 관련 문건에는 2015년 5월 기준으로 문예위에 접수된 3,360건의 지원 신청 중, 448건이 선정되고 133건이 배제되었다고 기록되어 있다. 즉 한국문화예술위원회는 블랙리스트를 구체적으로, 직접적으로 실행한 핵심 기관이다. 따라서 권영빈 · 박명진 문예위원장은 결코 이 책임으로부터 벗어날 수 없다. 연극계 검열 사태의 시초가 된 서울연극제 대관 심의에 대해서도 "서울연극협회 등 편향단체가 관행적으로 지원받는 사업에 대한 철저한 심사를 통해 지원 차단 조치"라고 명백히 명시되어 있다.

연극, 무용, 음악, 미술, 문학 등 순수예술은 국가의 지원 없이 발전하기 어렵다. 우리 삶에 있어서 문화예술은 우리를 숨 쉬게 하는 '산소'와 같은 것이기에 마땅히 국민의 세금으로 지원해야 하는 '공공성'을 지닌다. 블랙리스트 사태는 단순히 예술가들의 표현의 자유를 억압한 것이 아니라 국민들이 자유롭게 문화예술을 향유할 권리를 빼앗은 것이다. 메릴 스트립의 골든 글로브 상 수상연설의 한 부분을 인용하면서 이 글을 마치고자 한다. "공적인 자리에 있는 사람, 강력한 사람이 굴욕감을 주려는 본능을 드러내면, 그건 모든 사람의 삶에 스며든다. 다른 사람들도 그렇게 해도 된다는 허가를 주는 것과 같기 때문이다. 무례는 무례를 부른다. 폭력은 폭력을 조장한다. 권력을 가진 사람이 자신의 위치를 이용해 다른 사람들을 괴롭히면 우리 모두가 패배한다."

블랙리스트의 실행과 작동

2000년, 민주화를 위한 전국교수협의회 활동 - 국가보안법 폐지서명 등
동명이인 확인 후 조치할 것
제외할 것
자체확인 및 12명 제외조치 완료 보고
간이확인: 이상 없음
자체확인 결과 2명 제외, 나머지 3명 진행 - k
임수경 방북지지, 친노, 노무현추모공연기획, 남편 한겨레 활동 등
2009소고기반대 시국선언 1건
대운하 반대
현정부 우호적 활동가로 양해됨
지원중단시 국제적 불신 초래, 연극계원로들의 거센 반발 예상
심사 제외
국가보안법 비판
대표 개인의 활동이 문제되며
절대 안 됨
자체 판단
이력 파악 후 판단
정치적 인물
대사관 요청사항
단순 가담
특이사항 없음
그냥 할 것
제외하고 진행키로 함

차기부터 없앨 것
개폐회식 안 됨
추후 제외할 것
특이 없음
간이확인
정치활동
의심사례, 가능한 안 하는 것으로
각종 시국선언

블랙리스트의 실행과 작동*

박영수 특검의 블랙리스트 관련 수사는 2017년 1월 현재 거의 종착점에 다다른 듯하다. 언론을 통해 보도된 김종덕 전 문체부 장관과 신동철 전 청와대 정무비서관 등의 공소 사실에 따르면 특검팀은 박대통령을 블랙리스트 집행과 공무원 '찍어내기'의 공모자(공범)로 규정했다. 특검팀은 김기춘 전 비서실장 주도로 2014년 5월까지 3천여 개의 '문제단체'와 8천여 명의 '좌편향 인사'에 대한 데이터베이스가 구축된 것으로 파악했다. 아울러 박 대통령은 블랙리스트 운용에 소극적이던 문체부 1급 공무원 '동반 퇴진' 사건에서도 '공모자'로 지목됐다.[1] 더욱 경악스러운 것은 특검팀이 문화예술계 블랙리스트가 여론을 조작해 선거에 활용하기 위한 도구라고 잠정 결론을 내린 것이다.[2] 즉 문화예술계 블

---

* 『연극평론』 2017년 봄.

1 「[단독] 특검 "대통령 블랙리스트 · 공무원 '찍어내기'공모"」, 연합뉴스, 2017.1.31. 〈https://www.yna.co.kr/view/AKR20170131175751004?input=1195m〉(검색일: 2021.8.16.)

2 「[단독] 특검 "블랙리스트는 선거활용을 위한 여론조작"」, 노컷뉴스, 2017.2.2. 〈https://www.nocutnews.co.kr/news/4726855〉(검색일: 2021.8.16.)

랙리스트 사태는 단순히 정부에 비판적인 단체 및 개인을 지원에서 배제하기 위한 목적이 아니라 수구보수세력이 장기집권을 공고히 하기 위한 매우 치밀한 전략 하에 조직적으로 전개된 것이다. 2월 7일, 특검은 김기춘 전 비서실장과 조윤선 전 문체부 장관을 구속 기소하는 것으로 블랙리스트 수사를 일단락 지었다.

헌법에 명시된 표현의 자유를 위배한 블랙리스트 사태에 대해 특검은 상당히 적극적인 수사의지를 보였다. 급기야 전현직 문체부 장관이 구속되고 그 최종적인 배후가 박근혜 대통령으로 지목되고 있는 상황이다. 그러나 문화예술계 일선에서는 아직도 그 처벌의 대상이 턱없이 미흡하다고 생각한다. 블랙리스트 작성과 실행의 주요 담당자였던 송수근 차관이 문체부 장관 대행을 맡고 있고, 박명진 문화예술위원회(이하 문예위) 위원장도 여전히 자리를 보전하고 있으며, 권영빈 전 문예위 위원장도 처벌 대상에 포함되지 않았기 때문이다. 또한 권력남용과 범법 사실이 분명히 확인된 문체부와 문예위 직원들에 대해서도 법적인 처벌에 대한 언급은 나오지 않고 있다. 그런 이유로 이 글에서는 굵직한 사안들에만 집중하고 있는, 특검이 돌보지 못하는 블랙리스트의 실제적인 작동과 실행 방식을 추적해 보고자 한다. 문체부와 문예부에서 대부분의 증거들을 인멸하였고, 특검에서 겨우 입수한 자료들마저 열람할 수 없는 처지에서 필자는 청문회 중 제시된 자료들과 언론보도를 통해 제시된 자료들을 최대한 수집하여 짜깁기하면서 가능한 한 정밀한 분석을 시도해 보고자 한다.

문화체육관광부의 블랙리스트 지침들과 '양해조치'

2013년 하반기에 국정원은 '예술위의 정부 비판 인사에 대한 자금 지원 문제점 지적'이란 제목의 정부보고서 등을 박근혜 대통령과 김기춘 전 비서실장에게 보고했다. 김 전 실장은 2013년 12월에서 2014년 1월 사이에 수석비서관들에게 '반정부, 반국가 성향 단체에 정부 지원하는 실태를 전수조사하라'고 한 뒤 수시로 상황을 보고 받았다고 한다.[3]

문체부가 2015년 5월 21일에 작성한 대외비 문건에 의하면 2015년 4월 현재 9,473건의 '문학, 연극 등 주요 분야 단체 및 개인 자료 관리'가 이루어지고 있음을 알 수 있다.[4] 2014년 6월부터 2015년 5월까지 약 1년 동안 공모사업 중 총 329건의 배제조치가 이루어졌다. 이 중 문예위에서 133건 배제, 예술인복지분야에서 사업폐지 1건· 15건 배제, 공연예술분야에서 85건 배제 등이 나타난다.

주지하다시피 연극계에서 특정 대상에 대한 고의적 지원 배제 의혹이 불거진 것은 2014년 연말 '2015서울연극제'의 아르코예술극장 대관 탈락 사태였다. 이는 결국 블랙리스트 실행의 철저한 지침 하에 이루어졌음이 드러났다. 문체부 문건에는 "서울연극협회 등 편향단체가 관행적으로 지원받는 사업에 대한 철저한 심사를 통해 지원 차단 조치"를

---

3 「김기춘 "뿌리 깊은 좌파 척결에 불퇴전 각오로 싸워라" 지휘」, 한겨레, 2017.2.1. 〈https://www.hani.co.kr/arti/society/society_general/780805.html〉 (검색일: 2021.8.16.)

4 한국일보 보도(2016.10.12.)를 통해 최초 공개된 9,473인의 블랙리스트 명단을 바탕으로 모든 지원심의에서 일차적으로 대조작업이 이루어진 듯하다. 이후 블랙리스트는 문예위의 사업수행 과정이나 국정원과 정무수석실의 검증작업 등을 통해 보다 정교하게 가다듬어졌다.

했다고 명시하고 있다. 서울연극제를 철저히 핍박하는 동시에 "「대한민국 연극제」 도입으로 서울연극제 등 지역편향단체의 대관지원을 중단하고, 전국을 아우르는 연극계를 결집할 수 있는 사업 유도 및 인센티브 부여/서울연극협회 등 문제 단체는 향후 모든 사업에 배제조치"라는 연극분야 제도개선 지침을 제시하고 있다. 즉 연극계의 상당한 반대 여론에도 불구하고 2016년에 강행된 '대한민국 연극제'는 정부의 철저한 기획 의도에 부응한 행사라고 할 수 있다.

'문화예술분야 사업 구조조정 및 개선'에 대해서는 "문체부 본부, 국립극장 등 국공립예술기관, 예술위원회 등 산하 공공기관을 포괄하는 전체 사업을 대상으로 중복지원사업 배제, 유사사업 통합 등 조치"를 지시하고 있다. 이 부분에서 연출가 이윤택에 대해 '국공립공연장 공연지원/문예기금지원 배제'라고 따로 명시한 부분이 눈에 띈다. 즉 이윤택에 대해서는 이중적인 지원방침을 하달하고 있는 것이다. 이윤택이 아르코문학창작기금 심사에서 100점을 받고도 탈락한 사안을 놓고 김종덕 전 문체부 장관은 2015년 국정감사에서 "이윤택 선생은 보니까 지난 2년간 15억을 지원 받으셨다. 예술가 중에서 최고액을 지원받으셨기 때문"이라고 답변한 바 있다. 당시 도종환 의원측이 문체부로부터 받은 해명 자료에 따르면 그 15억원이란 명동예술극장, 국립극장, 국립국악원에서 제작한 6개 작품의 제작비를 합산한 총액이었다. 이제와 보니 이윤택에 대해서는 일부러 문예지금지원은 배제하고 국공립단체 연출은 허용함으로써 검열에 대한 의혹을 피해가려는 고도의 전략을 구사했던 것이다.

심지어 "일부 사업 양해조치로 예술현장의 특정 편향 의식 불식 및 문제 제기 명분 상실 효과"라고 명시되어 있다. 문학분야에서는 실천문학과 문학동네 등, 연극분야에서는 하땅세와 한국연극연출가협회 등

필수사업 7건의 '양해조치'를 통해 특정 단체에 대한 사전 검열 및 불이익에 대한 의심을 불식시키라는 지침을 내린다.

여기서 소위 '양해조치'라는 표현이 각별히 주목된다. '양해'되었다는 표현은 2017년 1월 9일 국회 청문회에서 도종환 의원이 조윤선 문체부 장관에게 질의를 퍼붓는 가운데 처음 등장했다. 도종환 의원의 청문회 발언에 의하면 박민권 전 문화체육관광부 1차관이 고선웅 연출의 〈조씨고아, 복수의 씨앗〉을 보고 공연이 훌륭하여 다른 공연장에서도 올리면 좋겠다는 뜻을 문체부 내부에서 밝혔는데 고선웅이 블랙리스트에 들어있어 곤란하다는 보고를 받았다. 박차관은 청와대 담당비서관에게 고선웅을 블랙리스트에서 빼달라고 요청하여 '양해'를 구했고, 이후 고선웅은 리스트에서 빠졌다. 그러나 얼마 후, 박차관은 "조직 관리를 제대로 못한다"는 모호한 이유로 갑자기 경질되었고, 정무수석실에 있던 정관주 비서관이 후임차관으로 내려왔다. 문체부 내부에서는 "청와대에서 '진보 예술인 관리'를 담당하던 인사가 직접 내려왔다"는 얘기가 돌았다고 한다.[5]

여기서 양해조치에 좀 더 주목할 필요를 느낀다. 양해조치가 이루어지는 경우는 대개 B나 K라는 영문 이니셜이 따라 붙는다. 도종환 의원의 설명에 의하면 B는 청와대, K는 국정원을 뜻한다고 한다. 고선웅의 경우에는 '양해됨(K.B 동의/1차관)'이라고 표기되어 있으며 양해된 날짜는 2015년 12월 8일이다. 즉 국정원과 청와대가 모두 양해했으며 양해 과정에 1차관이 개입되어 있음을 의미한다.

---

5 「"靑, 좌파 예술인 명단 하달한 건 사실… 당시 박민권 1차관 소극적 대응에 전격 경질"」, 동아일보, 2016.11.9. 참조. 〈https://www.donga.com/news/article/all/20161109/81235817/1〉 (검색일 2021.8.16.)

고선웅 외에 양해된 경우들을 더 찾아보았다. 지역대표공연예술제로서 '이윤택(밀양여름축제)'은 B가 양해한 것으로 되어 있다. 방방곡곡문화공감사업에서 오준석(엠제이 플레닛)은 '양해됨(현장투표로 자동선정/차기부터 없앨 것/B)'이라고 되어 있다. 2015년 문예위 공모사업에서 양해된 경우로는 한일연극교류협의회(김광보)의 일본공연, 하땅세(윤시중)의 부에노스아이레스 초청공연, 한국연극연출가협회(김성노)의 2015아시아연출가전, 베세토연극제(양정웅), 극단 산울림(임영웅)의 산울림편지콘서트 등이다. 극단 산울림의 경우 '서울연극제 파동과 연계하여 연극계 원로 우대차원에서 지원 필요'라는 검토의견이 붙어 있다. 2015년 서울국제공연예술제에서는 김민정(무브먼트 당당)과 박해성(상상만발극장)이 양해되었다. 이 양해조치들은 대부분 지원 배제의 이유가 도저히 성립되지 않는 경우들인 듯하다. 그러나 오준석이 왜 차기부터 반드시 배제되어야 하는지, 윤시중은 다른 리스트에서 '절대 안됨'으로 표기되었다가 왜 양해가 되는지에 대해서는 아직까지 파악되지 않는다. '절대 안됨'이 따라붙은 또 다른 대표적 인물로는 박장렬 전 서울연극협회 회장이 있다.

블랙리스트 실행의 난관(?)을 극복하기 위한 자구책들

문체부와 문예위는 블랙리스트를 충실히 수행하려다보니 여러 가지 난관(?)에 봉착한다. "문학 및 연극분야의 경우 특이사항 증가에 따라 사업추진 곤란한 상황-심사 완료 후 명단이 통보되어 발표 못하고 있는 사례"들이 생겨난 것이다. 대표적인 것이 바로 2015년 '공연예술 창작산실'과 '아르코문학창작기금'이었다. "사회 이슈와 연계된 특이사항이 지속적으로 증가함에 따라 실제 지원할 수 있는 대상도 점점 줄어들어 현재의 공모시스템에 한계"가 왔다고 진단한다. 대표적으로 '공연예술 발표공간 지원'의 경우 2014년에 연극분야 10건 중 7건이 '특이사항'에 해당되어 사업추진이 아예 불가하다는 것이다. 그 문제의 7건은 연희단거리패(김소희), 극단 이루(손기호), 학전(김민기), 극단 산울림(임영웅), 극단 연우무대(유인수), 조은컴퍼니(김제훈), 극단 떼아뜨르고도(권영국)이다. 문제가 되지 않은 3건은 이다엔터테인먼트(손상원), 공간소극장(전상배), 극단세이레극장(강상원)이다.

문예위는 기존 공모제 방식이 블랙리스트 실행에 있어 여러 가지 문제점을 낳게 되자 점차 '기획형 공모사업'으로의 전환을 꾀한다. "불특정다수 대상 공모제 지원방식을 점차 축소하고 기획사업 위주의 선택과 집중방식으로 전환"한다는 것이다. 아울러 문예위기금사업의 심사제도를 변경한다. 1년 임기제의 '책임심의위원제'(2015년 2월 종료)가 1년 동안 모든 권한을 가지고 있어 "제재가 곤란함에 따라 심사위원을 풀(pool)제로 전환함으로써 사업별로 심의위원을 선정하여 작품의 선정논란 차단"에 나서겠다는 것이다. 심사위원 풀(pool)제에는 국립예술기관장, 사무처 간부진을 포함시키라고 되어 있다. 『연극평론』 2016년 겨울호에서 이진아 평론가의 「공공극장의 대중화, 상업화」라는 특집글에는 문예진흥기금 연극분야 주요공모사업의 2015년, 2016년 심의위원 명단을 비교한 부분이 있다. 2016년도 명단을 보면 박계배(한국예술인복지재단 대표), 안호상(국립중앙극장 극장장), 손상원(한국공연프로듀서협회 회장), 성준현(한국연극연출가협회 회장), 허지혜((주)연극열전 대표이사), 김윤철(국립극단 예술감독), 박민정(예술의전당 공연부장), 이종원(충남문화재단 대표이사), 소홍삼(의정부 예술의전당 문화사업본부장), 정현욱(정동극장 극장장), 김미혜(예술경영지원센터

이사장), 김철리(경기도립극단 예술단장) 등 국공립예술단체장들과 예술행정가들이 대거 포함된 사실을 확인할 수 있다.

문체부 대외비 문건에 의하면 문예위 책임심의위원들에 대한 검증도 이루어졌음을 알 수 있다. 2014년 책임심의위원들 중 연극분야 차근호에 대해서는 '노무현 스토리제작비 모금, 시국선언', 안치운에 대해서는 '전교조 해직교사 철회촉구, 김상곤 지지' 등의 '검토의견'이 붙어 있다. 도종환의원실이 2016년 10월 10일에 공개한 자료에 의하면 문예위의 2015년 5월 29일 회의(161차)에서 책임심의위원에 대한 격한 논란이 벌어졌음을 파악할 수 있다.[6] 2015년 6월 25일(162차) 문예위 회의에서 장○○ 창작지원부장은 책임심의위원제를 대체할 '심사위원 풀제'에 대해 위원들에게 다음과 같이 설명한다.

> 현재는 분야별 또는 사업별 책임심의위원을 위촉하게 되어 있는데 개정안에는 분야별 심의위원 풀을 20~30명으로 구성하고 매 심의 때마다 사업 성격에 맞는 심의위원을 심의위원 풀에서 위촉하는 안이 되겠습니다.(중략) 현재는 1년으로 책임심의위원제가 운영되는데 개정안에는 심의위원 풀을 1년 단위로 운영하도록 바꾸었습니다. <u>심의위원 풀은 1년 단위로 새로운 분들을 넣거나 과거 분들을 뺄 수가 있습니다.</u> (밑줄 필자)

심의위원 풀을 1년 단위로 새로 구성하겠다는 것은 블랙리스트 실행에 협조적이지 않은 심의위원들을 지속적으로 걸러내겠다는 의미로 해석할 수 있다.

심의위원 풀제 도입과 더불어 심의위원의 "단심제 선정(100%)으로

---

6 김미도, 「블랙리스트, 네버엔딩 스토리」, 『연극평론』 2016 겨울, 23~24쪽.

심사 후 문제 발생시 대응이 곤란함에 따라 심의단계를 사업특성에 따라 1~3차로 구분, 심사하고 선정비율 사전 배분을 통해 위원회의 역할을 강화"하라는 지침도 마련된다. 사업별 특성에 따라 1차에서 150%, 2차에서 120%, 최종에서 100%를 선정하겠다는 것이다. 다단계 심의 방식에 대한 의혹은 2015년도 추경 소외계층문화순회사업 공모에서 제기된 바 있다. 이 사업은 당시 메르스로 침체되었던 문화예술계를 지원한다는 명목으로 추경에 편성된 것이었다. JTBC 보도에 의하면 1차 때는 3명이 평가했는데 모두 같은 점수를 내놨고, 2차 때는 심의위원이 5명이나 됐는데 마찬가지였다고 한다. 한 블랙리스트 단체는 1차 때 98점이 나왔지만 2차 때는 심의위원 전부가 똑같이 78점을 줘서 탈락했다는 것이다.[7] 문예위 홈페이지에 들어가 보면 당시 1차 심의는 장르별로 이루어졌고, 2차 심의는 통합으로 이루어졌다. 심의위원 명단을 살펴보니 문예위 직원인 이○○, 장○○이 아예 심사에 참여한 사실을 확인할 수 있었다. 문예위 직원들이 심사에까지 직접 개입한 사례가 더 있는지 확인해 볼 필요가 있다.

아울러 문예위 각 분야 문화예술위원들의 블랙리스트 묵인 및 실행 협조에 대한 부분도 해명되어야 한다. 문화예술위원회는 문학·미술·음악·무용·연극·전통예술 등 각 분야에서 전문성과 경험이 풍부한 15인 이내의 민간 전문가들로 구성된다. 2015년 당시 문화예술위원이었던 A위원은 "예술위가 민간 중심의 의결기구라지만 우린 사실 거수기에 불과"했다고 한다. A위원은 2015년 5월 29일 161차 전체회의에서 책임

---

7 「[단독] 블랙리스트 '돈줄 차단' 황당한 채점표 입수」, JTBC, 2017.1.24. 〈https://news.jtbc.joins.com/article/article.aspx?news_id=NB11407728〉 (검색일: 2021.8.16.)

심의위원제 폐지 문제와 관련해 문화계 검열을 위한 이른바 '문화계 블랙리스트'가 존재함을 시사하는 발언을 권영빈 문예위원장으로부터 끌어내기도 했다.[8] 다른 문화예술위원들이 블랙리스트 문제를 이 즈음부터 인지하고 있으면서 어떤 대응양상을 보였는지 궁금하지 않을 수 없다.

문체부와 문예위의 '영혼 없는 공무원들'

블랙리스트를 실행한 문체부와 문예위 직원들은 부도덕한 정권의 희생양일까. 그들은 정말 어쩔 수 없이 위에서 시키니까 마지못해 상부의 명령에 복종했던 것일까. 특검이 블랙리스트의 실체를 입증하는데 가장 결정적인 역할을 한 사람 중 하나는 유진룡 전 문체부 장관이다. 그는 블랙리스트의 작성을 주도한 박대통령과 김기춘 전 비서실장, 조윤선 전 문체부 장관 등에 대해서는 거침없이 비판의 날을 세우면서도 문체부 산하 공무원들은 책임이 없다며 감싸는 모양새를 취했다. 물론 한솥밥을 먹었던 직원들에 대한 애정과 신의를 이해하지 못하는 바는 아니지만 문체부와 문예위의 상당수 직원들이 결국 한나 아렌트가 말한 '악의 평범성'[9]에 물들어 있었다.

---

8 박정환 기자, 「[단독] "가만있으라"… 김종덕 전 장관, 예술위 부당 개입 의혹」, NEWS1, 2016.11.21. 〈https://www.news1.kr/articles/?2836829〉 (검색일: 2021.8.16.)

9 600만 명의 유대인 학살에 적극 가담한 독일 장교 아돌프 아이히만은 법정에서 무죄를 주장했다. 자신은 상부의 지시를 따랐을 뿐이라는 것이다. 한나 아렌트는 아이히만의 행위가 전체주의적 권위 아래 판단력이 마비된 '악의 평범성'에서 비롯되었다고 보았다. 한나 아렌트, 김선욱 역, 『예루살렘의 아이히만 – 악의 평범성에

실제로 억압적인 지배구조에 동참하는 행위자들은 맨 처음엔 그런 의지가 없었을지라도 시간이 흐를수록 내면화 과정을 겪는다고 한다. 즉 공무원이 관료 시스템 안에서 단순히 명령을 실행만 하는 존재가 아니라는 뜻이다. 점차 자신의 일을 정확히 인지하고 의미를 부여할 뿐만 아니라 출세와 경제적 이익, 조직 보호 등 여러 이유로 명령을 뛰어넘는 악행까지 벌인다.[10]

송수근 문체부 장관 직무대행은 기획조정실장 시절이었던 2014년 10월, 문예기금이 좌편향적 개인 및 단체에 지원되지 않도록 하라는 청와대 지시를 바탕으로 '건전 문화예술생태계 진흥 및 지원 방안'이라는 보고서를 만들었다. 김기춘 전 비서실장은 그 해 10월 21일쯤 이 보고서를 보고 크게 기뻐하며 보고서 내용대로 추진하라고 지시했다. 이에 송수근은 '건전 콘텐츠 활성화 태스크포스'를 주 1회 운영하면서 관련 내용을 김기춘 전 비서실장과 김종덕 전 장관에게 보고했다.[11]

문예위와 문체부의 보고 체계는 어떻게 이루어지고 있었을까. 그 단서를 필자가 참여했던 '2015 공연예술 창작산실' 심의과정 보고에서 찾아볼 수 있다. 2015년 5월 13일에 작성된 '2015년 문제사업 현황'이라는 문건에 의하면 '심사 전: 4건 발굴(3건 제외, 1건 배제 불발)', '심사 후: 특이사항 2건 통보'라고 되어있다. 당시 창작산실 우수작품 제작지

대한 보고서』, 한길사, 2006.

10 장지영, 「'악의 평범성' 너머」, 국민일보, 2017.2.2. 〈http://news.kmib.co.kr/article/view.asp?arcid=0923688702&code=11171399&cp=nv〉(검색일: 2021.8.16.)

11 「권력 앞에 부끄러운 굴종… 블랙리스트의 '숨은 주범'」, 경향신문, 2017.2.2. 〈https://www.khan.co.kr/national/national-general/article/201702021741001〉(검색일: 2021.8.16.)

원 심의에는 총 15편이 올라와 있었다. 문예위는 심사 개시 전, 자체 대본검열을 통해 '4건'이 문제 있다고 파악한 듯하다. 그런데 그 중 3건은 심사과정에서 자연스럽게 제외되었고 한 건이 배제되지 못했다. 아마도 그 한 건이 박근형 작, 연출의 〈모든 군인은 불쌍하다〉일 것이다. 5인의 심사위원들은 심사 마지막 날 총 8편의 작품을 선정했는데 다시 2건에서 '특이사항'이 발견되었다는 것이다. 보고 문건에는 또 '현장에서 공연을 직접 보면서 인터뷰하는 실연 심사방식 상, 사전에 협의했음에도 불구, 5명중 2명의 심사위원이 강하게 반발하여 1건 배제 불발'이라고 적혀 있다. 강하게 반발한 심사위원은 필자와 고 김동현 연출이다.[12]

5일간 진행된 심의 마지막 날인 4월 11일에 점심시간에 장○○ 당시 창작지원부장이 처음 나타났다. 그런데 그는 이미 5일간 심사위원들 사이에 오간 의견들을 상당 부분 알고 있었으며 박근형이 선정될 가능성이 높다는 것도 파악하고 있었다. 5일간 진행된 심의과정을 장○○에게 보고한 사람은 문예위 직원인 이○○이었으리라 짐작된다. 그가 5일간의 심의과정에 대부분 배석하고 있었기 때문이다. 보고 문건에는 문제가 된 3개 작품에 대한 '검토의견'이 첨부되어 있다. 이 검토의견은 누가 작성했을까. 이○○ 또는 장○○일 확률이 높다.

문제가 되는 작품들을 배제시키지 못한 채 4월 11일에 심사가 종료되었지만 두 달이 넘도록 심사결과는 발표되지 않았다. 급기야 6월 18일에 문예위는 심사위원들을 전원 재소집하는데 이 때는 이○○ 예술진흥본부장이 같이 나왔다. 그들은 박근형을 배제해달라면서 박근형만

---

12 '2015 창작산실' 심의 과정에 대해서는 「문예위가 실행하고 문체부가 감독했다」(『시사IN』, 2017.1.28·2.4 설 합병호)를 통해 소상히 밝힌 바 있다.

빼주면 다른 2건은 양해해 주겠다고 협상 카드를 내밀었다. 박근형이 그대로 남아있으면 다른 나머지 7개 단체도 지원을 못받을 수 있다고 협박까지 했다. 심사위원들이 끝까지 결과 번복을 거부하자 그들은 박근형을 직접 만나 포기를 종용했다.

사실 최근까지도 문제가 된 다른 2개의 작품이 무엇인지는 정확히 알지 못했다. 필자는 김동현 연출과 통화하는 과정에서 아마 〈고제〉(백하룡 작, 전인철 연출)와 〈토일릿 피플〉(김여진 작, 최용훈 연출)이 아닐까 짐작했다. 〈고제〉가 386 세대의 분신과 민주화 투쟁을 다루고 있고, 〈토일릿 피플〉이 탈북주민들을 통해 남한 체제를 비판하는 면이 있기 때문이었다. 그러나 실제로 문제가 된 작품은 〈고제〉와 〈떠도는 땅〉(동이향 작, 연출)이었다.

〈떠도는 땅〉의 검토의견은 "농촌도시의 어느 벌판에서 한 여름 밤에 펼쳐지는 기묘한 일들에 대한 이야기로, 아버지 장례로 20년 만에 고향을 찾은 미스터 노를 주인공으로 하여 '빚'과 '죄의식', '삶과 죽음'의 문제를 그려냄"으로 되어 있다. 그래서 어쨌단 말인가. 내용상으로 현정권을 비판한 것도 아니고 박대통령을 풍자한 것도 아니지 않는가. 동이향은 9,473명의 블랙리스트 기본 명단에도 없다. 본인도 이유를 모르겠다고 한다.

'2015 서울국제공연예술제'에 대해서는 '심사 전: 연극 16건 제외', '심사 후 특이사항 3건 통보(연극2, 무용1)'로 표시되어 있다. 문제가 된 연극 두 건은 〈벗어난 원리들〉(무브먼트 당당, 김민정)과 〈믿음의 기원2 - 후쿠시마의 바람〉(상상만발극장, 박해성)이다. 이 두 건은 나중에 결국 '양해'된 것으로 표기되는데 심사위원들과 어떤 협의나 갈등 과정이 있었는지는 알 수 없다. 문제가 된 3건에 대해 모두 검토의견이 달려 있는데 그 내용만으로는 왜 문제가 되는지 알 수 없다.

이윤택의 희곡집 〈꽃을 바치는 시간〉이 최고 점수를 받고도 배제되었다는 '2015 아르코 문학 창작기금 지원' 심의에서는 "1,2차 심사를 통해 총 83건 중 69건 배제 조치 및 14명 미해결 상태-후보자 102건 중 14건 특이사항 통보(기존6+추가8)"로 표기되어 있다. 그 해결책으로는 "1안: 14건 전원제외조치 시도중(문학분야 000 위원, 심사위원 5인 대상 설득 작업중)", "2안: 14건 중 기수혜자 7건 제외한 7건 처리 곤란"이라면서 이들이 '세월호 관련 문학인 시국선언 해당됨'으로 이유를 달았다. 여기서 '기수혜자 7건'이란 타지원사업을 통해 지원받은 경우를 의미한다. 즉 14건 중에 7건은 다른 지원을 받은 적이 있다는 이유로 배제가 가능하나 나머지 7건은 배제 명분이 없음을 고민하고 있는 것이다. 이윤택의 경우에는 '국립극단 중복지원으로 배제', 즉 국립극단 등에서 연출료를 받은 것을 이유로 들어 배제하면 된다는 의미이다. 문제가 된 14건에 대해서는 각각 작품 내용들이 간략히 요약되어 있다.

문체부 문건을 통해 드러나는 심의과정의 보고 내용 및 대응 방안 등은 문예위 직원들이 작품의 사전 검열뿐 아니라 블랙리스트의 적극 배제를 위해 능동적으로 움직였음을 짐작하게 한다. '2015 융복합분야' 심의 검토내용 중 서울변방연극제(임인자)에 대해서는 '콜트콜텍 해고노동자, 형제복지원 피해생존자들과 함께, 법과 자본의 모순을 파헤치는 프로젝트'로, 안산순례길(고주영)에 대해서는 '세월호 관련(윤한솔 연출)'으로 적시하였다. 윤한솔은 다른 사업들에서도 2013년의 〈빨갱이, 갱생을 위한 연구〉가 '국가보안법 비판'이라서 문제라고 거듭 지적된다.

국공립단체에서의 블랙리스트 작동과 화이트리스트

블랙리스트는 국공립단체들에서도 충실히 작동했던 것으로 보인다. 2015년에 국립극단은 명동예술극장과 통합되었다. 문체부 대외비 문건에는 국립극단과 명동예술극장 부분에서 〈개구리〉의 박근형, 〈3월의 눈〉의 손진책, 〈키 큰 세여인〉 〈혜경궁 홍씨〉 〈어머니〉 〈문제적 인간 연산〉의 이윤택, 〈잔다르크〉의 김광보를 문제 삼고 있다. 김광보는 서울시극단장이 되는 바람에 명동극장 연출에서 자연히 빠지게 된다. 명동예술극장 관계자에 의하면 2015년도에 문체부는 무려 4명의 연출가들을 문제 삼았다고 한다. 고선웅, 김광보, 이성열, 이윤택이 그들이다. 그러나 이미 연출가들과 계약이 이루어져 공연들이 준비되고 있는 상황을 강력히 어필하여 양해가 되었다는 것이다.

이러한 정황들을 고려하면 국립극단이 2016년에 〈한국인의 초상〉 외에 신작 창작극을 공연하지 못한 이유가 짐작 된다. 국립극단에서 연출할 만한 주요 연출가들이 모두 블랙리스트 선상에 있었기 때문에 연출을 의뢰할 수 없었을 것이다. 고선웅은 2015년 12월에 '양해조치'가 이루어졌기 때문에 2016년 국립극단에서 〈한국인의 초상〉과 〈산허구리〉를 연출할 수 있었다고 해석된다.

국립극장은 어떠했을까. 문체부가 2015년에 손진책 전 국립극단 예술감독이 연출한 국립극장 마당놀이 〈춘향이 온다〉를 취소하라고 압력을 행사했던 것으로 드러났다. 그러나 이미 티켓이 상당히 팔린 상황에서 관객들에게 공연취소를 납득 시킬 수 없다고 문체부를 설득하여 공연이 이루어졌다고 한다.[13]

---

13 「[단독] 문체부, 작년 국립극장 마당놀이 공연 취소 압력」, 국민일보, 2016.12.13.

국립극장은 블랙리스트 배제 압력뿐 아니라 화이트리스트 공연 압력에도 시달린 듯하다. 김종덕 전 문체부 장관이 2015년에 국립극장에 무용공연 〈향연〉을 4개월만에 만들라고 지시했는데 제작 예산 6억 1437만원 가운데 6억원은 문예위의 '창작산실' 예산을 끌어오기까지 했다.[14]

블랙리스트의 반대편, 이른바 화이트 리스트에 대한 의혹들도 만만치 않다.

> 우선 2015년 5월 29일 예술위 3층 회의실에서 열린 161차 전체회의 내용을 보면, 당시 예술위 경영전략본부장이 "국회에 제출해서 교문위나 예결위에서도 저희 의지와는 관계없이 국회 단계에서 붙는 사업이 있을 수도 있다"고 발언하는 내용이 나온다.(중략) 다수의 문화예술계 전문가들은 "최근 언론 보도를 통해 논란이 된 이른바 '블랙리스트'가 특정 정치 성향을 띈 문화예술계 인사를 각종 지원사업에서 배제한다는 의혹을 제기한 것이라면, 이와 반대로 일명 '꼬리표 사업'은 다른 응모작들보다 심의기준 점수가 낮음에도 불구하고 외압을 의식해 우선적으로 지원 승인을 받는 점을 지적하는 것"이라고 입을 모았다.[15]

화이트리스트가 작동한 대표적인 예로 2015년 여름의 메르스 관련 추경예산 지원이 부상했다. 당시 '공연예술계의 메르스 예산'은 문체부와 문예위의 '공연티켓플러스원(1+1)'이라는 사업으로 집행되었다. 관

〈http://news.kmib.co.kr/article/view.asp?arcid=0923658696〉(검색일 2021.8.16.)

14 「[단독] 김종덕 전 장관, 민간 지원예산 문체부 산하기관에 전용」, NEWS1, 2016.11.17. 〈https://www.news1.kr/articles/?2833071〉 (검색일: 2021.8.16.)

15 NEWS1, 2016.10.13.

객이 공연 티켓 한 장을 구매하면 국가 예산으로 한 장을 더 지원하는 방식이었던 것이다. 이 사업은 예산 규모가 300억원이나 되었던 데다 예매처를 한 군데로 지정해서 예매수수료 10%를 몰아주는 등 표 사재기와 할인 경쟁같은 편법의 소지가 많았다. 실제로 극단 대표 22명이 보조금법 위반 혐의로 기소되기도 했다.

> 1+1사업이나 재대관 사업과 같은 정부의 '미스터리 지원사업'을 좇다 보면 특정 인물들의 이름이 자주 거론된다. 박명성 신시컴퍼니 대표와 손상원 이다엔터테인먼트 대표 등이 그러하다. 공연계의 한 관계자는 "1+1 사업의 최초 제안자가 이 두 사람이라는 이야기를 들었다"라고 말했다. 당시 박 대표는 당시 한국뮤지컬협회 이사장이었고, 손 대표는 한국공연프로듀서협회 회장이었다. 재대관 지원사업 명목으로 문예위가 통째로 빌려 손쉽게 대관료 수익을 낸 아트원씨어터 2·3관은 당시 손 대표가 임대 운영하는 극장이기도 했다. "1+1 사업이나 재대관 지원사업 등 정부가 벌인 공연계 지원사업 혜택이 사실상 두 사람과 그들이 속한 단체로 거의 '몰빵'됐다"라는 게 공연계 다수 관계자의 이야기다. 문화계 사람들은 그들을 이번 정부의 대표적인 '화이트리스트'라고 주장한다.[16]

국정농단 주역의 한 사람인 차은택의 후임으로 창조경제추진단장 겸 문화창조융합본부장을 맡았던 박명성은 가장 대표적인 부역자로 의심받아 왔다. 박명성이 법적으로 처벌받을 만큼의 불법적인 일을 저지르지 않았으면 다행이라고 생각한다. 그러나 그가 박근혜 정권에서 누린 숱한 특혜들은 전혀 부끄럽지 않은가. 박명성은 2014년에 '동아시아 문

16 「'메르스 예산'에도 블랙리스트 작동했다」, 『시사IN』, 2017.1.28·2.4 설 합병호.

화의 빛-광주' 행사의 개막식을 연출했고, 2014년부터 2016년까지 광주 7080충장축제 개막식을 도맡았다. 2015 광주하계유니버시아드대회의 개·폐회식 총감독도 맡아 막대한 예산들을 주물렀다.[17]

2016년 장한어머니상을 박명성의 모친이 수상한 일도 좀 어이없다. 국회 청문회에서 도종환 의원은 고선웅이 원래 블랙리스트에 있어 그 모친이 2015년 장한 어머니상을 수상하지 못했다고 밝힌 바 있다. 국립극단 관계자에 의하면 2016년에도 국립극단이 고선웅의 모친을 장한 어머니상에 추천했다고 한다. 고선웅은 2015년 12월에 양해조치가 이루어져 블랙리스트에서 빠졌음에도 불구하고, 또한 〈조씨고아, 복수의 씨앗〉으로 2015년도 연말에 각종 연극상을 휩쓸었음에도 불구하고, 2016년 장한 어머니상에서 박명성에게 밀린 셈이다. 이른바 화이트 리스트, 더 심하게는 부역자로 호명되고 있는 연극인들이 스스로 양심적인 입장 표명을 해주었으면 한다. 법적인 책임은 없더라도 도덕적인 책임은 있지 않을까.

박정자 한국연극인복지재단 이사장은 1월 26일에 블랙리스트와 관련한 고백을 발표했다.

> 1. 2015년 7월 30일, '찾아가는 연극' 참가 단체를 선정하는 최종 심사를 진행하기 5분 전, 재단은 문체부의 사업담당 직원으로부터 심사대상자 중 '정산 불성실 이행 또는 횡령 사실'로 인해 이 사업에 참가 자격이 없다는 내용을 유선 상으로 통지를 받아 촉박한 심사 일정으로 위 내용을 의심의 여지없이 심사규정에 반영하여 진행하였습니다.

17 「박명성 창조경제추진단장 사퇴, 차은택과 친분 의혹」, 시민의 소리, 2016.11.10. 참조. 〈http://www.siminsori.com/news/articleView.html?idxno=83629〉 (검색일: 2021.8.16.)

2. 최근, 재단은 이 일이 '문화예술계 블랙리스트'와 연관되어 있을 수 있다는 사실을 인식하고, 그 경위와 입장을 밝힘으로써 예술 검열에 관한 역사기록에 동참하기로 하였습니다.

원로의 용감한 고백과 반성을 환영한다. 박정자 이사장은 검열 문제가 폭로된 이후 김종덕 문체부 장관에게 면담을 요청하였다가 거절당했고, 박명진 문예위 위원장과의 면담에서는 검열에 항의하다 큰 수모를 겪었다고 들었다. 연극인복지재단이 고백한 것과 유사한 일들은 더 있었을 것으로 짐작된다. 2014년 말, 문예위 심사에 참여했던 모씨에 의하면 이때도 문예위 직원들이 '정산 불성실' 등의 이유를 들어 특정 지원자들에 대한 지원 배제 의견을 냈다고 한다. 블랙리스트가 본격적으로 작동하기 시작한 2014년 6월부터 2015년 9월 9일 JTBC 보도를 통해 창작산실 검열사태가 알려지기 전까지는 각종 심의에서 문예위 직원들의 검토의견들이 확인절차 없이 심의 결과에 수용되었을 가능성이 있다.

문예위 심의에 참여했던 심의위원들, 2014년부터 2016년까지의 문예위 위원들, 국공립 단체의 기관장들과 기획자들의 적극적인 고백이 더 확대되어야 한다. 김해숙 국립국악원장은 2015년 11월 자체 기획공연이었던 '소월산천' 공연에서 문체부 지시로 박근형 연출을 배제했음을 시인했다. 김원장은 "당시(블랙리스트 예술가를 배제하는) 그런 흐름이 있었던 건 사실"이라면서 "국립국악원은 문체부 산하기관이라 지시가 내려오면 따를 수밖에 없다"고 덧붙였다.[18]

지금 한쪽에서는 '검열백서'를 만드는 작업이 한창 진행 중이다. 우

18 NEWS1, 2017.2.7.

리는 지금 중요한 역사의 한 페이지를 써가고 있다. 우리 모두 역사 앞에 덜 부끄러운 길, 나아가 역사 앞에 떳떳해지는 길을 슬기롭게 찾아갔으면 한다.

김기춘과 아이히만

2000년, 민주화를 위한 전국교수협의회 활동 - 국가보안법 폐지서명 등
동명이인 확인 후 조치할 것
제외할 것
자체확인 및 12명 제외조치 완료 보고
간이확인: 이상 없음
자체확인 결과 2명 제외, 나머지 3명 진행 - k
임수경 방북지지, 친노, 노무현추모공연기획, 남편 한겨레 활동 등
2009소고기반대 시국선언 1건
대운하 반대
현정부 우호적 활동가로 양해됨
지원중단시 국제적 불신 초래, 연극계원로들의 거센 반발 예상
심사 제외
국가보안법 비판
대표 개인의 활동이 문제되며
절대 안 됨
자체 판단
이력 파악 후 판단
정치적 인물
대사관 요청사항
단순 가담
특이사항 없음
그냥 할 것
제외하고 진행키로 함

차기부터 없앨 것
개폐회식 안 됨
추후 제외할 것
특이 없음
간이확인
정치활동
의심사례, 가능한 안 하는 것으로
각종 시국선언

김기춘과 아이히만*

블랙리스트의 존재 가능성은 2015년 9월 9월 JTBC가 보도한 「지원자에 작품 포기 종용… 순수예술 '정치 검열' 의혹」에서의 검열 폭로로부터 비롯된다. 그러나 박영수 특검 수사와 김기춘 재판 과정에서 드러나는 블랙리스트 작성 및 실행 지시는 이미 2013년 여름부터 시작된 것으로 파악된다.

김기춘 전 대통령 비서실장의 임기는 2013년 8월 5일부터 2015년 5월 2일까지였다. 김기춘은 취임 직후인 2013년 8월 8일 "홍성담 배제 노력하라, 제재 조치 강구"라는 지시를 최초 하달한다. 이후 김기춘의 중요한 지시사항들을 시간순으로 대략 간추려 보면 다음과 같다.[1]

- "종북세력이 문화계를 15년간 장악했다. 씨제이((CJ)와 현대백화점 등 재벌들도 줄을 서고 있다 사정을 서둘러야 한다."(2013년 8월, 실수

* 『연극평론』 2017년 여름.

1 이후 김기춘 관련 사건 기록은 대부분 『검열백서 준비1호』(2017.4.27, 연극과 인간)를 토대로 한다.

비[2])

- "천안함 영화(천안함 프로젝트) 메가박스 상영은 종북세력 지원 의도, 제작자와 펀드 제공자 용서 안돼, 국립극단 〈개구리〉 상영 용서 안돼, 종북 친북 척결 나서야, 강한 적개심 갖고 대처"(2013년 9월 9일, 실수비)

- "문화계 권력을 좌파가 잡고 있다. 〈변호인〉과 〈천안함 프로젝트〉가 그렇다.(중략) 하나하나 잡아나가가자."(2013년 12월 18일, 실수비)

- "반정부·반국가적 성향 단체들이 좌파들의 온상이 되어서 종북세력을 지원하고 있다. 현 정부가 지원하는 실태를 전수조사하고, 그에 대한 조치를 마련하라."(2013년 12월 20일, 실수비)

- "문체부, 교육부, 보건복지부 안행부 산하 시민사회단체에 대한 정부 지원 실태를 전수조사하고, 상황을 보고하라. 반드시 실사 필요하고 내용을 중간보고하라." "대통령께서 국회의원 시절부터 국가개조에 대해 강한 의지를 갖고 계셨다. 지금은 우파가 좌파 위에 떠 있는 섬 같다. 좌파의 뿌리가 깊다. 모두가 전투 모드를 갖추고 불퇴전의 각오로 투지를 갖고 좌파세력과 싸워나가야 한다. 대통령 혼자 뛰고 계시는데, 좌파 척결의 진도가 안 나간다."(2014년 1월 4일경, 실수비)

- "이념편향적인 것, 너무 정치적인 사업에 국민 세금 지원 바람직하지 않다. 청와대에서 지시한 사항들이 문체부에서 제대로 처리되고 있지 않다."(2014년 1월경 김종덕 문체부 장관에게)

- "좌파에 대한 지원은 너무 많은데 우파에 대한 지원은 너무 없다. 중앙정부라도 나서서 지원해야 한다." "정권이 바뀌었는데도 좌파들은 잘 먹고 잘 사는데 비해 우파는 배고프다, 잘 해보라."(2014년 4월초, 신동철 소통비서관에게)

2 '실수비'는 특검에서 사용한 용어로 김기춘 비서실장과 수석비서관들이 함께 한 회의를 의미한다.

- "박근혜 정부에 대한 문화예술계의 저항과 비판이 굉장히 조직적으로 이뤄지고 있기 때문에 적극 대처해야 한다는 것이 청와대의 입장", "이 명단은 정무수석실에서 만든 것인데 극비리에 관리하면서 이들에게 정부 자금 지원이 가지 않게 하라."(2014년 5월 초순, 김소영 교문수석실 문화체육 비서관, 조현재 문체부 1차관에게 '지원 배제 명단'을 전달하면서)
- "예술을 가장한 이념과 정치 성향은 지양되어야 한다. 〈다이빙벨〉을 비롯한 문화예술계 좌파 각종 책동에 투쟁적으로 대응하라."(2014년 10월 2일, 김영한 비망록)

김기춘의 애국관

김기춘이 2013년 8월부터 블랙리스트 작성과 실행을 지시하고 있었는데도 문화예술계는 2015년 9월까지 2년 동안이나 그 낌새를 제대로 알아차리지 못하고 있었다. 김기춘 재판에 나온 박준우 전 청와대 정무수석의 업무수첩에 의하면 2013년 9월 9일자에 "천안함(영화) 메가박스 상영문제, 종북세력 지원의도, 제작자 펀드 제공자 용서 안돼. 국립극단 개구리 상영 용서 안돼. 각 분야의 종북·친북 척결 나서야. 강한 적개심 갖고 대처. 비정상의 정상화 일환"[3] 등의 기록이 있다. 국립극단 제작, 박근형 연출의 〈개구리〉에 대한 중앙일보 최민우 기자의 기사 「박정희·박근혜 풍자냐 비하냐... 국립극단 논란」이 나온 것은 2013년 9월 12일이었다. 여기서 9월 9일 김기춘의 발언과 9월 12일 최민우 기

3 「"김기춘, 회의 때마다 나라가 많이 좌편향 돼있다" 자주 언급」, 중앙일보, 2017.5.4. 〈https://news.joins.com/article/21541749〉(검색일: 2021.8.16.)

자의 기사 사이에 어떤 상관관계가 없을지 합리적 의심을 하게 된다. 그동안 연극계에서는 최민우 기자의 기사에 의해 청와대가 박근형 연출의 〈개구리〉를 인지하게 되었고, 이로부터 블랙리스트 작성이 본격화된 것으로 파악하고 있었다. 그러나 김기춘은 9월 9일에 이미 청와대에서 개구리를 용서할 수 없다고 발언했다. 혹 최민우 기자의 〈개구리〉 관련 기사는 청와대의 사주에 의한 것은 아니었을까. 더구나 당시 〈개구리〉가 공연되던 국립극단의 백성희장민호극장의 맞은편 소극장 판에서는 김재엽 작·연출의 〈알리바이 연대기〉가 공연되고 있었다. 두 작품의 공연 기간은 9월 3일부터 9월 15일까지로 완전히 일치한다. 박정희 풍자와 비판으로 보자면 〈알리바이 연대기〉가 더 강력했다고도 볼 수 있다. 최민우 기자는 왜 〈알리바이 연대기〉는 언급하지 않고 유독 〈개구리〉에 대해서만 문제적인 기사를 썼을까. 김기춘은 왜 〈알리바이 연대기〉는 용서하고(?) 〈개구리〉만 용서할 수 없었을까.

김기춘이 〈개구리〉를 용서할 수 없는 이유는 그 특유의 애국관으로부터 비롯된다. 김기춘에게 있어 집권 세력을 비판하는 예술행위는 무조건 비애국적인 것이다. 김기춘 재판에 증인으로 나온 조원동 전 청와대 경제 수석은 "김 전 실장이 사용하는 애국이란 어떤 의미냐"는 질문을 받고 "첫째로 적극적 측면에서 대선에 도움을 줬던 사람들에 대해 인사를 적극 반영해주고자 하는 것이고 소극적 측면에서는 상대편 진영에 있던 사람들을 좀 배제하는 것이었다"고 설명했다.[4] 즉 김기춘의 애국관은 2012년 대선에서 박근혜를 지지한 사람들과 지지하지 않은

4 「김기춘, 정권 창출 도움 된 사람 이익 주는 걸 애국으로 생각」, 머니투데이, 2017. 4.20. 〈https://news.mt.co.kr/mtview.php?no=2017042011534414372&outlink=1&ref=https%3A%2F%2Fsearch.naver.com〉 (검색일: 2021.8.16.)

사람들을 일차적으로 선명하게 갈라놓는다. 블랙리스트의 기초 자료가 된 9,473명의 명단이 문재인 지지자, 박원순 지지자, 세월호 서명자를 근거로 작성된 이유가 바로 여기에 있다. 김기춘은 재판에서 "대한민국의 정통성과 자유민주주의에 충실하면 애국자라 생각하고 북한 선전에 동조해 혼란을 초래하는 사람은 애국이 아니라는 확실한 기준이 있다"고 발언했다.[5] 여기서 김기춘이 말하는 '자유민주주의'란 무엇인가? 그가 생각하는 자유민주주의란 결국 보수우익의 논리에 충실하고, 철저한 반공 사상으로 무장하는 것을 의미한다. 그에게 '언론의 자유', '표현의 자유'와 같은 자유민주주의 본연의 가치는 오히려 자유민주주의를 저해하는 요인으로 간주 되었다.

블랙리스트 사태의 전말을 밝히는 데 상당히 유용한 증거로 채택되고 있는 것은 고위 공무원들의 업무수첩들이다. 특히 고 김영한 전 청와대 민정수석, 박민권 전 문체부 차관, 박준우 전 정무수석의 업무수첩들은 박근혜 전 대통령과 김기춘 전 비서실장의 블랙리스트 협의를 입증할 주요 단서들로 떠올랐다.

박준우 전 정무수석의 업무수첩에 의하면 박근혜는 2013년 12월 19일 당 최고위원 만찬에서 "문화계 권력을 되찾아야 한다. 엠비(이명박 정부) 때 좌파 척결에 있어 한 일이 없어 나라가 비정상"이라고 말한다. 그다음 날인 12월 20일에 김기춘 전 실장은 "좌파 단체들에 대한 정부 지원 상황을 전수조사하고 (시정)조치하라"고 지시했다.[6] 이 발언이 블

5 「박근혜 인사, 선거 도움 준 사람 적극 기용 상대편 배제」, NEWS1, 2017.4.20. 〈https://www.news1.kr/articles/?2972673〉 (검색일: 2021.8.16.)

6 「박근혜, 좌파 뿌리뽑기 "살점 떨어질 때까지"」, 한겨레, 2017.5.4. 〈https://www.hani.co.kr/arti/society/society_general/793508.html〉 (검색일: 2021.8.16.)

랙리스트 작성과 그에 따른 조치를 본격 지시하는 중요한 기점이라고 볼 수 있다.

또 박 전 수석의 수첩에는 박 전 대통령이 2014년 2월 국무조정실 업무보고에서 "비정상의 정상화, 뿌리 뽑아 끝까지, 불독보다 진돗개같이, 한번 물면 살점 떨어질 때까지"[7]라고 말한 것으로 적혀 있다. 대통령의 입에서 나온 말이라기에는 참으로 믿기 어렵다. 박 전 대통령은 좌파들을 살점이 떨어질 때까지 물어뜯어 뿌리 뽑으라는, 잔인하기 그지없는 말들을 내뱉었다. 이 지점에서 블랙리스트 작성과 실행의 뿌리는 박근혜의 편집증적인 아집에 근원을 두고 있음을 확신할 수 있다.

2014년 김종덕 전 문체부 장관이 김기춘을 찾아가 '건전콘텐츠 활성화 티에프(TF)에 대해 보고하자 김기춘은 상당히 흡족해 했다고 한다. 당시 김 전 장관이 "(특정 문화예술인을) 지원 배제할 경우 긁어 부스럼이 될 수 있다"고 하자, 김기춘은 "우리는 그냥 보수가 아니고 극보수다. 원칙대로 가야한다"고 강조했다. 2015년 1월 11일에는 김상률 전 청와대 교육문화수석을 통해 김종덕 전 문체부 장관에게 "문체부 예술지원 사업 관련 건전콘텐츠를 잘 관리하라"고 지시를 내렸다. 김 전 정관은 박 전 대통령이 거듭 지시를 내린 이유에 대해 "문체부에서 김기춘 전 비서실장에게 보고했지만, (원하는 대로) 집행이 잘 안 돼 박 전 대통령이 불만스러웠던 것 같다"고 말했다.[8]

좌파 뿌리 뽑기는 박근혜의 국정 철학이자 전 통치기간을 관통하는 국정기조였다. 박준우 전 정무수석은 "(제가) 10개월 남짓 (정무수석으

---

7 위의 기사.

8 「"블랙리스트 긁어부스럼" 우려에… 김기춘 "우리는 극보수"」, 한겨레, 2017.5.16. 〈https://www.hani.co.kr/arti/society/society_general/794972.html〉 (검색일: 2021.8.16.)

로) 근무하는 동안 김 실장이 각종 회의에서 국정기조로서 늘 강조된 부분이 결국 '나라가 너무 편향돼 있으니 이를 바로 잡자, 비정상의 정상화 차원에서 이를 바로잡아야 한다'는 그런 기조가 늘 유지됐다고 기억난다"고 증언했다.[9] 박근혜와 김기춘에게 있어 '좌파'는 곧 '종북'이었다. 김기춘은 "전 공직자는 자유민주주의 수호해야 합니다. 반국가 성향 단체들이 종북세력 지원하고 있습니다. 좌파들의 온상이 되어 종북세력 지원하고 있습니다"[10]라고 수차례 강조했다. 김기춘은 '좌파=종북'을 척결하는 일이야말로 자유민주주의를 수호하는 일이라고 믿어 의심치 않았다.

김기춘의 국가관은 박근혜의 그것과 완벽하게 일치한다. 김기춘은 박근혜의 뜻을 충심으로 떠받들며 맹렬한 기세로 블랙리스트의 작성과 실행을 독려했다. "국가가 좌파 위에 떠 있는 섬과 같다. 나라 바로 세우기와 좌파 척결을 불퇴전의 각오로 투지를 갖고 싸워야 한다. VIP(대통령) 혼자 뛰고 내각은 안 뛴다. 진도가 안 나간다"[11]며 강박증을 드러내기도 했다. 박근혜는 2012년 대선에서 자신을 지지하지 않은 49%의 국민을 모조리 '좌파'로 규정했다. 51%의 지지를 받아 당선되고도 박근혜는 자신의 처지를 '좌파 위에 떠 있는 섬'이라고 규정하며 불안한 망상에 시달렸다. 국민의 절반을 좌파로 몰아세우고 그 절반을 고사시키는 길만이 자신의 살길이라 믿었다. 김기춘은 터무니없는 망상에 사로잡힌 박근혜의 충직한 '진돗개'였다. 그는 진심으로 살점이 떨어질 때까

---

9 「김기춘, '좌파세력 쓸어내야… 천안함·변호인 용납 안돼'」, 미디어오늘, 2017.5.5. 〈https://news.naver.com/main/read.naver?mode=LSD&mid=sec&sid1=100&oid=006&aid=0000086679〉 (검색일: 2021.8.16.)

10 실수비, 2014.12.20.

11 실수비, 2014.1.4.

지 좌파들을 물어뜯고자 하였다.

재판정에서의 김기춘

2017년 4월 17일, 나는 김기춘 전 비서실장과 조윤선 전 문체부 장관이 출석하는 재판을 참관하러 갔었다. 그 날 출석하기로 한 증인이 나오지 않는 바람에 재판은 25분 만에 종결되었지만 김기춘은 자신이 믿는 확고한 애국관에 따라 무죄를 입증하려 애쓰고 있었다. 김기춘은 심지어 고 김영한 전 민정수석 업무수첩의 증거능력을 부인했다. 김영한의 주관적인 견해들이 삽입되어 있다는 주장이었다. 그러나 김기춘의 황당한 주장은 안종범, 박준우 등이 작성한 다른 업무수첩들과의 비교 과정에서 거짓말임이 속속 밝혀지고 있다.[12]

김기춘은 또 자신의 지시를 순순히 이행하지 않은 문체부 공무원 3명으로부터 사표를 받은 사실에 대해 정당함을 주장하고 있었다. 국정기조를 따르지 않는 공무원들을 자르는 것은 정당한 권리인 양 떠들었다. 4월 22일 재판에서는 김기춘 변호인단이 이러한 주장을 뒷받침할 수 있는 자료를 제출했다. 1980년 7월 국가보위비상대책위(이하 국보위)가 "공무원 숙정(肅正·부정을 엄격히 단속하여 바로잡음) 계획의 일환으로 고위 공직자들을 상대로 일괄 사표를 받아 선별 수리한 적이 있는데 이 처분이 유효하다는 대법원 판례가 있으니 재판부가 이를 참

12 「김기춘의 거짓말 수첩이 밝혀냈다」, 시사인, 2017.5.3. 〈https://www.sisain.co.kr/news/articleView.html?idxno=29055〉 (검색일: 2021. 8.16.)

고해 달라"[13]는 것이었다.

국보위는 전두환이 1979년 12월 12일 군사 쿠데타로 정권을 탈취한 뒤 정권을 장악하기 위해 세운 초헌법적 임시통치기구였다. 당시 국보위는 총 8,667명의 공직자를 숙정했으며, 이 때 숙정된 2급 이상 고위 공직자는 232명이었다고 한다. 당시 김기춘은 대검찰청 특수 1과장으로서 그 위세를 떨치고 있었다. 억울하게 쫓겨난 공무원들은 1990년대에 들어서 법적 투쟁을 벌였지만 1999년에 대법원은 "80년 공직자 숙정 계획을 세우고 전두환 등이 벌인 내란 행위를 구성하는 폭동의 일환에 해당한다는 점만으로 원고의 사직원 제출 행위가 강압에 의하여 의사결정의 자유를 박탈당한 상태에서 이루어진 것이라고 할 수는 없다"고 판결했다. 김기춘은 이를 근거로 "정권 교체기에는 1급 공무원이 본인의 의사에 반해 사직원을 냈더라도 사직원을 권유하는 행위를 직권남용에 의한 권리행사 방해라고 볼 수 없다"[14]고 주장하는 것이다. 불법적 내란 행위로 정권을 장악한 군부 치하에서 있었던 숙정 사례를 들어 2017년 자유민주주의 체제 하에서 자신의 무죄를 주장하는 김기춘의 행태는 황당무계하고 파렴치하기 그지없다.

김기춘 측은 재판정에서 심지어 증인들을 향해 거침없이 사상검증의 잣대를 들이대기도 한다. "대한민국의 정통성은 이승만 전 대통령으로 나온다고 생각합니까?" "영화 '천안함 프로젝트'는 조선민주주의인민공화국의 입장에 동조하면서 홍보하는 영화죠?" "종북 작가 신은미 씨에 대한 사회적 논란 기억하십니까?" 김기춘은 "설령 지원 배제를 지시했

13 「80년대 잣대로 블랙리스트 무죄 주장한 김기춘」, 중앙일보, 2017.4.22. 〈https://news.joins.com/article/21502070〉 (검색일: 2021.8.16.)

14 위의 기사.

다고 하더라도 반체제·반국가 성향의 작품을 예술의 자유라는 명목하에 정부가 세금을 들여 지원해야 할 이유가 없다"는 논리로 일관하고 있다.[15]

무엇이 반체제이고 반국가인가? 그가 생각하는 반체제, 반국가란 박근혜 정권에 비판적인 행위들을 일컫는다. 박근혜 정권에 우호적이지 않으면 블랙리스트를 만들어 무조건 지원에서 배제하고 표현의 자유를 억압하는 행위야말로 반체제, 반국가적임을 그는 전혀 이해할 도리가 없다. 박근혜 정권의 무능함과 비도덕성을 드러내는 예술행위들이야말로 국민의 세금으로 마땅히 지원해야 하는 '공공적 가치'를 지니고 있음을 이해하지 못하는 것은 너무나 당연하다.

김기춘과 아이히만

김기춘은 유대인 학살의 전범 아돌프 아이히만과 여러모로 닮았다. 아이히만은 유대 민족에 대해 자행된 그의 어마어마한 범죄적 사실에도 불구하고 어떤 후회도, 반성도 하지 않았다. 아이히만은 기본적으로 자신이 저지른 학살 행위에 대해 어떤 가책도 느끼지 않았던 듯하다. 그는 상부로부터 하달된 명령을 충실히 수행했을 뿐이다. "그것은 어리석음이 아니라 흥미로운, 아주 사유의 진정한 불능성이었다. 그는 한때 자기가 의무로 여겼던 것이 이제는 범죄로 불리게 되었다는 것을 알았고, 그래서 새로운 판단의 규칙을 마치 단지 또 다른 하나의 언어규칙

15 「법정에서도 사상검증 잣대 들이대는 김기춘」, 민중의 소리, 2017.4.28. 〈http://www.vop.co.kr/A00001153525.html〉 (검색일: 2021.8.16.)

에 불과한 것처럼 받아들였다."[16] 아이히만처럼 김기춘은 블랙리스트의 작성과 실행을 전혀 '범죄'라 생각하지 않았다. 김기춘에게 있어 블랙리스트의 실행은 오히려 그가 생각하는 정의를 실현하는 가장 유용한 방편이었다. 박근혜와 김기춘은 '정권비판 = 좌파 = 종북'이라는 자신들만의 사유 체계에 갇혀 있었고, 그 안에서 그들끼리는 믿어 의심치 않는 확고한 언어논리를 가지고 있었다.

"아이히만은 타인 또는 타자의 관점에서 '사유'할 능력이 없기 때문에 그는 또한 '행위'할 능력, 또는 더 잘 말하자면 도덕행위를 '수행'할 능력도 없다."[17] 박근혜와 김기춘은 공통적으로 '타자의 관점'에서 사유할 능력을 결여하고 있었다. 그들은 정권을 비판하는 세력은 무조건 '적'으로 간주하면서 어떤 반대 의견도 청취하려 하지 않았다. 그들은 세월호 참사를 결코 희생자들의 입장에서, 그 유가족들의 입장에서 사유하지 못했다. 세월호의 진실을 파헤치려고 하는 사람들은 곧 정권을 위협하는 존재들에 지나지 않았다. 그들은 타자의 관점에서 사유하지 못하기에 유가족을 위로한다거나, 진상을 규명한다거나 하는 도덕적 행위를 수행하기란 원천적으로 불가능한 일이었다.

> 그의 말을 오랫동안 들으면 들을수록, 그의 말하는 데 무능력함(inability to speak)은 그의 생각하는 데 무능력함(inablity to think), 즉 타인의 입장에서 생각하는 데 무능력함과 매우 깊이 연관되어 있음이 점점 더 분명해진다. 그와는 어떠한 소통도 가능하지 않았다. 이는 그가 거짓말하기 때문이 아니라, 그가 말(the words)과 다른 사람들의 현존

16 정화열, 「악의 평범성과 타자 중심의 윤리」, 한나 아렌트, 김선욱 역, 『예루살렘의 아이히만 - 악의 평범성에 대한 보고서』, 한길사, 2017, 37쪽.

17 위의 글, 40쪽.

(the presence of others)을 막는, 따라서 현실 자체(reality as such)를 막는 튼튼한 벽으로 에워싸여 있었기 때문이다.[18]

박근혜와 김기춘은 1970년대의 반공 논리에서 한 걸음도 앞으로 나아가지 못한 채 자신들이 구축한 견고한 이데올로기의 성벽 안에 갇혀 있었다. 박근혜가 했던 이상한 말들, 비논리적인 말들, 비상식적인 말들은 타인의 관점에서 생각하지 못하는 철저한 무능으로부터 비롯된 것이다. 그에게 어떤 소통을 기대하기란 애초부터 글러 먹은 일이었다. 김기춘 역시 마찬가지였다. 유진룡 전 문체부 장관이 블랙리스트에 반발하고, 문체부 직원 몇몇이 블랙리스트 이행 지시를 잘 따르지 않고, 청와대 비서관들이 이따금 블랙리스트의 부당함을 설명해도 김기춘에게는 이미 '소통 불가'의 장막이 드리워져 있었다.

아이히만은 자신이 수행했던 일들을 범죄로 인식하지 못해 법정에서 당당하고 의기양양했다고 한다. 김기춘 역시 블랙리스트의 실행을 매우 떳떳하게 자부하며 심지어 자신에게 불리한 증언을 하는 이들에게 사상검증 차원의 질문들을 퍼붓고 있다. 그는 어쩌면 실형을 선고받고도 자신이 믿는 정의를 실현하려다 종북 좌파들에 의해 억울하게 단죄받는다고 생각할지 모른다. 또 '박사모'와 '태극기 부대'는 박근혜와 김기춘이 좌파 척결을 위해 매진하다 순교한다고 생각할 것이다.

아이히만은 법정에서 제 3제국에서는 총통의 말이 법적 효력을 가지고 있었다는 것을 설명하기 위해 매우 애썼다고 한다. 김기춘에게 박근혜의 '말'은 곧 '법'이었고 김기춘은 법의 성실한 집행자였다. 아이히만과 김기춘이 다른 점은 김기춘이 단순히 법의 실행자에 그치지 않고

---

18 한나 아렌트, 앞의 책, 106쪽.

상관인 박근혜와 함께 자신들만의 법을 공고히 하기 위해 철저히 '공모'했다는 것이다. 김기춘은 블랙리스트의 실행 과정에서 결코 사악한 동기를 갖지 않았다고 믿을 터이다. 그는 오히려 악한 좌파를 배제하고 선한 우파를 지원하기 위해 '선한 의지'를 지니고 있었다고 주장할지 모른다.

블랙리스트 사태 2심 판결의 의미

2000년, 민주화를 위한 전국교수협의회 활동 - 국가보안법 폐지서명 등
동명이인 확인 후 조치할 것
제외할 것
자체확인 및 12명 제외조치 완료 보고
간이확인: 이상 없음
자체확인 결과 2명 제외, 나머지 3명 진행 - k
임수경 방북지지, 친노, 노무현추모공연기획, 남편 한겨레 활동 등
2009소고기반대 시국선언 1건
대운하 반대
현정부 우호적 활동가로 양해됨
지원중단시 국제적 불신 초래, 연극계원로들의 거센 반발 예상
심사 제외
국가보안법 비판
대표 개인의 활동이 문제되며
절대 안 됨
자체 판단
이력 파악 후 판단
정치적 인물
대사관 요청사항
단순 가담
특이사항 없음
그냥 할 것
제외하고 진행키로 함

차기부터 없앨 것
개폐회식 안 됨
추후 제외할 것
특이 없음
간이확인
정치활동
의심사례, 가능한 안 하는 것으로
각종 시국선언

블랙리스트 사태 2심 판결의 의미*

블랙리스트 사태의 2심 판결 직전에 김재엽 연출가의 제안으로 블랙리스트 관련 범죄자들에게 법정 최고형을 촉구하는 서명운동이 있었다. 단 며칠 만에 연극계를 중심으로 한 문화예술인 393명이 서명하여 2018년 1월 19일에 공동 선언문을 낸 바 있다. 공동선언문은 "1심의 무책임한 판결이 공무원들의 피해자 행세를 부추기고 정부와 법원에 대한 현장예술가들의 불신을 가중시켰다"면서 "공무원이 국민 전체를 위해 봉사하도록 규정하고 있는 대한민국 헌법을 정면으로 부정하는 판결"이라고 비판했다.[1]

1월 23일에 김기춘, 조윤선 등에 대한 항소심 판결선고가 있었다. 서울고법 형사 3부(부장판사 조영철)는 김기춘 전 대통령 비서실장에게 1심보다 무거운 징역 4년을 선고했다. 1심에서 집행유예로 풀려났

---

* 「블랙리스트 2심 판결의 의미, 이제 시작이다!」, 『연극평론』 2018년 봄.

1 문화예술인 393명 '블랙리스트 2심, 법정 최고형 선고해야', 머니투데이, 2018. 1.19. 참조. 〈https://news.mt.co.kr/mtview.php?no=2018011913384334543〉 (검색일: 2021.8.16.)

던 조윤선 전 문화체육관광부(이하 문체부) 장관에게는 징역 2년을 선고했다. 김종덕 전 문체부 장관에게도 징역 2년이 선고됐다. 그리고 피고인들과 특검은 일제히 대법원에 상고하였다. 이제 최종 형량은 대법원에서 확정될 것이다.

박근혜 전 대통령은 공모공동정범

2심 판결에서 가장 주목해서 봐야 할 부분은 박근혜 전 대통령을 블랙리스트 사태의 '공모공동정범'으로 규정했다는 점이다. 1심 판결은 "문화예술계가 좌편향 되어 있어 이에 대한 시정이 필요하다는 대통령의 인식에 따라 청와대 내에서 '좌파배제, 우파지원'의 기조가 형성된 것으로 보이고, 피고인들이 문화예술계 개인·단체에 대한 지원배제 범행을 실행하기 전, 또는 실행할 당시 이와 관련하여 대통령이 청와대 또는 문체부에서 작성된 보고서의 내용을 직접 또는 간접적으로 보고받았을 개연성이 매우 크다고 할 것이며, 문화예술계 지원사업과 관련하여 대통령이 교문수석 또는 문체부 장관에게 직접 지시를 내리기도 하였음을 알 수 있다"고 전제하였다. 그러나 "대통령은 보수주의를 표방하여 당선되었고 보수주의를 지지하는 국민들을 그 지지기반으로 하고 있는데, 문화예술계 지원사업과 관련하여 '좌파에 대한 지원 축소와 우파에 대한 지원확대'를 표방한 것 자체가 헌법이나 법령에 위반된다고 볼 수는 없다"[2]면서 박근혜 전 대통령의 공모관계를 인정하지 않았다.

---

2 서울중앙지법 2017.7.27. 2017고합102.

이러한 1심 판결은 문화예술계를 비롯하여 많은 국민들의 공분을 불러일으켰다. 이는 보수를 표방하는 대통령이 당선되면 좌파에 대한 지원을 배제해도 되고, 진보를 표방하는 대통령이 당선되면 우파에 대한 지원을 배제해도 된다고 읽힌다. 즉 정치권력의 성향과 기호에 따라 청와대가 예술지원의 대상과 범위를 멋대로 재단할 수 있다는 논리에 다름 아니다. 이는 민주주의에 입각한 대한민국 헌법의 근간에 심각하게 위배된다. "대선과정에서야 특정 정치기반의 지지를 받는다손 치더라도 대통령으로 당선된 이후는 특정 이념을 지지하는 국민의 분파에 기반을 두고 있다 할 수 없을뿐더러 자의적·상대적 정치개념인 좌파/우파를 기준으로 배제와 지원을 지시하는 것은 명백히 위헌적 차별행위다."[3]

2심 재판부는 1심 재판부의 허약한 논리를 정면으로 반박하면서 블랙리스트 사태가 명백히 '위헌'임을 강조하였다.

> 우리 헌법은 자유민주적 기본질서를 그 근본 가치로 삼고 있다(헌법 전문, 제 4조). 즉 헌법은 전체주의적 국가를 지양하고, 자유평등의 기본원칙을 바탕으로 하는 국민의 자치에 의한 국가 형성을 지향하는 것이다. 이러한 자유민주적 기본질서는 사상의 다원성을 그 뿌리로 하고, 사상의 다원성은 개인의 표현의 자유, 예술의 자유와 같은 정신적 기본권의 보장을 근간으로 하고 있다. 이는 자율성과 다원주의를 추구하는 헌법상 문화국가원리와도 맞닿는다. <u>이러한 헌법상 원리들을 배경으로 볼 때 정부가</u>

3 유승익, 「국가범죄로서의 블랙리스트 사태의 위헌성」, 더불어민주당 정책위원회·국회 교육문화체육관광위원회 주최, '문화계 블랙리스트 사태, 국회의 책무는 무엇인가'(문화예술계 적폐청산과 문재인 정부 국정과제 이행을 위한 정책 토론회), 2017.9.27, 국회도서관 소회의실.

자신의 이념적, 정치적 지향에 따라 문화·예술에 대한 심판자로 나서서 그에 대한 지원 여부를 결정할 수 없음은 자명하다. 자유민주적 기본질서를 부정하지 않는 한 문화에 옳고 그름이란 있을 수 없다. 정부가 자신과 다른 견해를 표현하는 문화를 억압하거나 그에 대한 차별적 대우를 하는 순간 자유민주주의의 길은 폐색되고 전체주의 국가로의 문이 열린다.[4] (밑줄 필자)

2심 재판부는 헌법을 수호해야할 대통령과 그 참모진의 수장인 비서실장이 자신들과 다른 사상이나 견해를 가지고 있는 예술가들을 지원에서 배제하기 위해 막대한 권력을 남용, 치밀하게 계획을 세우고 실행하면서 위헌적이고 위법한 행위를 수행했다고 준엄하게 꾸짖었다. "그로 인하여 문화예술계에 종사하는 다수의 인사들이 금전적으로 고통이나 불이익을 받았을 뿐 아니라 사상검증을 받는 것에 비견할 만한 모멸감을 느꼈을 것임은 자명하다"라는 대목에 이르러서는 뜨거운 무언가가 울컥 치밀어 오른다.

1심 재판부를 비롯하여 아직도 많은 사람들이 블랙리스트 사태를 단순한 지원배제 사건으로 오해하고 있다. 2심 재판부는 블랙리스트 사태가 금전적 불이익을 넘어서 국가가 검열을 통해 표현의 자유를 옥죄며 얼마나 심각하게 예술가들을 모독했는지를 분명히 밝혔다. 이는 "문화에 대한 가장 노골적인 도발이자, 다수자의 권력으로 소수자의 자유와 권리를 본질적으로 침해한다는 의미에서 헌법이 추구하는 민주적 기본 질서에 정면으로 반하는 행위였던 것이다."[5] "블랙리스트 사태는

4 서울고등법원 제3형사부, 2017노2425, 2017노2424(병합).

5 한상희, 「블랙리스트 방지 법제도 연구」, 블랙리스트 재발방지를 위한 제도개선 방안 컨퍼런스 (자료집), 문화예술계 블랙리스트 진상조사 및 제도개선위원회,

개별적 기본권과 개별 헌법원칙, 개별 법률만을 위반한 사안이 아니라 헌법의 기본정신을 의도적이고도 근본적으로 부정한 범죄이며, 국가적 차원에서 조직적으로 자행된 범죄, 즉 국가범죄다."[6]

2017년 12월 20일에 '블랙리스트 진상조사 및 제도개선위원회'(이하 블랙리스트 진상조사위)가 발표한 활동 중간보고에 의하면 2016년 8월 31일부터 11월 30일까지 위원회에 접수된 조사신청 및 제보는 175건에 이른다. 또, 블랙리스트 진상조사위가 확인한 사찰명단은 1만 1천여명에 이른다. 이는 기존에 알려진 9,473명(세월호, 문재인, 박원순 지지 서명) 외에 이명박 정부 당시 용산참사 시국선언 등 각종 성명서를 활용한 리스트를 추가한 숫자이다. 당초 청와대와 국정원, 문체부 등은 1만 1000개의 좌성향 인사와 단체 명단을 DB로 구축, 블랙리스트로 활용(청와대 '문제단체 조치내역 및 관리방안' "[DB운영으로 지속감시] 3천 개의 문제단체(좌파단체, 불법시위 참여 등)와 8천 명의 좌편향 인사(문재인, 민노당지지 등) DB구축, 지속보완")했다. 또 정관주 전 문체부 1차관은 재판에서 "정무수석실에서 주관하는 '민간단체 TF' 문건이 있었다. 여기에는 불법시위 참여 등 좌파 단체 3천 개, 3천 명의 좌편향 인사 등 지속적으로 구축된 데이터베이스가 있었고, 신동철은 '2만 명의 데이터베이스가 있다'고 말했다"고 진술했다. 출처는 대부분 국정원으로 파악되는데 이는 국정원이 국정원법을 어기고 정치개입 및 민간사찰 등을 해왔다는 증거이기도 하다.[7] 즉 문화예술계 블랙리스트 사태는 전 국민을 대상으로 한 광범위하고도 지속적인 민간인 사찰의

2018.1.17.~18, 국립현대미술관 서울관.

6 유승익, 앞의 글.

7 문화예술계 진상조사 및 제도개선 위원회, 2017.12.20. 보도자료.

한 부분이었던 것이다. 최근 사법부 블랙리스트 사태나 과학계 블랙리스트 사태에서도 보듯이 이명박·박근혜 정권은 그들의 정책기조에 반대하거나 비판적인 입장에 서있는 개인 및 집단을 엄청난 규모의 블랙리스트로 관리해 온 것이다. " '모든 정치적 견해들'이 아니라 특정한 정치적 견해들만을 선호하면서 나머지의 정치적 견해들은 곧장 국가적 영역 바깥으로 배제해 버리고 이를 통해 그들의 사회적 도태 내지는 문화적 소멸까지 도모"[8]했던 것이다.

조윤선 전 문체부 장관에 실형 선고

1심 재판부는 조윤선 전 문체부 장관에 대해 블랙리스트와 관련한 혐의들을 전부 무죄로 판결하고, 국회에서의 위증 부분만 유죄로 인정한 바 있다. 일례로 '문예기금 진원심의 등 부당개입'에 관한 부분만 살펴보자.

> 박준우 정무 수석 재임 당시 민간단체 보조금 TF가 운영되고 문제단체 조치내역 및 관리방안 보고서가 작성되었으며, 그 후 정무수석실 소통비서관이 교문수석실 문체비서관으로부터 문예기금 등 지원신청자 명단을 받아 좌파 또는 정부에 반대하는 개인·단체를 선별하여 지원에서 배제하도록 하는 행위를 한 사실이 인정되고, 정무수석실에서 문체부의 문예기금 지급 문제 등에 관해 의견을 개진하고 점검을 한 것으로 의심되는 사

8 한상희, 「문화국가 원리와 문화계 블랙리스트」, '문화계 블랙리스트 사태, 국회의 책무는 무엇인가' 토론회.

정이 일부 인정되기는 하지만, 이를 근거로 조윤선이 정무수석으로서 신동철, 정관주 비서관이 문예기금 등 지원배제에 관여하는 것을 지시하거나 이를 보고받고 승인하는 등 기능적 행위지배를 담당하였다고 인정하기는 어렵고, 달리 증거가 없다.

이러한 판단은 당시 사실관계에서 많은 모순이 있다고 지적되었다. "피고인 김상률도 피고인 김소영으로부터 문예기금 등 지원사업과 관련하여 정무수석실의 스크린을 받는 시스템 자체는 보고받았음을 인정하고 있고"라고 하여 2015년 문예기금 지원배제 과정에 "정무수석실의 스크린을 받는 시스템"이 작동되었고, 그에 따라 지원배제가 이루어졌음을 확인하였다.[9] 2015년 문예기금에 대한 공모는 2014년 10월경 공고가 나가 2014년 11월 중순경까지 총 959명이 지원을 접수한 상태였는데 이 때는 조윤선이 정무수석으로 재직(2014.6~2015.5)하고 있었다.

항소심 판결에서 조윤선이 실형을 선고받게 된 데는 주요 증인의 진술 번복 및 청와대에서 발견된 캐비닛 문건이 결정적으로 작용했다. 조윤선 전 정무수석의 선임자인 박준우 전 정무수석은 2017년 1월 특검 수사에서 "민간보조금 TF에 대해 설명해줬더니 조 전 수석의 표정이 어두워졌다"고 진술했다가 2017년 5월 1심 법정에 나와서는 "사실 기억이 확실치 않다. 조 전 수석이 인수인계를 받지 않았다고 한다면 안 한 게 맞을 것이다"고 말했다. 이는 1심 재판부가 조 전 수석의 블랙

9 하주희, 「'문화계 블랙리스트' 1심 판결의 분석과 과제」, 블랙리스트 1심 판결을 다시 묻다 "조윤선 과연 무죄인가", 적폐청산과 문화민주주의를 위한 문화예술대책위원회·민주사회를 위한 변호사 모임·참여연대 공익법센터, 2017.8.4, 프란치스코 교육회관.

리스트 관련 혐의를 무죄로 판단하는 주요 근거로 활용되었다. 그러나 박 전 수석은 2017년 11월 28일 항소심 법정에서 재판부가 "좌파 단체에 대한 국가보조금 지원이 문제가 돼 '민간보조금 TF가 꾸려졌다. 관련 업무를 정무수석실이 담당해야 한다'고 조 전 수석에게 말한 것이 맞냐"고 묻자 "그렇다"고 답했다. 뿐만 아니라 보수단체 지원 등 화이트리스트 관련 업무로 조 전 수석에게 이야기했다고 주장했다. 박 전 수석은 "좌파단체 배제와 우파단체 지원은 (박근혜 전) 대통령과 (김기춘 전) 비서실장이 관심을 갖고 있는 일이니 챙겨야 한다고 말 한 것이 맞다"고 증언했다.[10]

박준우 전 수석이 진술을 번복한 것은 2017년 8월 청와대 정무수석실 캐비닛에서 새로운 증거들이 쏟아져 나옴에 따라 더 이상 조윤선 전 수석의 혐의를 부인하기가 어려웠기 때문으로 보인다. 항소심에서는 심지어 정무수석실이 블랙리스트 범행을 '주도'한 사실이 새롭게 인정됐는데 그 주요한 근거는 청와대 정무수석실 캐비닛에서 발견된 수석비서관 회의 문건 254건이었다. 재판부에 따르면 2015년 3월 25일자 실수비(대통령 비서실장과 수석비서관들의 회의) 회의결과 문건에는 김기춘 전 비서실장이 '민정수석, 정무수석, 교문수석'을 지목해 좌파에 대한 정부 보조금 지원 현황을 확인하라고 지시한 내용이 담겨있다. 정무비서관실에서 발견된 '비서실장 지시사항 이행 및 대책'이란 제목의 문건에는 '종북세력 척결' '보조금 지원배제 업무' 등 내용이 적혀있었다. 재판부는 이같은 문건을 근거로 조 전 장관이 전임자인 박준우 전 수석으로부터 업무를 인수인계 받았고 신동철 소통비서관에게 꾸준

10 「'진술번복' 박준우 전 수석, 조윤선과 오늘 또 '진실게임'」, 중앙일보, 2017.11.30. 참조. 〈https://news.joins.com/article/22163662〉 (검색일: 2021.8.16.)

히 업무보고를 받았다고 판결했다.[11]

조윤선은 항소심을 통해 블랙리스트 혐의가 입증되었을 뿐 아니라 화이트리스트에 대한 혐의도 한층 짙어졌다. 특히 2014년 10월 2일 실수비를 기록한 문건에는 김기춘 전 대통령 비서실장이 홍성담 화가의 그림 전시 차단, 다이빙벨 영화 상영 차단 등 사안에서 성과를 내고 있다며 당시 정무수석인 조 전 장관을 칭찬했다고 적혀 있다. 또한 친정부·보수단체 지원명단(화이트리스트) 사건으로 재판을 받고 있는 허현준 전 행정관이 2015년 6월 보수성향 시민단체인 차세대문화인연대(차문연) 대표 최모씨에게 발송한 이메일을 보면 '우리 수석께서 부산국제영화제 다이빙벨 상영 당시 차문연을 보면서 저 단체를 도우라고 하셨다'는 내용이 있다. 허 전 행정관은 당시 정무수석실 산하 국민소통비서관실에서 근무 중이었고 당지 정무수석은 조 전 장관이었다.[12]

화이트리스트에 대한 재판은 이제 막 본격화되고 있다. 2018년 2월 7일 서울중앙지법 형사합의 27부(김진동 부장판사)의 심리로 열린 허현준 전 청와대 국민소통비서관실 행정관의 재판에 이용주 전 전국경제인연합회(전경련) 사회공헌본부장이 증인으로 출석했다. 그는 작정한 듯 허 행정관이 전경련에 '어버이연합' 등 보수단체 지원을 늘리도록 압박한 내용을 생생하게 증언했다. 이 전 본부장은 "아래 직원이 허 전 행정관에게 보수단체 지원현황을 분기별로 보고했다", "청와대가 요구한 보수단체 지원금은 40억이었는데 우리 사정이 어려우니 20억으로

---

11 「조윤선 옭아맨 3개의 靑 문건」, 헤럴드 경제, 2018.1.24.참조. 〈http://news.heraldcorp.com/view.php?ud=20180124000361 (검색일: 2021. 8. 16.)

12 「블랙리스트 재판 2라운드 끝… 조윤선 옥죄는 3가지 증거」, 머니투데이, 2017. 12.19. 참조. 〈https://news.mt.co.kr/mtview.php?no=2017121909258233 210〉 (검색일: 2021.8.16.)

줄여주시면 안되겠느냐고 보고 드렸다가 보고하고 온 이들이 '깨졌다'고 했다." 검찰은 2014~2016년 사이에 33개 친정부 성향 보수단체에 69억원을 지원한 배후에 박근혜 정부가 있었던 걸로 보고 있으며, 이와 관련하여 박준우·조윤선·현기완 전 정무수석들과 관련 비서관들을 재판에 넘겼다.[13]

항소심 재판부가 조윤선에게 징역 2년의 실형을 선고한 주요 내용은 다음과 같다.

> ① 피고인 김기춘의 지시에 따라 2014.4.경 청와대 내에서 정무수석실의 주도로 '민간단체보조금 TF'를 진행하여 2014.5. 말경 '문제단체 조치내역 및 관리방안' 보고서를 작성, 정무수석실은 이를 피고인 김기춘 및 박근혜 대통령에게 보고한 사실, ② 위 TF는 문화예술계 등에서 좌파 또는 정부에 반대하거나 정부를 비판하는 개인·단체에 대한 정부 보조금 지원을 차단·배제하기 위하여 진행한 것이고, 위 보고서는 그 결과물로서 그와 같은 지원배제의 계획과 방안을 마련하고, 향후 정무수석실에서 '좌파 등의 명단을 지속적으로 관리, 보완하여 그들에 대한 보조금 지급이 이루어지지 않도록 감시'하겠다는 내용인 사실, <u>③ 피고인 조윤선은 2014.6. 경 정무수석으로 부임하는 과정에서 박준우 전임 정무수석으로부터 업무 인수인계를 받고 신동철 소통비서관으로부터 업무보고를 받음으로써 위와 같은 '문제단체 조치내역 및 관리방안' 보고서의 핵심적인 내용을 인식하고 수용한 사실, ④그 후 2014.11. 경부터 정무수석실에서 교문수석실의 요청에 따라 지원배제 대상자를 선별하기 위한 명단 검토가 반복하여</u>

13 「초반, 블랙리스트 폭풍 이을 조짐 보이는 '화이트리스트' 재판」, 아시아경제, 2018.2.8. 참조. 〈http://view.asiae.co.kr/news/view.htm?idxno=2018020809385607255〉 (검색일: 2021.8.16.)

이루어진 사실, ⑤ 2015.3. 경 정무수석실에서는 위 '문제단체 조치내역 및 관리방안' 문건에 첨부된 지원배제 대상 명단을 교문수석실을 통하여 문체부에 하달하여 과거 지원 내역을 파악하도록 지시하기도 한 사실, ⑥ 피고인 조윤선은 위와 같은 정무수석실의 이 사건 지원배제에 관한 업무에 관하여 인식하고 정무수석으로서 그에 관한 자신의 역할을 수행한 사실이 인정됨. 이를 종합할 때 피고인 조윤선은 문예기금 등 지원배제 공소사실에 대하여 공모공동정범으로서의 책임이 인정됨. (밑줄 필자)[14]

블랙리스트 진상조사의 현황과 난제들

2017년 7월 31일, 민관합동 체제로 발족한 문체부 '블랙리스트 진상조사 및 제도개선위원회'(이하 블랙리스트 조사위)는 당초 6개월 기한이었던 조사 기간을 연장하여 2018년 6월까지 진상조사를 이어나가기로 했다. 200여 건에 육박하는 신청조사 사건과 직권조사 사건을 일일이 조사하는데 물리적으로 시간이 부족할 뿐 아니라 끊임없이 제보가 이어졌기 때문이다.

문재인 정부의 '1호 국정과제'는 '적폐의 철저하고 완전한 청산'이다. 문재인 정부는 출범과 함께 국정농단의 실태를 파악하기 위해 부처별 TF팀을 꾸리면서 특히 '문화계 블랙리스트' 사건의 진상을 규명해 백서 제작과 재발방지책을 마련할 계획이라고 밝힌 바 있다.[15] 도종환 무체

---

14 서울고등법원 제3형사부(재판장 조영철 부장판사), 2017노2425, 2017노2424(병합), 2018.1.23.선고 보도자료.

15 「적폐청산, 최우선 과제 추진… 1호 최순실·2호 청렴위 설치」, 한겨레, 2017.7.19. 〈https://www.hani.co.kr/arti/politics/assembly/803517.html〉 (검색일: 2021.8.16.)

부 장관 역시 취임 일성으로 "다시는 블랙리스트가 존재하지 않는 사회를 만들겠다"고 다짐했다. 그러나 블랙리스트 진상조사는 현재 심각한 난항에 봉착해 있다. 원래부터 블랙리스트 진상조사위는 문체부 장관의 훈령 조직이라서 조사권 없이 문체부 산하기관의 협조 체제로 조사가 진행되고 있었는데 국회에서 자유한국당의 주도로 2018년도 활동 예산을 통과시켜 주지 않았다. 블랙리스트 조사위는 전문위원(조사관)들의 월급을 겨우 지급하는 수준에서 근근이 조사를 이어나가고 있다. 민간위원들은 회의비를 아끼기 위해 회의를 최소화하거나 회의비 없이 회의를 진행하고, 제도개선 관련 각종 토론회 등에서는 사회자들이 사례비까지 반납해가면서 임무를 완수하기 위해 사력을 다하고 있다.

가장 큰 문제는 백서발간이다. 백서발간 예산은 원칙적으로 '제로' 상태라 할 수 있다. 새 정부의 국정과제 1호는 국회로부터 백서 하나 제대로 만들 예산을 인준 받지 못해 백서발간 작업이 중단될 위기에 놓여있다. 우리는 벌써 블랙리스트 사태에 대한 긴장의 끈을 놓아버렸는지 모른다. 항소심 판결에서 조윤선까지 감옥으로 보냈으니 이제 할 만큼 했다고 생각하는 이들이 있을지도 모르겠다.

'블랙리스트 타파와 공공성 확립을 위한 연극인 회의(블랙타파)'는 항소심 판결에 대한 성명서(2018.1.24.)에서 "이제 시작일 뿐"이라고 못 박았다. 블랙타파의 성명서 일부분을 인용하며 이 글을 맺는다.

> 하지만 이제 시작일 뿐이다. 공동정범들은 또다시 항소할 것이고 국민들은 불안한 마음으로 판결을 지켜봐야 할 것이다. 마음을 놓아서는 안된다. 상식과 정의를 확립하기 위해서는 더 철저한 진상조사와 책임자 처벌을 해내야 한다. 하지만 그 길이 순탄치만은 않다. 아직도 블랙리스트 진상조사는 반도 이루어지지 않았지만 국회에서는 진상조사위의 예산을

전액 삭감해버렸다. 그 여파로 진상조사와 백서발간 작업까지 차질을 빚고 있다고 한다. 아무리 자유한국당의 패악질 때문이라고 하더라도 촛불정권에서 있을 수 없는 일이 일어난 것이다. 그리고 검열에 관여한 국가기관이나 예술기관에서 공식적인 사과문조차 발표하지 않은 곳이 많고, 기관별 진상조사 TF 역시 요식행위로 끝날 조짐들이 곳곳에서 보이고 있다. 주요 부역자들도 여전히 건재하다. 연극계 내에서도 마찬가지다. 진상조사위 발표에 부역행위가 명백히 드러났는데도 사과는커녕 끝까지 자신의 행위를 합리화하고 자리를 보전하고 있는 나쁜 선생들이 있다. (중략) 현장예술인들이 현업에 집중하느라 침묵하고 있지만 블랙리스트 사건을 잊은 게 아니다. 진상조사위의 활동을 믿고 조용히 지켜보고 있을 뿐이다. 그리고 정의로운 백서를 기다리고 있는 것이다.

왜 국가예술위원회인가

2000년, 민주화를 위한 전국교수협의회 활동 - 국가보안법 폐지서명 등
동명이인 확인 후 조치할 것
제외할 것
자체확인 및 12명 제외조치 완료 보고
간이확인: 이상 없음
자체확인 결과 2명 제외, 나머지 3명 진행 - k
임수경 방북지지, 친노, 노무현추모공연기획, 남편 한겨레 활동 등
2009소고기반대 시국선언 1건
대운하 반대
현정부 우호적 활동가로 양해됨
지원중단시 국제적 불신 초래, 연극계원로들의 거센 반발 예상
심사 제외
국가보안법 비판
대표 개인의 활동이 문제되며
절대 안 됨
자체 판단
이력 파악 후 판단
정치적 인물
대사관 요청사항
단순 가담
특이사항 없음
그냥 할 것
제외하고 진행키로 함
차기부터 없앨 것
개폐회식 안 됨
추후 제외할 것
특이 없음
간이확인
정치활동
의심사례, 가능한 안 하는 것으로
각종 시국선언

왜 국가예술위원회인가*

2018년 5월 8일 '블랙리스트 진상조사 및 제도개선위원회'(이하 블랙리스트 조사위)는 '진상조사 및 제도개선 결과 종합 발표'를 시행하였다.[1] 제도개선 권고 중에서 가장 주목을 끈 부분은 현재의 '한국문화예술위원회'를 대체하는 '국가예술위원회'의 설립이다. 국가예술위원회는 종합발표 이전의 여러 토론회에서도 가장 뜨거운 논란거리였다.

국가예술위원회는 현재의 한국문화예술위원회(이하 예술위)보다 훨씬 높은 위상을 갖는 예술행정의 최상위 기구로서 국가인권위원회나 방송통신위원회에 비견되는 지위를 지향한다. 국가예술위원회 설립을 권고하는 기본 취지는 예술정책과 예술행정의 독립성을 강화하는 정책 방향 및 행정구조를 수립하기 위함이다. 여기서 '국가'는 '국가주의'에 입각한 것이 아니라 오히려 국가권력의 감시나 통제로부터 벗어나 자

* 『연극평론』 2018년 여름.

1 문화예술계 블랙리스트 진상조사 및 제도개선위원회, '진상조사 및 제도개선 종합 발표', 2018.5.8., 국립현대미술관 서울관 1강의실.

율적인 예술행정을 펼쳐나가기 위해 어떤 행정부서에도 종속되지 않는 국가기구로서의 의미를 갖는다.

예술위 혁신, 어디서부터?

국가예술위원회의 설립은 예술가들이 소망하는 예술행정 혁신의 궁극적 이상향일 수 있다. 그러나 국가예술위원회가 설립되기 위해서는 관련 법 정비 등 넘어야 할 산이 한두 가지가 아니다. 무엇보다 국가예술위원회가 설립되면 문화체육관광부(이하 문체부)의 가장 중요한 부서인 문화예술정책실의 주요 업무들이 국가예술위원회로 이관되어야 한다. 국가예술위원회의 설립과정에서 문체부의 저항이 가장 거셀 것임이 명약관화하다.

국가예술위원회 설립에 관한 논쟁은 이제 막 불 붙었고, 여러가지 장애물들에 가로막혀 있다. 국가예술위원회는 끝내 설립되지 않을 수 있고, 설립된다 해도 꽤 오랜 시일이 소요될 것으로 보인다. 이 글에서는 국가예술위원회 설립을 제안하게 된 배경을 검토해 봄으로써 최우선적으로 해결되어야할 예술행정의 혁신방안을 모색해보고자 한다.

블랙리스트 조사위가 국가예술위원회를 제안한 가장 큰 이유는 현 예술위가 박근혜 정권하에서 블랙리스트를 가장 많이 실행한 기관으로 처참하게 전락했었기 때문이다. 예술위가 실행한 블랙리스트 범죄는 김기춘, 조윤선 등 판결문을 통해 확인된 것이 344건, 감사원 감사결과 보고서를 통해 확인된 것이 364건, 블랙리스트 조사위가 확인한 것은 650건(2018년 1월까지 조사 기준, 개인 495명, 191개 단체)에 이른다.

예술위가 청와대와 문체부의 블랙리스트 실행 압력에 쉽게 굴복할 수밖에 없었던 이유는 일차적으로 문체부의 산하기관이라는 수직적 구조 속에 놓여있기 때문이다. 블랙리스트의 실행 구조는 대체로 청와대와 국정원이 지속적으로 배제리스트를 공유하며 문체부를 통해 산하기관들에 배제 지시를 하달하는 방식으로 작동되었다.

문체부로부터 하달 받은 블랙리스트를 예술위가 실행하는 과정은 매우 집요하고 철저했다. 청와대는 애초에 블랙리스트 실행에 비협조적일 것 같은 심의위원들을 배제시키라고 지시했다. 심의 과정에서는 1단계로 전에 없던 까다로운 심의 기준들을 만들어 블랙리스트 단체나 개인이 자동탈락하는 것을 유도하고, 그래도 살아남을 경우 2단계에서는 심의위원 중 일부를 설득하거나 아예 심의위원과 사전공모하는 방법을 택했다. 심의 현장에서 예술위 직원들이 노골적으로 배제 리스트를 불러주기도 했다. 그래도 처리가 안되면 마지막 단계에서는 위원회가 직접 배제하기도 했다. '2015 아르코문학창작기금' 사건이 대표적인 경우이다.

2018년 4월 13일 블랙리스트 조사위가 발표한 보도자료에서 '팝업씨어터' 사건은 직원들에게 배제 기제가 내면화되어 가장 끔찍하게 블랙리스트를 실행한 단적인 예라고 할 수 있다. 팝업씨어터 사건은 2015년 10월 17일부터 18일까지 대학로예술극장 내 카페씨어터에서 진행된 '팝업씨어터' 프로그램의 첫 번째 작품 〈이 아이〉가 세월호를 연상시킨다는 이유로 예술이 직원들이 조직적으로 공연을 방해한 사건이다.

> 진상조사위 조사결과, 10월 17일 '이 아이' 1회 공연을 본 당시 예술위 문화사업부장은 "이거 세월호 얘기 아니야? 노스페이스랑 수학여행이 왜 나와?"라며 담당직원에게 말하는 한편 공연예술센터장에게 전화를 해 "공연 대사 중에 수학여행, 노스페이스 등이 나온다"고 보고했다.

문화사업부장은 예술위 경영전략본부장에게도 같은 보고를 했으나 '공연예술센터장과 알아서 협의해라'는 말에 공연예술센터장 등과 내부 회의를 갖고 '공연 취소', '공연 방해' 등 자체적인 대책을 논의했다. 회의가 끝난 후 문화사업부장은 담당직원에게 공연취소를 지시했으나 담당직원은 이를 거부하였다.

결국 공연취소가 여의치 않자 다음 날인 10월 18일 2회 공연 시작 전, 공연예술센터 센터장은 직원들과 함께 "카페 운영을 평상시대로 하겠다"면서 테이블과 의자를 원상복구하는 한편 배우들의 등퇴장로에 커다란 테이블을 놓고 동선을 차단했다. 공연 중 죽은 아이가 누워있는 공간으로 설정된 테이블도 원래 장소에서 치웠다.[2]

예술가들의 자유로운 창작활동을 보장하고 지원해 주어야할 예술위 직원들이 단지 세월호를 '연상' 시킨다는 이유로 자체 모의를 거쳐 공연을 결사 저지하는 만행을 저질렀다. 당시 A문화사업부장은 "나쁜 의도 없이 행한 실수"라고 사과문을 올린 바 있으나 이 사과문마저 문체부 예술국의 '검열'을 거쳤다고 한다. 이 사건이 공론화 된 후 예술위는 자체 진상조사를 진행하였으나 '공연방해는 없었다'고 허위 보고서를 작성하기까지 했다. 보고서를 허위로 작성한 이유에 대해서는 "국정농단 사건이 터지기 전까지 문체부나 예술위는 블랙리스트를 공식적으로 부정하였기 때문"이라고 했다. 예술위는 블랙리스트 실행에 있어 문체부의 꼭두각시, 문체부의 하수인에 지나지 않았다.

2 「박근혜 정부, 세월호 연대한 문화예술인에 '집요하고 끈질긴 탄압'」, 블랙리스트 진상조사위 보도자료, 2018.4.13.

예술위 독립성 훼손하는 공공기관 운영법

예술위는 2018년 현재 위원장 1인 포함 15인 이내의 위원으로 구성하도록 되어 있다. 대체로 각 장르를 대표하는 예술위 '위원'은 문체부에서 위촉한 '위원추천위원회'가 공모 후 배수 추천하여 최종적으로 장관이 임명한다. 얼핏 '위원추천위원회'가 위원 선정에 상당한 권한과 역할을 가진 것처럼 보이지만 실제로 위원추천위원회에서는 '공모'의 방법조차 제대로 논의하지 못한다. 정작 '공모'는 문체부가 시행하며 '위원추천위원회'는 공모에 응한 문화예술계 인사들을 대상으로 일종의 배수 추천 '심의'를 진행할 뿐이다. 현재 활동하고 있는 6기 위원들의 선정 결과 발표 당시 그 면면에 대해 예술계에서 비판적인 목소리가 컸고, 특히 여성 위원들이 없는 것에 대해 비난 여론이 일었다. 그러나 공모에 응한 문화예술계 인사들의 숫자가 많지 않았고, 특히 여성의 숫자는 아주 미미했다. 심지어 두 분야는 위원 후보를 배수로 추천조차 하지 못하여 현재까지 공석 중이다.

위원장 역시 문체부 장관이 임명하도록 되어 있다. 6기 위원장에 황현산(문학평론가, 고려대 명예교수)이 임명되어 2017년 12월 1일에 임기를 시작했으나 두 달 만에 건강상의 이유로 사직하였고 오랫동안 위원장도 공석 상태이다. 이 때문인지 영화진흥위원회가 블랙리스트 실행에 대해 적극적인 사과의 뜻을 밝힌 데 비해 예술위는 제대로 된 사과조차 하지 못한 채 위원장 부재가 1년 가까이 이어지고 있다.

심지어 박명진 전 위원장이 2017년 5월 사퇴한 이후 블랙리스트 실행자가 반년 가까이 위원장 직무대행을 맡는 어이없는 상황도 있었다. 블랙리스트 조사위가 2017년 10월 20일에 발표한 보도자료에 의하면 "2015년도 '아르코문학창작기금' 사업에서 오○○ 예술위원이 예술위

담장 직원들과 지원배제 관련 논의를 계속하고 있었음을 보여 준다"고 했다. 당시 문학분야 예술위원은 소설가 오○○이다. 블랙리스트 조사위가 함께 공개했던 2015년 5월 29일자 위원회 회의록에 의하면 오○○ 위원은 '아르코문학창작기금' 심의 지연에 대해 다음과 같이 발언하고 있다.

□ 오○○ 위원

– 이번에 얘기를 들으면서 책임 심의위원이라는 것에 대해서 생각하게 됐습니다. 그런데 어떻게 방법이 없고, 차선책으로 다음 주에 심의위위원회를 다시 개최해서 심의위원들이 논의를 해야 되는 문제들입니다. 내용은 대강 아실 겁니다. 그래서 제 생각에도 다음 달까지 가기에는 너무 길기 때문에 한없이 늘어지니까 결정이 되는 대로 서면으로 통보를 한다거나 의사를 타진하는 것이 어떨까 생각을 합니다.

□ 권영빈 위원장

– 그러면 양해를 해 주시는 걸로 하겠습니다.

주지하다시피 '2015 아르코문학창작기금' 사업은 심의위원들이 끝까지 결과 번복을 거부하자 예술위 위원회에서 최종적으로 30여 명을 무더기로 배제한 가장 대표적인 블랙리스트 실행 사건이었다. 이 사건에 가장 큰 책임을 느껴야할 오○○는 블랙리스트 사태가 만천하에 공개된 이후에도 위원의 직을 유지하다가 위원장 직무대행까지 수행하는 뻔뻔함을 보였다. 문체부 내에서도 이런 사실을 잘 알고 있었을 텐데 아무리 직무대행이라지만 최소한의 검증 없이 인사 절차를 진행한 것은 납득하기 어려운 일이었다.

예술위가 이토록 망가진 가장 주된 이유는 형식적으로 자율성과 독립성을 보장한다면서 문체부 산하기관으로서 철저히 문체부의 지휘와 통제를 받고 있었기 때문이다. 예술위의 정책 및 예산안 결의시 문체부는 절대적인 수정 권한을 갖고 있다. 기본 재산 중 주요 재산을 임대, 매도, 기타 사권을 설정하거나 처분하고자 할 때, 사업 실행에 관련된 기금 세부운용 전반에 대해서도 장관 승인이 필요하다.

예술위의 독립성을 본질적으로 저해하는 법적 근거 중 대표적인 것은 2007년에 제정된 '공공기관 운영에 관한 법률'(약칭 공공기관운영법)이다.

> 제4조(공공기관) ①기획재정부장관은 국가·지방자치단체가 아닌 법인·단체 또는 기관(이하 "기관"이라 한다)으로서 다음 각 호의 어느 하나에 해당하는 기관을 공공기관으로 지정할 수 있다. 〈개정 2008.2.29.〉
>
> 1. 다른 법률에 따라 직접 설립되고 정부가 출연한 기관
>
> 2. 정부지원액(법령에 따라 직접 정부의 업무를 위탁받거나 독점적 사업권을 부여받은 기관의 경우에는 그 위탁업무나 독점적 사업으로 인한 수입액을 포함한다. 이하 같다)이 총수입액의 2분의 1을 초과하는 기관

공공기관운영법은 "기본적으로 경영실적의 관리가 중요하며 이를 위해 조직의 지배구조 투명성 유지 및 자율성 확보를 전제로 하고 있다. 그러나 문체부 산하 공공기관들의 경우 각 공공기관이 주무부처 관련 부서의 집행을 대행하는 정도의 유착도가 있는 경우가 많아 기관장의 자율성이 낮은 경우가 많다. 특히 '중간지원조직'의 역할 즉 민간보조금의 배분과 집행을 담당하는 성격의 기관의 경우 경영실적보다는 운영에 있어서의 민주성, 투명성, 형평성 등이 평가되어야 하는 가장 중요한 가치임에도 불구하고 평가차원에서는 운신의 여지가 좁다."[3]

예술위가 '위원회'임에도 불구하고 위원장을 문체부 장관이 임명하는 이유도 바로 공공기관운영법의 지배를 받고 있기 때문이다. 예술위 위원장의 권위가 철저히 짓밟힌 사례는 유인촌 전 문체부 장관이 예술위 2대 김정헌 위원장을 강제 해임시켰던 일이다.

유인촌은 장관 취임 직후인 2008년 3월 12일 '광화문 문화포럼'(세종문화회관 세종홀)에 참석하여 "이전 정권의 정치색을 가진 문화예술계 단체장들은 스스로 물러나는 것이 자연스럽다"며 사실상 공개적으로 사퇴를 촉구했다. 유인촌 장관의 발언을 시작으로 정은숙 국립오페라단장, 신현택 예술의전당 사장 등이 사임했다. 유인촌은 스스로 물러나지 않는 사람들을 강제로 해임시키기 시작했다. 2008년 12월 유인촌 장관은 김정헌 예술위 위원장을 해임했다. 해임된 김 위원장은 3월부터 12월까지 사퇴압력을 받은 일지를 정리해 '프레시안'에 기고했다. 그 일지에 따르면 김정헌은 문체부 예술국장, 문체부 차관 등으로부터 직간접적인 퇴진 압박을 받았지만 거부했다. 그러자 11월 26일 문체부 감사관실에서 직원 4명이 나와 특별조사를 벌였다. 그 때 감사를 나온 문체부 직원은 "한 건이라도 나올 때까지 끝까지 뒤지겠다. 아마 무사하지 못할 것이다"라고 말했다. 예술위가 수익사업 차원에서 운영하는 뉴서울컨트리클럽의 전무이사와 감사 자리를 문체부 예술정책과장이 찾아와 청탁했다는 내용도 있다.[4]

강제 해임된 김정헌 위원장은 문체부를 상대로 소송을 냈다. 1년이

---

3 홍기원, 「문화행정체계 혁신을 위한 과제: 문화정책에 대한 평가와 환류시스템 개선을 위한 제언」, '블랙리스트 재발방지를 위한 제도개선 방안 컨퍼런스」, 2018.1.17.~18, 국립현대미술관 서울관 1강의실.

4 「문화부 산하 기관장 싹 갈렸네」, 서울신문, 2009.2.25. 참조. 〈https://go.seoul.co.kr/news/newsView.php?id=20090225025010〉 (검색일: 2021.8.16.)
「유인촌의 문화예술계 숙청 전말」, 주간경향, 805호, 2008.12.18. 참조.

지난 2009년 12월 16일, 서울행정법원 행정 11부(서태환 부장판사)는 "문화부가 2008년 12월 5일 김 전 위원장에 대해 한 해임처분을 취소하라"고 판결했다. 2010년 1월 26일, 서울행정법원 행정 12부(장상균 부장판사)는 김 전 위원장이 문체부를 상대로 낸 해임처분 집행정지 신청에서 "해임 처분에 대한 본안 소송의 판결 확정까지 해임처분 집행을 정지한다"고 결정했다. 김 전 위원장은 2월 1일부터 예술위 출근을 강행했다. "이 정부가 하도 법치, 법치하니까 자신도 법원의 결정에 따르겠다"고 했다. 한 지붕 아래 두 기관장이 존재하는 코미디가 벌어졌던 것이다.

문체부 위에 기재부, 'e나라도움'은 블랙리스트 실행의 도구?

공공기관운영법의 시행 주체는 기획재정부(이하 기재부)이다. 공공기관운영법은 공공기관의 자율책임 경영체제를 보장하고 경영합리화 및 투명성 제고를 위한 평가를 목적으로 한다. 이는 경영실적의 제고를 위해 계량지표의 비중이 날로 증가하는 결과를 낳았으며, 소위 투명성을 증대시킨다는 명목하에 'e나라도움'이 탄생하기에 이르렀다. 기획재정부에 의하면 "e나라도움은 국고보조금을 효율적으로 운영·관리하는 시스템입니다. 또한, 국고보조금의 교부, 집행, 정산 등의 일련의 과정을 투명하게 관리하고, 중복·부정수급 방지를 위한 꼼꼼한 모니터링 및 보조사업 정보 공개를 통해 어떤 사업에 얼마나 사용되었는지 한 눈에 확인할 수 있습니다"라고 설명된다.[5] 달리 말하면 블랙리스트에 있는

5 기획재정부 홈페이지

단체나 개인에게 보조금이 집행되었는지를 꼼꼼히 체크할 수 있는 시스템인 것이다.

유감스럽게도 예술가들은 e나라도움에 대한 엄청난 불만을 넘어 분노를 쏟아냈고 e나라도움 폐지를 위한 청와대 국민청원까지 일어났다. 2017년 7월 예술위가 문화예술인 961명을 대상으로 실시한 e나라도움에 대한 설문조사 결과에 의하면 e나라도움에 대해 '대부분 불만족'이 73%에 이르렀고, e나라도움 사용으로 사업 포기까지 고민하는 경우도 58%에 이르렀다.[6]

e나라도움은 결코 국고보조금의 투명한 집행과 정산만을 위해 고안되었다고 보기 어렵다. 국정원 적폐청산 TF가 2017년 10월 30일에 발표한 「전 정부, 특정 문예인 지원배제 소위 '블랙리스트' 조사 결과」 중에서 "MB 정부에서 문체부 산하 공공기관장에 건전인사 보임·좌편향 단체 보조금 지원 중단 등 건전화 노력에도 불구, 척결에 한계가 있었다"는 내용이 눈에 띈다. 이는 이명박 정부에서 좌편향 단체를 선별하여 지원금을 배제한 사실이 있었음을 의미한다. 특히 '촛불시위 참가단체에 대한 민간보조금의 지원 제한 조치'가 이루어졌다.

□ 2009 회계연도 예산안 및 기금운용계획안 심의·의결에 따른 부대의견(국회)

---

http://www.mosf.go.kr/nw/mosfnw/mvpnesDetail.do?menuNo=4040300&searchNttId1=MOSF_000000000010051&searchBbsId1=MOSFBBS_000000000025 〈https://news.naver.com/main/read.naver?mode=LSD&mid=sec&sid1=103&oid=033&aid=0000015659〉 (검색일: 2021.8.16.)

6 문화체육관광부 주최, 문화예술계 블랙리스트 진상조사 및 제도개선위원회 주관, 「문화예술계 e나라도움 개선을 위한 공개토론회」, 2018.1.31., 예술가의 집 다목적홀.

○ 정부는 불법시위를 주최·주도하거나 저극 참여한 단체, 구성원이 소속단체 명의로 불법시위에 적극 가담하여 「집회 및 시위에 관한 법률」 위반 등으로 처벌 받은 단체에 대해 보조금 지원을 제한하여야 한다.

□ 2009년도 예산 및 기금운용계획 집행지침(기재부, 현재까지 유효)

○ 불법시위를 주최·주도하거나 적극 참여한 단체, 구성원이 소속단체 명의로 불법시위에 적극 참여하여 「집회 및 시위에 관한 법률」 위반 등으로 처벌 받은 단체에 대해 보조금 지원 제한[7]

즉 이명박 정권으로부터 기재부의 예산 및 기금운용 지침은 블랙리스트 실행의 강력한 도구였음을 확인할 수 있다. 박근혜 정권에 이르러 보조금을 통한 블랙리스트 실행은 보다 조직적으로 치밀하게 전개되었다. 김기춘·조윤선 등의 1심 판결문에 따르면, 김기춘이 각 부처별 보조금 지원실태의 문제점을 점검하는 TF를 만들라고 지시하여 민간단체 보조금TF가 구성되었다. 박준우 정무수석과 신동철 소통비서관이 소통비서관실 박준태 행정관에게 민간단체 보조금TF 활동 결과를 정리한 보고서를 작성케 했다. 그 문서의 이름은 '문제단체 조치내역 및 관리방안」(2014.5)이다.[8] e나라도움이 문화예술계의 블랙리스트 실행을 체계적으로 손쉽게 검증하기 위해 고안된 시스템이라는 강력한 의심이 들지 않을 수 없다.

7 국정원 적폐청산 TF, 「전(前) 정부, 특정 문예인 지원배제 소위 '블랙리스트' 조사 결과 - 붙임① 2013.9.3. '문체부, BH,지시로 문화예술 분야 左편향 대응책 보고'」, 2017.10.30.

8 문화예술계 블랙리스트 진상조사 및 제도개선위원회, 『블랙리스트 관련 문화예술기관 제도개선 연구』, 2018.1, 18쪽 참조.

예술위를 공공기관운영법에서 제외시켜라[9]

예술위가 문체부로부터, 기재부로부터 완전히 독립된 기관으로 거듭나 '국가예술위원회'로까지 가는 길은 요원할지 모른다. 아니, 이 땅에서 예술가들이 그렇게까지 존중 받는 일은 영원히 일어나지 않을지도 모른다. 그러나 우리는 지금 당장 할 수 있는 일을 해야 한다. 가장 시급한 것은 예술위를 공공기관운영법으로부터 제외시키는 것이다. 현재 공공기관운영법에서 제외될 수 있는 기관들은 다음과 같다.

1. 구성원 상호 간의 상호부조·복리증진·권익향상 또는 영업질서 유지 등을 목적으로 설립된 기관
2. 지방자치단체가 설립하고, 그 운영에 관여하는 기관
3. 「방송법」에 따른 한국방송공사와 「한국교육방송공사법」에 따른 한국교육방송공사

예술위가 공공기관운영법에서 제외되면 위원장을 문체부 장관이 임명하지 않고 위원회 자체 호선으로 선출할 수 있다. 또 재정 수립과 운영 면에서 지금보다는 훨씬 독립성을 확보할 수 있다. 예술정책의 자율성이 확대되는 것은 물론이다. 아르코혁신TF는 2018년 5월 중에 아르코혁신안을 발표할 예정인데 공공기관운영법으로부터 예술위를 제외시키라는 요구가 핵심이 될 것이다.

---

9 문체부와 기획재정부의 협의를 거쳐 2020년 1월 31일자로 예술위는 '기타 공공기관'으로 변경되었으며, 문예진흥법 개정안이 2020년 5월 20일 국회 본회의를 통과함에 따라 2022년에 구성되는 8기 위원부터는 호선제를 통해 위원장을 선임하게 된다.

다시 예술위가 만들어질 때로 돌아가보자. 예술위는 그 이전의 문화예술진흥원이 정부 산하기관으로서 독립성과 자율성에 한계가 있다는 인식 아래 2005년 문화예술진흥법의 개정을 통해 새로운 회의체로 거듭났다. 2005년에 새롭게 출범했던 예술위는 정부산하기관에서 준정부기관인 민간자율기구로 바뀌었고, 가장 중요한 결정권이 현장 예술가들로 구성된 '위원회'에 주어졌다. 문체부 장관은 위원추천위원회를 구성하고, 위원추천위원회가 각 예술분야를 대표하는 위원들을 추천하며, 위원들이 먼저 위촉된 후 위원장을 호선하는 방식이었다. 그러나 이 방식으로 선출된 위원장은 1대 위원장 김병익뿐이었고, 2007년에 새로 제정된 '공공기관 운영법'에 의해 2대 위원장부터는 공모를 통해 추천위원회가 추천한 배수 인사 중 문체부 장관이 최종 결정권을 갖게 되었다.[10]

독립성과 자율성을 가진 조직으로 거듭났던 예술위는 공공기관운영법 제정과 함께 다시 문체부 산하기관으로 전락했고, 유인촌은 장관 취임과 동시에 예술위 2대 위원장 김정헌을 강압적으로 사퇴시키는 만행을 저질렀던 것이다. 즉 이명박 정부는 정권의 입맛에 맞게 예술위를 멋대로 장악하려 했으며, 박근혜 정권에서는 아예 블랙리스트 실행 기관으로 타락시켰다. 이것이 예술위가 이제 최소한 공공기관운영법에서 당장 제외되어야 하는 확실한 이유이며, 장차 국가예술위원회로 격상되어야 하는 이유이기도 하다.

---

10 노이정, 「한국문화예술위원회 독립성 훼손의 역사」, 『연극평론』, 2017년 여름, 103~104쪽 참조.

우리 안의 적폐, 우리 안의 수치

- 블랙리스트 진상조사 결과를 성찰하며

2000년, 민주화를 위한 전국교수협의회 활동 - 국가보안법 폐지서명 등
동명이인 확인 후 조치할 것
제외할 것
자체확인 및 12명 제외조치 완료 보고
간이확인: 이상 없음
자체확인 결과 2명 제외, 나머지 3명 진행 - k
임수경 방북지지, 친노, 노무현추모공연기획, 남편 한겨레 활동 등
2009소고기반대 시국선언 1건
대운하 반대
현정부 우호적 활동가로 양해됨
지원중단시 국제적 불신 초래, 연극계원로들의 거센 반발 예상
심사 제외
국가보안법 비판
대표 개인의 활동이 문제되며
절대 안 됨
자체 판단
이력 파악 후 판단
정치적 인물
대사관 요청사항
단순 가담
특이사항 없음
그냥 할 것
제외하고 진행키로 함

차기부터 없앨 것
개폐회식 안 됨
추후 제외할 것
특이 없음
간이확인
정치활동
의심사례, 가능한 안 하는 것으로
각종 시국선언

우리 안의 적폐, 우리 안의 수치*
-블랙리스트 진상조사 결과를 성찰하며

2018년 6월 31일로 '블랙리스트 진상조사 및 제도개선 위원회'(이하 블랙리스트 조사위)는 문을 닫았다. 2017년에 야당의 반대로 2018년 예산을 전혀 받지 못했고, 문체부도 이를 돌파할만한 의지를 보여주지 않아 조사가 미진한 것을 뻔히 알면서도 전문위원(조사관)들은 쫓겨나 다시피 사무실을 비워야 했다.

2017년 7월 31일에 블랙리스트 조사위가 출범했으니 열 한 달 만이다. 출범 후 한 달 정도는 사무실에 책상과 컴퓨터 등을 설치하고, 전문위원들을 채용하느라 본격적인 조사가 이루어지지 못했다. 그러니까 겨우 열 달 정도 본격적으로 일하고 해산된 셈인데 기간 및 조사환경에 비해 엄청난 양을 조사했다고 볼 수도 있다. 강제조사권도 없는 상태에서 문체부와 그 산하기관들을 중심으로 '협조'를 구하는 형식에 의해 이루어진 조사이니 그 한계는 처음부터 예측된 것이기도 했다.

백서는 가을에나[1] 발간될 예정이다. 역시 예산이 없어 문체부의 다른

---

* 『연극평론』 2018년 가을.

예산을 끌어와야 할 형편이다. 백서에는 매우 상세한 조사 결과가 망라될 예정이지만 아직 발간 전이므로 이 글은 2018년 5월 8일 조사위가 공식발표한 '진상조사 및 제도개선 결과 종합발표'[2]와 그동안 조사위 홈페이지를 통해 공개된 자료 및 언론보도만을 토대로 한다.

연극계, 블랙리스트로 초토화

블랙리스트 조사위에 접수된 조사신청 및 제보는 총 175건이었는데 공연분야가 51건으로 가장 많았고, 그다음이 영화 분야 33건, 문학분야 18건 순이었다. 공연분야 조사신청 및 제보의 대부분은 연극 관련 문제들이었다. 175건 중에서 조사가 이루어진 사건은 총 144건이며 그 중 신청사건이 112건, 직권사건이 32건이다. '직권사건'이란 조사신청이 되지는 않았지만 블랙리스트 조사위가 신청사건들을 조사하는 중에 서로 관련 있는 사건들을 범주화하여 직권으로 상정한 사건들이다. 공연분야 직권조사 사건명은 다음과 같다.

1. 서울연극제 대관 배제 및 아르코 대극장 폐쇄 사건
2. 공연예술창작산실 심사번복 요구 및 공연포기 강요 사건
3. 한국예술인복지재단 블랙리스트 실행사건
4. (재)예술경영지원센터 블랙리스트 실행사건
5. (재)국립극단 블랙리스트 실행사건

---

1 백서는 예산 및 인력 부족으로 2019년 1월 31일에야 발간되었다.

2 문화예술계 블랙리스트 진상조사 및 제도개선 위원회, 「진상조사 및 제도개선 결과 종합발표」, 2018.5.8.11시, 국립현대미술관 서울관 2층 1강의실.

6. 국립중앙극장 블랙리스트 실행사건

7. 블랙리스트 배제를 위한 한국문화예술위 지원 및 심사제도 개편 사건

8. 한국문화예술교육진흥원 블랙리스트 실행 사건

직권사건명만으로도 블랙리스트 실행이 가장 극심했던 기관들이 어디인지 파악할 수 있다. 한국문화예술위원회, 한국예술인복지재단, 예술경영지원센터, 국립극단, 국립중앙극장, 한국문화예술육진흥원 등이다. 그 외에도 한국연극인복지재단, 한국문화예술회관연합회, 국립국악원 등에서 연극관련 블랙리스트 실행이 있었다. 기타분야 직권사건 중 '재외 한국문화원 블랙리스트 사건', '국립아시아문화전당 블랙리스트 실행 사건', '지자체 및 지역문화재단에 대한 블랙리스트 적용 의혹 사건' 등에서도 연극과 관련된 부분들이 있다.

연극계에서 위에 열거된 기관들에 지원신청을 하지 않았던 개인 및 단체는 별로 없을 것이다. 바꿔 말하자면 국립극단에서 '개구리' 사태가 터진 2013년 9월부터 박근혜 탄핵이 이루어진 2017년 3월경까지 위의 기관들에 지원신청을 했거나 공연에 참여했던 모든 개인 및 단체들은 '검열' 당했다고 볼 수 있다. 지원배제가 이루어진 개인 및 단체만이 블랙리스트 피해자가 아니라 검열을 당한 모든 개인 및 단체가 블랙리스트 피해자인 셈이다. 피해자는 예술가들로 국한되지 않는다. 이 시기에 지원배제를 통해 수많은 공연들이 무대에 오르지 못했으므로 관객들은 정상적인 지원절차가 이루어졌다면 마땅히 관람할 수 있었던 수많은 공연들의 관람 기회를 잃었다.

국립극단, 개구리와 빨간줄, 그리고 이순신

돌이켜보면 2013년 9월 12일에 중앙일보 최민우 기자가 보도한 '박정희·박근혜 풍자냐 비하냐, 국립극단 연극논란'이라는 기사는 결국 검열의 강력한 신호탄이었다. 박준우 전 청와대 정무수석의 업무수첩 2013년 9월 9일자에 의하면 "천안함(영화) 메가박스 상영문제, 종북세력 지원의도, 제작자 펀드 제공자 용서 안돼. 국립극단 개구리 상영 용서 안돼. 각 분야의 종북·친북 척결 나서야. 강한 적개심 갖고 대처. 비정상의 정상화 일환"[3] 등 김기춘의 발언이 기록돼 있다. "개구리 용서 안돼"라는 김기춘의 발언이 나온 2013년 9월 9일, 문체부는 문화예술계 좌편향 작품·행사·사업 등을 사전 스크린하고 보수지형을 확대하는 방향에서 대응책을 논의하기 위해 조현재 1차관을 단장으로 하는 '문화예술정책점검TF'를 출범시켰다.

블랙리스트 조사위 조사 결과에 의하면 〈개구리〉(2013.9.3.~9.15.) 공연이 올라간 직후인 "9.6.~9.7. 경, 청와대에서 문체부로 문제 제기가 있었고, 청와대 지시에 따라 문체부가 국립극단 예술감독 면담 후, '그 분(노무현 전 대통령)'과 '카멜레온(박정희 전 대통령)'의 대화를 통해 '그 분'을 미화하고, '카멜레온'을 비하적으로 묘사한 점, 국정원 선거개입 사건을 '기말고사 컨닝'으로 풍자한 점 등에 대한 내용상 문제점을 지적하고 향후 조치계획으로, 2013년 국립극단 후속작품에 정치적 소재의 내용은 배제토록 강력 조치하겠다고 보고하면서, 국립극단 예술감독을 교체 추진하겠다고 청와대에 보고한 사실이 확인"되었다.[4]

---

3 「"김기춘, 회의 때마다 나라가 많이 좌편향 돼있다", 자주 언급」, 중앙일보, 2017. 5.4. 〈https://news.joins.com/article/21541749〉 (검색일: 2021.8.16.)

〈개구리〉 사태의 여파는 그 다음 작품인 〈구름〉(2013.9.24.~10.5.)으로 확대되었다. 블랙리스트 조사위는 "국립극단 사무국장이, 특정 정치인을 풍자한 부분 등 특정 대사에 자를 대고 빨간 줄을 그은 대본을 가지고 극장으로 찾아와 수정이나 보완을 요구하였다는 사실"을 확인하였다. 그러나 "대본에 빨간줄을 그은 사람이 누구인지는 사실 확인하지 못하였고, 국립극단 사무국장은 위원회 조사에서 해당 연출가에게 대본을 전달한 장면은 기억나지만 빨간 줄이 쳐진 대본을 본 기억은 없다는 취지로 진술"[5]하였다.

〈구름〉의 연출 남인우가 '자를 대고 빨간 줄을 그은 대본'을 받은 정황은 확실하며, 그 전달자는 당시 최○○ 사무국장이다. 최○○ 사무국장은 자신이 전달한 대본에 빨간줄이 그어져 있었는지는 기억하지 못한다고 했다. 최○○ 사무국장은 누구로부터 빨간줄이 그어진 대본을 받았는가? 대본에 빨간줄이 그어진 것은 몰랐다 해도 대본을 남인우 연출에게 전달한 것이 사실이라면 그 대본을 자신에게 준 사람은 누구인지 기억할 텐데 조사위는 그가 누구인지 명기하지 않았다. 〈구름〉 대본의 빨간 줄이 국립극단 자체 내의 검열이었는지 문체부, 또는 그 이상의 기관으로부터 하달된 검열이었는지는 명확히 밝혀지지 않았다. 손진책 예술감독은 이러한 사실들을 당시에 몰랐을까?[6]

〈구름〉 이후 국립극단의 검열이 또 다시 확인되는 것은 2015년 〈망루의 햄릿〉(2015.6.27.~7.5)과 〈조치원 해문이〉(2015.8.24.~9.13)이

4 「진상조사 및 제도개선 결과 종합발표」, 76쪽.

5 「진상조사 및 제도개선 결과 종합발표」, 76쪽.

6 2019년 1월 말에 발간된 『문화예술계 블랙리스트 진상조사 및 제도개선위원회백서 – 진상조사 결과보고서: 공연2』(부록 2-2) 257쪽에서는 최○○ 사무국장의 진술에서 대본이 든 봉투를 준 사람이 손진책 예술감독이라고 밝혔다. 그러나 손진책 예술감독은 그런 지시를 한 적이 없다고 부인했다.

다. 두 작품은 포스터에 대한 검열이 있었다. 〈망루의 햄릿〉(김현탁 각색·연출, 극단 성북동비둘기 제작)의 원래 포스터에는 이순신 장군 동상이 들어가 있었는데 "문체부 공연전통예술과에서 국립극단 측으로 연락하여서 〈망루의 햄릿〉이 광화문 광장을 연상시킨다는 이유로 온라인상에 있는 포스터를 삭제하고, 포스터 이미지 교체를 지시하였고, 국립극단은 해당 극단에게 보수 단체의 민원이 있다는 이유로 포스터 삭제 및 교체를 부탁"[7]하였다. 〈조치원 해문이〉(이철희 작·박상현 연출, 그린피그 제작) 역시 문체부 공연전통예술과에서 "그린피그, 윤한솔 등의 명칭을 삭제하라고 지시를 하였고, 국립극단은 극단 측에 요청하여 그린피그, 윤한솔 등 명칭을 삭제한 포스터를 별도로 받아서 국립극단 게시판에 게시"[8]하였다. 얼마 전 윤○○ 전 국립극단 사무국장이 예술경영지원센터 대표로 임명되었다가 논란이 일어 임명 철회된 것은 바로 이러한 검열행위들과 무관해 보이지 않기 때문이다.

〈구름〉과 〈망루의 햄릿〉 사이에는 검열이 없었을까? 그렇지 않다. "국립극단·명동예술극장은 2015년 1월 경 청와대에서 특정 연출가들에 대한 배제 지시가 내려왔으나 문체부가 양해 과정을 거쳐 취소시 파장을 고려하여 해당 연도에는 공연을 하되 차기년도부터 배제하도록"[9] 하였다. 2015년은 국립극단과 명동예술극장이 합병된 해이다. 2015년 명동예술극장 라인업은 2014년에 이미 확정된 것이니 취소할 경우 파장이 우려된다며 공연을 허용하고, '특정 연출가들'을 2016년부터는 기용하지 않도록 했다는 것이다. 김윤철 전 국립극단 예술감독은 "근데 이

7 「진상조사 및 제도개선 결과 종합발표」, 77쪽.
8 「진상조사 및 제도개선 결과 종합발표」, 77쪽.
9 「진상조사 및 제도개선 결과 종합발표」, 69쪽.

국가가, 이 정부가 외압을 보낼 때 주로 작품에 대해서 외압하는 게 아니라 사람에 대해서 외압합니다. 엄청나게 받았어요. 이윤택, 김영하, 고선웅, 박근형 등 엄청나게 받았습니다"라고 실토한 바 있다.[10] 이러한 정황들을 종합해 보면 〈개구리〉 이후 국립극단에서 공연된 모든 작품들에 대해 검열이 있었다고 보는 것은 지나치지 않다.

국립극단에 대한 과도한 검열은 급기야 일명 '작가의 방 사태'를 통해 드러난 '자기검열'로 이어진다. 국립극단 '작가의 방'에 프로젝트에 참여했던 작가 고연옥은 국립극단의 정명주 공연기획팀장이 2016년 5월 30일 참여 작가들에게 "〈개구리〉 같은 작품을 쓰지 말아 달라"고 말했다고 폭로한 바 있다.[11] 정명주 기획팀장은 "국립에서 하기엔 어려운 작품들을 말한 것, 언급한 것 자체가 자기검열의 커다란 실수였다는 것을 인정하고 그 점에 대해서는 여러분들에게 사죄드립니다"[12]라고 했다.

박근혜 정권 하 국립극단에서 이루어진 검열과 배제, 심지어 무의식적으로 내면화된 자기검열은 그 어떤 기관에서 이루어진 검열보다 더 당혹스럽고 씁쓸하다. 국립극단 운영진은 국가로부터 녹을 먹는다 해도 연극계 동료들이었기 때문이다. 동료가 동료를 검열하고 배제하고 차별했다는 것은 참으로 납득하기 어려운, 용서하기 어려운 수치이다. 연출가 김재엽은 "2013년 〈개구리〉에 대한 입장을 제대로 정리하지 못했기 때문에, 2016년, 2017년까지도 제작자로서 국립극단이 어떤 입장

---

10 김나볏 정리, 「젊은 극작가들의 창작환경과 공공극장의 역할 – 국립극단 '작가의 방' 사태를 넘어서 –」, 『연극평론』, 2017년 여름, 136쪽.

11 손준현 기자, 「국립극단도 검열했다… "'개구리' 같은 작품 쓰지 말라" 강요」, 한겨레, 2017.3.16. 〈https://www.hani.co.kr/arti/culture/music/786748.html〉 (검색일: 2021.8.16.)

12 「젊은 극작가들의 창작환경과 공공극장의 역할 – 국립극단 '작가의 방' 사태를 넘어서 –」, 132쪽.

을 취해야 하는가에 대해 손진책 예술감독님 때부터 지금까지 계속 해결하지 못한 과제"[13]라고 비판했다. 김윤철 전 예술감독은 "장관 만나서, 차관 만나서, 우리 문화부 수뇌부들을 다 만나가지고 이 검열, 이 외압의 부당성에 대해서는 제가 기회 있을 때마다 설파를 했습니다. 심지어 국정원 직원까지도 제가 불러들이기도 했어요. '이 문제를 함께, 청와대 하고 함께 풀어가도록 노력해야겠다', '제가 할 수 있는 기회가 있을 때마다, 나는 문체부를 적으로 만들지 않으면서 설득의 대상으로"[14] 봤다고 했다. 이에 대해 극작가 이양구는 다음과 같이 비판했다.

> 청와대, 국정원, 문체부가 국립극단 프로그램에 작가 연출이 선정되는 과정에 개입했다는 말씀을 해주셨어요. 김영하, 고선웅, 이런 분들을 배제하냐 마냐를 가지고 문체부 직원들과 의견 주고 받은 과정은 국가 범죄 실행이 되는 현장이었다고 생각합니다. 김기춘 등 재판을 통해서 청와대와 국정원, 문체부를 통해서 국립극단에 내려온 지침 등이 국가 범죄로 인식되는 것은 명확한 상황입니다. 앞으로 다시는 국립극단이 정치권력으로부터 간섭 받지 않는 극단으로 거듭나야 할 것 같은데, 그런 면에서 저는 선생님 발언 중요했다고 봅니다. 그리고 검열의 역사를 살펴보면 작품에서 시작해서 작가를 찍어내는 방식으로 전환됩니다.[15]

손진책 예술감독과 김윤철 예술감독은 왜 검열에 저항하지 못했을까. 왜 젊은 후배 연출가가 빨간 줄이 그어진 대본을 받아들고 절망하는 상황을 방조했을까. 왜 젊은 작가들이 〈개구리〉같은 작품은 쓰지

---

13 위의 글, 135쪽.
14 위의 글, 136쪽~137쪽.
15 위의 글, 137쪽.

말라는 지침에 주눅 들게 했을까. 그것은 검열이 범죄에 해당한다는 명확한 인식이 부재했기 때문은 아닐까. 표현의 자유를 보장한 헌법에 위배되는 심각한 범죄 행위에 자신도 연루되고 있음을 전혀 인지하지 못했을까.

블랙리스트 진상조사위의 결과발표 이후, 이성열 국립극단 예술감독은 국립극단 홈페이지를 통해 블랙리스트 사태에 대한 사과문을 발표했다. 이성열 예술감독은 "발표된 바와 같이 여러 작품에 걸쳐 부당한 지시, 외압, 검열이 이었고, 국립극단은 이를 실행하는 큰 잘못을 저질렀다"면서 "조사결과 발표 직후 피해자들께 개별적인 사과를 드리고 있다"면서 재발 방지를 약속했다. 그런데 2018년 11월 공연 예정인 〈텍사스고모〉에서 최○○ 전 사무국장의 이름이 눈에 띄는 것은 심히 유감스럽다. 블랙리스트 사태에 연루된 사람들은 당분간이라도 자숙하는 게 피해자들에 대한 예의가 아닐까. 이성열 예술감독은 과연 블랙리스트 조사 결과에 대해 구체적으로 어떻게 대응할 것인가. 블랙리스트 사태에 임하는 국립극단의 태도는 다른 어떤 기관보다도 여전히 우리를 힘들게 한다.

예술위, 봉고차의 추억

한국문화예술위원회도 블랙리스트 진상조사 결과를 존중하지 않는 듯하다. 난데없이 '올해의 아르코 파트너 BEST & FIRST'라는 사업이 생겨났는데 연극 4편 중에 손진책, 최○○ 연출이 올라 있다. "해외에서 이미 검증받은 화제작을 국내 4명의 연출가가 어떤 무대로 꾸미게 될까"가 이 기획의 콘셉트인 모양이다. "해외에서 이미 검증받은 화제작"

을 어떤 과정을 통해 레퍼토리로 선정했는지, 4명의 연출가가 어떤 과정을 통해 선정되었는지 궁금하다. 그 연출가들의 선정 과정에서 블랙리스트 연루 문제는 전혀 고려되지 않은 듯하다. 예술위는 최근 '소위원회' 활동을 활성화하겠다며 여러 개의 소위원회를 구성했는데 '재원확충 소위원회'에 조현재 전 문체부 1차관이 들어가 있다. 앞에서 언급한 대로 조현재 1차관은 문체부가 블랙리스트 실행을 위해 구성했던 '문화예술정책점검TF'의 단장을 맡았었다. 2018년 5월 17일 뒤늦게 이루어진 예술위의 사과가 진정성 있게 다가오지 않는 이유 중 하나이다.

문체부 산하기관 중 블랙리스트 실행 건수가 가장 많았던 곳이 바로 한국문화예술위원회이다. 2014년 4월 21일부터 2016년 상반기까지 문체부 예술정책과장 주재로 '예술위원회 현안점검 문체부 회의'가 매주 1회 정기적으로 열렸다. 예술위 사무처장, 본부장, 현안 관련 부서장 등 간부들 7~8명은 매주 한 차례씩 봉고차를 타고 전남 나주에서 세종시 문체부까지 가서 블랙리스트 및 공모사업 진행 현황을 보고하고 논의하였다 한다.[16]

그들은 매주 봉고차를 타고 나주에서 세종시를 오가는 동안 어떤 생각을 했으며 어떤 대화들을 나눴을까. 그 회의에서 블랙리스트 실행을 용이하게 하려는 여러 가지 아이디어들이 쏟아져 나온 듯하다. 그 방법 중 하나가 심사 방법의 변경이었다. '서울연극제 2015 한국공연예술센터 대관 배제'사건을 대표적인 예로 들 수 있다. 연극계는 2014년 연말부터 '2015 서울연극제'가 아르코예술극장 대관에서 탈락한 일만 가지고 온갖 성토를 다 했지만 블랙리스트 조사위 조사결과 이 대관심의에서 무려 19개 단체가 대관 배제되었다.

16 「진상조사 및 제도개선 결과 종합발표」, 73쪽 참조.

청와대로부터 문체부를 거쳐 예술위로 내려온 19개 단체를 대관 배제하기 위해 예술위가 고안한 방법은 일단 문제가 될만한 심사위원을 걸러내는 것이었다. 일차적으로 "BH 협의 결과 심사위원 3인(김석만, 김미도, 김채현) 제외"가 이루어졌다. 그 다음은 심사에 협조적일 것으로 기대되는 심사위원들을 선정한 후 1차 심사에서 A,B,C,D로 등급을 나누어 심사를 요청했다. 심사위원들로부터 공통적으로 낮은 등급을 받은 배제 대상 단체들은 1차에서 자동탈락했다. 1차 심사결과를 수합한 후 A,B 등 높은 등급을 받아서 대관 선정이 유력한 경우에는 서류미비 등 배제 근거가 될 만한 사유를 미리 준비하여 2차 토론 심의에서 심사위원들에게 언급하는 방식을 썼다.[17]

이때만 해도 심사위원들에게 미리 블랙리스트 명단을 불러주며 노골적으로 배제를 요청하지는 않고 서류 미비 등을 근거 삼아 배제를 유도한 것으로 보인다. 여기서 심사위원들은 가해자이자 피해자가 된다. 예술위의 책략에 넘어가 결국 19개 단체를 배제하였으므로 가해자이고, 본의 아니게 블랙리스트 실행에 협조한 것이 되었으므로 피해자이다. 2014년부터 2016년까지 예술위 심의에 참여했던 심사위원들을 이 점을 깊이 통찰해야 한다. 자신도 모르는 사이에 예술위가 설계한 배제 프레임이 걸려들어 블랙리스트 실행에 협조자가 된 경우들이 상당히 많기 때문이다.

그러나 이처럼 은근히 배제를 유도하던 방법은 곧 적극적으로 배제를 요구하는 방법으로 바뀐다. 2015년 4월에 있었던 '공연예술 창작산실' 심의에서는 심사위원들에게 '박근형 배제'를 노골적으로 요구했고, 이러한 요구가 받아들여지지 않자 6월 18일에 심사위원들을 재소집하

17 「진상조사 및 제도개선 결과 종합발표」, 79~82 참조.

여 심사결과 번복을 요구했던 것이다. 창작산실과 비슷한 시기에 진행된 '2015 아르코문학창작기금' 사업에서도 심사위원들에게 14명에 대한 배제를 강력히 요구했으나 심사위원들이 거부하자 위원회 서면결의를 통해 32명을 무더기로 배제했다. 즉 2015년 상반기 즈음에는 예술위 심의에 참여했던 많은 심사위원들이 검열을 인지했을 것으로 보인다. 당시 예술위 위원들이 이러한 사실을 인지하고 있었음은 너무나 당연하다. 연극계가 당시 연극분야 예술위 위원이었던 정○○에게 분노하고 있는 것은 바로 그런 이유이다.

2015년 9월 9일 JTBC 보도를 통해 검열사태가 폭로된 이후 연극계를 중심으로 성명서들이 쏟아져 나오고 청문회를 요구하는 979명의 서명이 담긴 성명서가 국회 교문위에 전달되었다. 2015년 9월 9일 이후 예술위 심의에 들어간 심사위원들은 검열을 의식하지 않을 수 없었을 것이다. 그러나 그 이후에도 블랙리스트 실행은 더 노골적으로 이루어졌고, 이에 협조한 많은 심사위원들이 존재한다.

감사원의 문체부 감사결과 보고서에 의하면 2015.5.22. '무대예술전문인력 지원사업' 및 2015.6.11. '공연예술분야 기획 및 경영전문인력 지원사업' 지원배제 지시를 이행하기 위해 예술위 직원이 심의 과정에 간사로 참석하여 지원배제 대상 단체에 대해 "해당 단체는 정부 방침으로 지원대상에서 배제되어야 하는 단체입니다. 지원배제가 되지 않으면 사업 전부가 폐지되어 모든 단체를 지원할 수 없습니다"라고 하여 31개 단체가 지원대상에서 배제되도록 하였다.[18] 2016년 6월 중순경 '공연예술스태프 지원사업' 심의에서도 비슷한 방법으로 19개 단체가 배제되도록 하였다.[19] 예술위는 "2015.10.27. 심의를 주도할 수 있는 친

18 감사원, 「감사보고서-문화체육관광부 기관운영감사」, 2017.6. 125쪽.

정부 성향의 심의위원을 사전 접촉하고 지원배제 명단을 공유한 후 심의과정에서 배제 대상자가 지원후보로 거론될 경우 해당 심의위원이 사업계획서 부실 등 부적격 의견을 제시하는 방법 등으로 '공연예술 발표공간 지원사업'의 신청자인 사단법인 ○○ 등 22개 단체가 지원배제 되도록 하였다."[20] 해당 사업의 심의위원들은 지금도 예술위 홈페이지에 가면 확인할 수 있다.

2015년도에 '공연예술 창작산실', '아르코문학창작기금' 사업 등에서 심의위원들의 반발로 블랙리스트 실행이 여의치 않자 2016년에는 아예 예술위 지원사업을 블랙리스트 실행이 용이한 방향으로 개편하게 된다. 대표적으로는 '공모제도'를 '기획사업' 위주로 전환하고, 심사제도를 '책임심의'제도에서 '심의위원 풀(pool) 제도로 전환했다. 2016년도 지원심의에는 블랙리스트 배제에 협조적일 것으로 기대되는 국공립단체 기관장 및 간부직원들이 대거 투입된 사실도 확인된다.

이제 와서 블랙리스트 때문에 없어진 지원분야들을 복원하는 것도 문제지만 새로 만들었던 지원분야들을 없애는 것은 만만치 않은 일이다. 서울연극제를 탄압하기 위해 기존 '전국연극제'를 '대한민국연극제'로 명칭까지 변경하고 지원을 확대했는데 이를 원상복귀 시키기는 어렵다. 블랙리스트 실행으로 인해 남는 예산으로 '원로연극제'를 만들었는데 이제 와서 폐지하기도 참 난감한 일이다. 4년 넘게 뒤틀린 제도를 바로잡는 데는 그 이상의 시간이 필요할지 모른다.

블랙리스트 조사위를 통해 드러난 예술위의 배제 사업 건수는 70건이 넘는다. 중복되는 심의위원들을 제외하더라도 그 많은 심의들에 들

---

19 위의 보고서, 123쪽.
20 위의 보고서, 122쪽.

어간 심의위원들의 수는 굉장히 많다. 블랙리스트를 실행한 문체부와 예술위는 지탄 받아 마땅하지만 그 많은 심의에 개입된 심사의원들도 블랙리스트 실행의 책임에서 자유롭지 못한다. 블랙리스트 실행에 깊숙이 개입한 문체부와 그 산하기관 직원들 130명에 대해서는 블랙리스트 조사위로부터 수사의뢰 및 징계권고안이 전달된 상태이다. 가담 정도가 경미하여 그 명단에는 없다 하더라도 우리는 이 역사적인 국가범죄 앞에서 사죄하는 태도를 가져야 한다. 책임규명권고안에 전혀 포함되지 않은 심의위원들 역시 이 문제에 대해 반성하고 사과하는 마음을 가져야 한다.

연극인들, 동료를 고발하다

죄를 지었으면 사죄하는 것이 마땅하다. 연극계에서 블랙리스트 사태에 관련하여 공식 사과한 기관장은 박정자 전 연극인복지재단 이사장이 유일하다. 한국예술인복지재단, 예술경영지원센터, 한국문화예술회관연합회 등도 블랙리스트 실행에 열심이었으나 끝내 사과 한 마디 없었다. 블랙리스트 실행이 극심했던 국립극단의 두 예술감독도 끝내 사과하지 않았고, 신임 예술감독이 대신 사과했다. 연극계는 특히 검열이 극심하던 시기에 예술위 위원이었던 정○○ 한국연극협회 이사장에게 줄기차게 공식사과 및 이사장직 사퇴를 요구했다. 그러나 그는 끝내 사과하지 않았고, '블랙리스트 타파와 공공성 확립을 위한 연극인 회의(블랙타파)'를 중심으로 연극인들이 동료를 고발하는 초유의 사태를 불러왔다.

블랙타파는 기자회견문에서 "만약 정○○ 전 예술위원이 자신의 잘

못을 인정하고 용서를 구했다면 연극인들 중 누구도 그를 더 비난하지 않았을 것입니다"라고 했다. 동료들은 진정에서 우러나는 사과 한마디를 그토록 갈구했던 것이다. 블랙타파의 고발에 의해 정○○이 꼭 형사처벌을 받으리라는 보장은 없다. 블랙타파의 고발행위는 '상징적'이라고 본다. 우리 내부의 적폐를 청산하지 않고는, 우리 스스로의 반성과 사과 없이는 문체부나 예술위의 블랙리스트 실행자들에 대한 단죄를 자신 있게 외칠 수 없기 때문이다.

이제라도 서로 사과했으면 좋겠다. 공식적인 사과뿐 아니라 가해자가 피해자를 만나면 개인적으로도 사과하기 바란다. 예술위 심의에 참여했던 심의위원들도 블랙리스트 진상조사 결과와 함께 당시 상황을 냉철히 되돌아보고 고의든 아니든 배제된 피해자들에게 사과하기 바란다. 사과를 해야 서로 용서하고 화해할 수 있다. 그렇지 않고서는 이 블랙리스트 사태의 어마어마한 트라우마가 두고두고 각자의 가슴에 무거운 앙금으로 남아있을 것이다.

블랙리스트 사태의 일단락

2000년, 민주화를 위한 전국교수협의회 활동 - 국가보안법 폐지서명 등
동명이인 확인 후 조치할 것
제외할 것
자체확인 및 12명 제외조치 완료 보고
간이확인: 이상 없음
자체확인 결과 2명 제외, 나머지 3명 진행 - k
임수경 방북지지, 친노, 노무현추모공연기획, 남편 한겨레 활동 등
2009소고기반대 시국선언 1건
대운하 반대
현정부 우호적 활동가로 양해됨
지원중단시 국제적 불신 초래, 연극계원로들의 거센 반발 예상
심사 제외
국가보안법 비판
대표 개인의 활동이 문제되며
절대 안 됨
자체 판단
이력 파악 후 판단
정치적 인물
대사관 요청사항
단순 가담
특이사항 없음
그냥 할 것
제외하고 진행키로 함

차기부터 없앨 것
개폐회식 안 됨
추후 제외할 것
특이 없음
간이확인
정치활동
의심사례, 가능한 안 하는 것으로
각종 시국선언

블랙리스트 사태의 일단락*

2019년 1월 31일자로 『문화예술계 블랙리스트 진상조사 및 제도개선위원회 백서』(이하 '백서')가 발간되었다. 백서는 본권 4권, 부록 6권, 총 10권으로 구성되었고 전체적으로 6,600쪽에 이르는 방대한 분량이다.[1]

백서의 의하면 블랙리스트 사태의 시발점은 2013년 9월 국립극단이 공연한 박근형 연출의 〈개구리〉 논란으로 소급되었다. 이후 2014년 말 '2015 서울연극제' 대관탈락 사태는 '대학로 X포럼'이라는 공론장을 탄생시키며 이상 징후에 대한 '저항'의 불씨를 잉태하게 된다. 이 두 가지 사건은 발생 당시에 블랙리스트와 관련된 것이라고는 생각하지 못했으나 '블랙리스트 진상조사 및 제도개선위원회'(이하 '블랙리스트 조사위')

---

* 『연극평론』 2019년 봄.

1 인쇄된 백서는 블랙리스트 피해자, 국회 등 주요기관과 도서관, 문화예술 단체 등에 우선 배포되며, 디지털 파일은 2월 19일부터 문체부 누리집(www.mcst.go.kr)의 '주요정책'이나 '문화예술계 블랙리스트 진상조사 및 제도개선위원회' 누리집(www.blacklist-free.kr)의 '자료실'에서 볼 수 있다.

의 조사결과 깊은 연관이 있는 것으로 밝혀졌다. 이후 2015년 9월 9일 JTBC의 검열의혹 보도로 블랙리스트의 존재 가능성이 제기되었고, 2015년 국정감사에서 문화예술계 검열 사태는 가장 뜨거운 이슈가 되었다. 드디어 2016년 10월 10일 국정감사에서 도종환 의원이 블랙리스트의 존재를 입증하는 한국문화예술위원회(이하 '예술위')의 회의록(2015년 11월 6일자)을 공개했고, 이틀 후인 10월 12일에 한국일보가 9,473명의 블랙리스트 명단을 공개하면서 블랙리스트 사태는 박근혜 정권을 무너뜨리는 중요한 동력의 하나로 작용했다. 그러나 9,473명의 명단은 블랙리스트의 주요 부분 중 하나였을 뿐 블랙리스트 조사위를 통해 드러난 블랙리스트 총 관리 명단은 2만 1362명에 달한다.

'2015 서울연극제' 대관탈락 사태에 강력히 반발하는 '대학로X포럼'이 2015년 1월 6일에 처음 개최되었으니 만 4년 만에 블랙리스트 사태는 총 10권의 백서를 간행함으로써 일단락되었다고 볼 수 있다. 김기춘 대통령 비서실장과 김종덕·조윤선 문체부 장관 등이 블랙리스트 사태로 구속되어 실형을 언도받고 수감 중이며, 박근혜 전 대통령의 재판에서도 블랙리스트 사태는 중형을 선고하는 중요한 이유 중 하나였다. 블랙리스트 사태는 대한민국 헌정 사상 가장 불행한 역사적 사건의 하나라 해도 과언이 아닐 것이다.

문체부, '징계 0명'

블랙리스트 조사위는 11개월간의 조사를 마치고 2018년 6월 30일에 해소되었다. 블랙리스트 조사위는 장관 훈령으로 출범한 태생적 한계 때문에 강제 조사권이 없는 치명적 한계 상황 속에서 문체부와 그 산하기관을 중심으로 '협조'를 구하는 방식에 의해 조사를 근근이 진행했다. 김기춘, 조윤선 등에 대한 1심, 2심 재판이 조사 기간 중에 이루어져 재판 과정에서 드러난 증거들을 활용할 수 있었던 점이 그나마 다행이었다고 할 수 있다. 그러나 블랙리스트 실행의 핵심기관이었던 국가정보원을 직접 조사하지 못한 점, 국가기록원의 박근혜 정부 자료들에 접근하지 못한 점 등은 명백한 한계로 남는다. 게다가 자유한국당이 2018년도 블랙리스트 조사위 예산을 한 푼도 승인하지 않음으로써 예산이 바닥 나 조사가 충분히 이루어지지 않은 상태로 조사위가 문을 닫을 수밖에 없었다.

블랙리스트 조사위는 2018년 6월 27일 마지막 전원위원회에서 블랙리스트 책임규명과 관련하여 131명에 대한 수사 의뢰 및 징계를 권고하였다. 131명 중 문체부 내의 블랙리스트 관련자는 68명(수사의뢰 권고 24명, 징계 권고 44명) 이었는데 이에 대해 문체부는 2018년 9월 13일에 수사의뢰 7명, 주의조치 12명이라는 책임규명 이행계획을 발표하였다. 문체부는 보도자료를 통해 "징계 권고를 받은 문체부 직원 44명 중 과장급 이상 22명은 감사원의 감사 결과에 따른 기처분(주의 4명), 퇴직(5명), 징계시효 경과 등의 사유(13명)로 징계처분 대상이 아니었다. 그러나 기처분자와 퇴직자를 제외한 13명 중에서 블랙리스트와 관련하여 감사원으로부터 처분을 받지 않은 과장급 이상 10명에 대해 문체부는 '주의' 처분을 하기로 했다. 이로써 수사의뢰 권고자 중 주의조치를 받을 2명을 포함하면 문체부 주의조치를 받을 직원은 총 12명이 된다"[2]고 밝혔다.

2 문체부, 「문화예술계 블랙리스트 관련자 68명에 대한 이행계획 발표」 보도자료, 2018.9.13.

문체부 발표에 대해 문화예술계는 즉각 강력히 반발했다. '블랙리스트 타파와 공공성 회복을 위한 연극인 회의'(이하 '블랙타파')는 문체부 발표가 사실상 '징계 0명'이라고 주장하고 나섰다.

> 문체부는 겨우 형사처벌 권고 7명, '주의' 처분 10명을 하면서 여기에 수사의뢰 대상자 2명을 징계 권고자 수에 포함시켜 12명의 숫자를 만들고, 여기에 특검이 이미 기소한 3명과 지난해 감사원 감사결과 주의 처분받은 자(9명)를 포함하여, 처분받은 인원 27명이란 숫자를 만들고, 징계를 받지 않은 전보 조치 대상자 22명을 포함하여 조치 인원 48명이란 숫자를 만들어냈다. 숫자놀음을 통해 마치 68명 중 48명에 대한 대단한 조치라도 한 것 같은 착시 효과를 만들어낸 것이다. 말과 숫자를 가지고 피해 예술인과 국민들을 현혹하고 기만한 것이다.
>
> '주의'는 경미한 비위 행위를 한 공무원에게 반성하도록 하는 것이지 징계가 아니다. 문체부가 블랙리스트 실행 공무원에게 중징계(파면, 해임, 정직)도 아니고, 경징계(감봉, 견책)도 아니고 '주의'를 준 것은 향후 승진 등에 아무런 불이익을 받지 않도록 하기 위한 배려 조치에 불과하다.[3]

9월 18일에는 블랙리스트 조사위에 참여했던 민간위원들이 직접 기자회견에 나서 "문체부는 이번 이행계획 발표를 전면 백지화하고, 공정한 사회적 검증 과정과 토론을 통해 '블랙리스트 책임규명 이행계획'을 다시 수립해야 한다"고 요구했다. 또한 "책임규명 이행계획에 블랙리스트 범죄에 대한 본질적인 해결의지와 피해 당사자들에 대한 배려와 존

---

3 블랙타파, 「블랙리스트 실행 문체부 공무원 징계 0명, 문체부 공무원 도종환 장관은 책임지고 사퇴하라」 성명서, 2018.9.13.

중이 없다는 사실에 가장 크게 분노"하며 "이는 문재인 정부의 국정과제 1호, 적폐청산 자체를 심각하게 위협"한다고 우려했다.

이밖에도 문체부의 '징계 0명' 사태에 대한 문화예술계의 분노와 질책이 빗발쳤고 급기야 추석 연휴가 시작되던 9월 21일부터 일인시위가 시작되었다. 9월 21일 서울역 KTX 역사 앞에서 김소연, 김재엽, 백석현, 이양구, 임인자, 홍예원 등이 처음으로 일인시위를 시작했고, 이튿날인 9월 22일에는 남부고속버스터미널에서 김윤규, 정영두 등 무용계가 일인시위에 동참했다. 9월 23일 서울역 KTX 역사 앞에서는 김미도, 김소연, 이경미, 이양구, 송경화, 홍태림 등이 일인시위를 계속했다.

9월 27일부터는 예술경영지원센터, 아르코대극장, 한국예술인복지재단 등 블랙리스트의 대표적 실행기관 앞에서 일인시위를 이어갔고 광화문, 청와대, 국회 앞 등에서도 일인시위를 벌였으며 점점 많은 인원이 가세하였다. 수많은 문화예술단체들이 문체부를 규탄하는 성명을 쏟아냈고, 연일 문체부를 비판하는 기사들이 넘쳐났다.

이를 견디다 못한 문체부는 10월 1일에 대변인을 통해 입장문을 발표했는데 "감사원 감사에서 블랙리스트에 관여한 직원들이 주의 조치를 받은 상황에서 문체부의 불가피한 선택이었습니다. 또한 '주의' 조치도 '공공감사에 관한 법률'(제 23조) 상 감사결과 처분의 하나로서, 주의 처분대장에 등재되고 관리되어 향후 승진, 전보, 상훈 등에서 인사상 불이익을 받는 것입니다"라는 궁색한 변명을 내놓았다. 또한 "문체부가 이번 이행계획에서 하위직 실무자들(사무관급 이하) 22명에게 징계 처분을 하지 않은 것은 블랙리스트 관련 감사원 감사결과에서 하위직 실무자에 대해서는 신분상의 조치를 하지 않은 점과 권한 없는 자에게 책임을 묻기 어려운 점을 고려한 것"이라고 했다.

블랙리스트 조사위 민간위원들은 10월 4일에 다시 문체부 입장을 조목조목 반박하는 입장문을 발표했다. 특히 동일비위에 대하여 징계벌과 형사벌을 병과하더라도 일사부재리 원칙에 저촉되지 않는다고 지적했고, 심지어 블랙리스트 조사위 조사결과 중 일부는 감사원 감사결과와 동일비위가 아닌 경우도 있음을 강조했다. 또한 '주의'는 명백히 징계의 종류가 아님을 다시 한번 분명히 했고, 하위직을 징계하지 않은 것에 대해 "관료주의에 기반한 자기 합리화에 불과"하다고 비판했다.

블랙타파 역시 10월 4일에 다시 성명서를 발표하면서 "진상조사위원회는 지난 11개월 동안의 활동을 통해 감사원 감사, 특검 등에서 밝히지 못한 여러 사건들을 밝혔다. 감사원 감사결과 그 자체도 문제지만 새롭게 추가된 범죄행위가 있다면 마땅히 그에 대한 책임을 묻는 것, 그것이 법"이라고 밝혔다. 또한 "공무원이 복종해야 할 지시는 '공무'이지 '범죄'가 아니다. 상관의 지시였다고 해서 범죄에 가담한 책임을 면할 수 있다는 대한민국 법이 어디 있단 말인가"라고 개탄했다.

원래 2018년 5월 8일, 블랙리스트 진상조사위와 문체부가 함께 발표한 '진상조사 및 제도개선 결과 종합발표'에 의하면 〈권고 이행을 위한 '이행협치추진단' 설치〉 부분에서 추진단 구성은 '문화체육관광부와 민간 공동으로 구성'한다고 되어 있었다. 이행협치추진단의 주요 업무 내용 중에는 '권고사항 이행 및 처리'가 있고, 그 세부 사항 중에 '책임규명 권고의 이행 점검'이 명시되어 있었다. 그런데 문체부는 2018년 6월 30일 위원회가 해산된 이후 이행협치추진단의 발족을 계속 미루었다. 블랙리스트 조사위 해산과 함께 백서발간 문제도 이행협치추진단 업무로 이관되었는데 이행협치추진단이 발족되지 않아 백서발간 업무도 완전히 손을 놓은 채 한 달 반 이상 지연되었다. 백서는 원래 위원회 해산 이후 3개월 이내에 발간하도록 규정되어 있었지만 그런 규정을 너무나 잘 알고 있는 공무원들이 대책 없이 시간을 흘려보냈다.

8월 20일에야 이행협치추진단의 첫 번째 회의가 열렸는데 문체부는 황당한 조직도를 펼쳐놓았다. 이행협치추진단을 '블랙리스트 재발방지 제도개선 이행협치추진단'(단장: 문체부 문예실장)과 '블랙리스트 책임규명 이행준비단'(단장: 문체부 기조실장)으로 쪼개놓고, '블랙리스트 재발방지 제도개선 이행협치추진단'에서는 '제도개선'과 '백서발간'만 관장하라는 것이었다. 책임규명 이행 부분은 문체부 기조실장이 법률자문팀과 따로 진행하겠다는 계획이었다. 이행협치추진단에 참여한 민간위원 김미도(블랙리스트 진상조사위 위원), 이양구(블랙리스트 진상조사위 전문위원), 이원재(블랙리스트 진상조사위 위원), 정윤희(문화민주주의 실천연대 운영위원), 현린(문화민주주의 실천연대 공동운영위원장)은 이러한 조직도에 문제를 제기하면서 다음 회의 일정을 9월 12일로 잡았는데 문체부가 9월 13일에 책임규명 이행계획을 일방적으로 발표해 버렸다. 심지어 9월 12일에 열린 이행협치추진단 2차 회의에서 다음 날 그런 발표가 있을 거라는 언질조차 주지 않았다. 문체부의 이러한 행태는 책임규명 이행에 있어 애초부터 '셀프 면책'을 예정하고 있었다는 합리적 의심을 갖기에 충분했다.

이러한 의구심들이 증폭되는 와중에 10월 4일에 발표한 문체부의 재입장 표명은 예술인들의 분노에 기름을 부은 꼴이 되었다. 예술인들의 일인시위는 10월 8일부터 음악계까지 동참하면서 더욱 불길처럼 번져갔다. 결국 도종환 문체부 장관이 블랙리스트 진상조사위 위원들과의 만남을 제안해왔고 10월 14일에 국립현대미술관 회의실에서 4시간 30분 동안이나 대화의 자리를 가졌다. 진상조사위 위원들은 장관의 허심탄회한 해명에 일면 공감하면서도 책임규명 이행계획이 전면 재검토되어야 한다는 주장을 굽히지 않았고 장관은 수일 내에 답변을 주기로 했다.

장관의 답변을 기다리는 사이, 10월 16일에는 문화예술계 블랙리스트 사건 피해자 측 소송 대리인단이 문체부의 책임규명 이행계획 전면 재검토를 촉구하는 성명을 냈다. 대리인단은 "우리는 오욕으로 점철된 과거를 청산하지 못했을 때 어떤 방식으로 되돌아오는지 수차례 경험했다"며 "문체부는 이런 역사적 소명을 상기하고 직급에 관계없이 관련자에 대한 합당한 징계절차를 이행해야 한다"고 강조했다.

일인시위는 동시다발로 날마다 이어졌고 11월 3일에는 '문화민주주의 실천연대' 주관으로 문체부를 규탄하는 '2018 문화예술인 대행진 〈Blacklist Blacklast〉' 가 국회를 출발하여 청와대까지 이어졌다. 이 날 행진에 앞서 문화민주주의실천연대는 '블랙리스트 불법 공모 131명 책임규명 권고안 즉각 이행, 블랙리스트 진상조사 및 책임규명이행 축소·왜곡·방해·셀프면책· 책임자 문책, 블랙리스트 미진한 진상규명 관련 대통령·정부·국회의 구체적인 대책 즉각 수립, 문화예술 정책·행정 등 민관협치에 대한 정부차원의 제도화 시행 등 크게 4가지 요구사항을 담은 선언문을 발표했다. 이 선언문에는 131개 단체, 2166명이 참여했다.

문체부, 재검토 수용

'블랙리스트 블랙라스트' 대행진을 앞두고 문체부는 결국 책임규명 이행계획 재검토 안을 수용하겠다는 입장을 밝혔다. 11월 7일에 문체부와 이행협치추진단 민간위원들의 첫 번째 협상 테이블이 이루어졌다. 문체부와 이행협치추진단 민간위원들이 합의한 '블랙리스트 책임규명 이행계획 검토회의'(이하 '이행계획 검토회의')는 문체부 추천 변호사 2인과 이행협치추진단 민간위원 추천 변호사 1인, 법학교수 1인,

전 진상조사위 위원 1인 등 모두 5인으로 구성되었다. 민간 검토위원 3인은 재검토 기준안을 도출하면서 이행협치추진단 민간위원들과 수시로 협의했고, 최종 이행계획안을 문화민주주의 실천연대 운영위원들을 중심으로 한 현장 예술인들과 소통하는 과정을 거쳤다. 연말까지 이어진 재검토 끝에 2018년 12월 29일, 이행협치추진단 민간위원들은 문체부에 이행계획 기준을 최종 권고했고, 12월 31일에 문체부는 '문화예술계 책임규명 권고안 이행방안 최종 확정' 결과를 발표했다.

문체부는 "검토대상인 68명(수사의뢰 권고 24명, 징계권고 44명)에 대해 수사의뢰 10명, 중징계 1명(감사원 징계 3명 미포함), 주의조치 33명(감사원 주의 4명 포함)으로 최종 확정하였다. 이는 지난 9월 13일 발표한 이행계획안에서 수사의뢰 3명, 징계 1명이 추가된 숫자다. 문체부는 징계 받지 않은 수사의뢰자 3명에 대해서는 검찰에서 불기소하더라도 중징계를 요구하고 향후 검찰수사에도 적극 협조할 것이라고 밝혔다. 지난 9월 13일 발표에 없었던 사무관급 이상 관련 공무원 전원(17명)에 대한 엄중 주의조치도 추가하였다. 또한 전 직원을 대상으로 재발방지 교육도 실시할 계획이다."[4]

결과적으로 책임규명 이행계획 재검토 과정에서 문체부는 수사의뢰 3명, 중징계 1명, 사무관급 이상 전원 주의조치가 추가된 셈이다. 블랙리스트 조사위가 책임규명 이행계획안을 세울 때부터 가장 큰 쟁점이었던 사무관급에 대한 징계가 결국 이루어지지 못한 것에는 여러 가지 상황이 고려되었다. 우선 사무관급에 대한 징계가 중요하다고 본 민간위원들의 관점은 문체부 산하 기관들에서 징계가 진행되고 있는데 산

4 문체부, 「문화예술계 블랙리스트 책임규명 권고안 이행방안 최종 확정」 보도자료, 2018.12.31.

하기관에 지시를 내린 문체부 사무관들이 징계를 받지 않는 것은 큰 모순이 있다고 보았기 때문이었다. 반면, 문체부는 사무관급 공무원들에게 실질적인 권한이 없으며 상관의 지시를 수행하는 역할만 했기 때문에 징계가 불가하다는 입장이었다.

사무관급을 징계하는 데 있어 마지막 걸림돌은 블랙리스트 실행에 실질적으로 많이 가담했던 사무관급들의 징계 시효가 대부분 만료되었다는 점이었다. 문체부가 애초에 사무관급을 징계하지 않고 재검토를 거치는 과정에서 석 달 이상의 시간이 경과했고 더 많은 공무원들이 징계 시효 만료라는 면죄부를 받게 되었다. 이행협치추진단 민간위원들은 징계시효가 남아있는 일부 사무관급 공무원들이 그 가담 정도가 경미하다는 점 때문에 큰 고민에 빠지지 않을 수 없었다. 결국 사무관급은 전원 주의조치를 하는 대신 그들에게 명령을 내린 상관들을 추가로 수사의뢰 하고, 그 가담 정도가 가장 심각한 서기관 1명(사건 당시 사무관)의 중징계를 권고하기로 했고 문체부가 이를 수용하면서 최종 합의에 이르렀다.

'이행계획 검토회의'에 참여했던 전 블랙리스트 진상조사위 전문위원 이양구는 최종 합의에 이른 과정을 페이스북에 다음과 같이 공개한 바 있다.

> 검토위원 3인의 권고안을 받은 문체부는 이행협치추진단 민간위원들과 이 권고안을 가지고 다시 한 번 '기준[저울]'에 대하여 토론했습니다. 특검과 법원의 판단 기준, 감사원 처분 기준, 예술계의 의견을 반영한 기준, 산하기관에서 적용된 징계 기준, 이미 징계시효가 만료되어 버린 다른 핵심 실무자들과의 관계…… (머리에서 떠올릴 수 있는) 모든 기준을 적용하여 저울의 수평을 최대한 엄격하게 맞춰보고자 노력했습니다. 시

간은 흘러갔고, 기준[저울]을 검토하는 시간 동안 징계시효가 만료되는 공무원들도 있었습니다. 사실 재검토에 돌입한 시점에서 이미 대다수 실무자들의 징계시효는 만료된 상태였습니다. 우리는 재검토 결과 못지않게 재검토 과정을 그 자체로 신뢰와 협치의 회복이라는 목표로 생각할 만큼 주의 깊게 진행했습니다.

어떠한 결론을 내리더라도 징계 대상자들에게 형평에 맞지 않는 기준을 적용할 수밖에 없는 부조리한 상황에서 가능한 미세한 간극이라도 좁혀보려는 노력이 계속됐습니다. 그 결과 문체부는 사실상 징계가 가능한 것으로 남아있었던 실무자 6명 중 관여 정도가 중한 1명에 대하여만 중징계를 의뢰하기로 하였습니다. 징계 대상자로 남아있는 실무자들 중 5명은 상대적으로 관여 정도가 낮은 점, 해당 업무 전임자가 핵심 실무자 역할을 하였으면서 이미 징계시효가 만료되어 버린 점, 해당 직원들의 지시를 받은 산하기관 직원들이 징계를 받지 않았거나 하였던 점, 이들에 대한 책임이 있는 상급자 등 3명에 대하여 문체부가 추가 수사 의뢰하기로 한 점 등을 고려하여 징계 책임에서 제외하는 상황을 이해하고 동의할 수 있었습니다.[5]

사무관급에 전원 주의조치를 내리는 대신 이행추진단 민간위원들은 장관이 직접 대국민 사과를 겸하여 최종 책임규명 이행계획을 발표할 것을 요구했다. 아울러 문체부의 지시를 받고 블랙리스트를 실행했던 산하기관들에 사과하는 내용을 발표에 포함시켜 달라고 했다. 발표장소에 문체부 과장급 이상 공무원들이 모두 나와 함께 사과할 것도 요구했다.

---

5 〈https://www.facebook.com/pg/%EA%B2%80%EC%97%B4%EB%B0%B1%EC%84%9C-765362713629814/posts/?ref=page_internal〉

문제는 2018년도 연내에 책임규명 이행계획 발표를 마무리하는 과정에서 발표 공지가 행사 하루 전에 나가는 바람에 예술현장에 충분히 전달되지 못했고 행사준비가 치밀하지 못했던 점이다. 심지어 12월 31일 국립현대미술관 행사장에서는 행사 안내조차 제대로 이루어지지 않았고, 행사장에서는 '대국민 사과'라는 타이틀이 삭제된 채 발표가 진행되었다. 설상가상으로 사회를 맡은 문체부 대변인은 현장예술가들의 질문이 이어지자 기자들 질문만 받겠다는 말실수를 하여 예술인들의 거센 항의가 이어지면서 행사가 파행을 빚었다. 사태를 수습하러 나온 기조실장은 그동안 여러 번 사과를 하지 않았느냐는 식의 발언으로 또 빈축을 샀다. 마지막에 신임 김용삼 1차관이 나와 행사가 망가진 것에 대해 진지하게 사과하고 예술계와의 신뢰 회복을 위해 최선을 다하겠다는 의지를 보임으로써 행사는 가까스로 마무리되었다.

도종환 장관은 2019년 1월 초부터 예술위, 영진위 등을 직접 방문하여 산하기관 직원들에게 사과하고 직원들의 의견을 청취하는 행보를 보였다. 블랙리스트 진상조사위 위원이기도 했던 김용삼 1차관은 1월 22일에 블랙리스트 피해 연극인들과 간담회(대학로연습실 다목적실)를 갖고 지난 12월 31일의 행사 파행에 대해 거듭 사과했다. 피해 예술인들은 여전히 문체부의 징계가 미흡하며 특히 사무관급에 대한 징계가 이루어지지 않은 것에 대해 항의했지만 김용삼 차관과의 간담회는 문체부와의 골 깊은 응어리를 풀 수 있는 하나의 계기가 되었다. 현장의 불만과 비판 여론은 여전히 남아있으나 문체부는 적어도 재검토를 수용한 시점부터는 민간과의 협치를 충실히 수행하면서 현장의 의견을 청취하려고 노력하였다. 2018년 9월 13일에 책임규명 이행계획을 일방적으로 발표했던 것과 달리 12월 31일 발표에서는 보도자료 문구 하나하나까지 민간과 세심하게 협의했다.

블랙리스트 사태의 일단락, 그 이후

문체부의 징계 재검토 완료와 더불어 산하기관들의 징계도 모두 마무리되었다. 최종 책임규명 이행계획은 다음 표와 같다.

<table>
<tr><th colspan="4">진상조사위 권고 내역</th><th rowspan="2">해당기관 이행 내역</th></tr>
<tr><th>구분</th><th colspan="2">기관</th><th>인원</th></tr>
<tr><td rowspan="10">수사 의뢰 권고 (26명)</td><td rowspan="3">중앙 부처 (15명)</td><td>문화체육관광부</td><td>12명</td><td>수사의뢰 7명(감사원 징계 3명, 주의1명 중복), 주의조치 2명</td></tr>
<tr><td>외교부</td><td>1명</td><td>퇴직</td></tr>
<tr><td>국가정보원</td><td>2명</td><td>해당기관 검토 중</td></tr>
<tr><td rowspan="6">공공 기관 (11명)</td><td>한국문화예술위원회</td><td>3명</td><td>수사의뢰 2명(퇴직 3명 중)</td></tr>
<tr><td>영화진흥위원회</td><td>3명</td><td>수사의뢰 1명(퇴직 2명 중)</td></tr>
<tr><td>한국출판문화산업진흥원</td><td>2명</td><td>퇴직 2명</td></tr>
<tr><td>한국문학번역원</td><td>1명</td><td>퇴직</td></tr>
<tr><td>예술경영지원센터</td><td>1명</td><td>퇴직</td></tr>
<tr><td>국립극단</td><td>1명</td><td>퇴직</td></tr>
<tr><td>처분 소계</td><td></td><td>26명</td><td>수사의뢰 10명, 주의조치 2명</td></tr>
<tr><td rowspan="4">징계 권고 (105명)</td><td rowspan="3">중앙 부처 (46명)</td><td>문화체육관광부</td><td>44명</td><td>중징계 1명
주의조치 31명(감사원 주의 4명 포함)</td></tr>
<tr><td>외교부</td><td>1명</td><td>민간임용 퇴직자</td></tr>
<tr><td>대통령비서실</td><td>1명</td><td>민간임용 퇴직자</td></tr>
<tr><td>지자체 (3명)</td><td>대구광역시</td><td>3명</td><td>주의 3명</td></tr>
</table>

	공공 기관 (56명)	한국문화예술위원회	23명	정직 4명, 감봉 3명, 견책 4명, 주의 3명, 징계시효 경과 3명 주의, 퇴직 4명, 민간위원 2명
		영화진흥위원회	14명	해임 1명, 정직 1명, 감봉 5명, 견책 3명, 퇴직 4명
		예술경영지원센터	4명	주의 2명, 퇴직 2명
		한국문화예술교육진흥원	4명	사실관계 불명확 2명 민간위원 1명, 퇴직 1명
		국립극단	3명	경고 1명, 퇴직 2명
		한국문화예술회관연합회	2명	징계시효 경과 1명, 하위직급 1명
		한국예술인복지재단	2명	퇴직 1명, 징계사유 없음 1명
		한국영상자료원	2명	퇴직 2명
		한국문학번역원	1명	퇴직 1명
		한국출판문화산업진흥원	1명	경고 1명
	처분 소계		105명	중징계 1명, 해임 1명, 정직 5명, 감봉 8명, 견책 7명, 경고 2명, 주의 42명 (감사원 주의 4명 포함)

표를 통해서도 알 수 있듯이 예술위와 영진위가 가장 엄중하게 책임 규명 이행계획을 발표했다. 특히 연극계와 직접 관련이 많은 예술위는 징계 권고 대상자 23명 중 퇴직 6명, 선행처분 1명, 징계시효 종료 3명 등 10명을 제외한 13명에 대하여 정직 4명, 감봉 3명, 견책 4명이라는 상당히 무거운 처분을 내렸다. 예술위 중징계 대상자에는 '2015 서울연극제' 대관탈락 사건, '2015 공연예술 창작산실' 박근형 배제 사건, '팝업씨어터' 사건 등 주요 사건 연루자들이 포함된 것으로 알려졌다. 영진위는 징계 권고 대상자 14명 중 퇴직자 4명을 제외한 10명에 대한

징계안을 심의해 해임 1명, 정직 1명, 감봉 5명, 견책 3명 등의 처분안을 냈다.

문화예술계 블랙리스트 사태는 징계가 완료되었다 해서 다 해결된 것이 결코 아니다. 연극계만 보더라도 여전히 내부적으로 갈등과 불신이 팽배해 있다. 가장 심각한 갈등은 연극계 내 가해자로 지목되고 있는 인물들이 제대로 된 사과를 내놓지 않고 있기 때문이다. 사과는 커녕 예술위 사업이나 국립극단 라인업에 이름이 올라가는 일들이 벌어지고 있다. 그들을 영원히 용서하지 말자는 의미가 아니다. 잘못된 행위에는 반성과 사과가 따라야 용서와 화해가 가능하고, 무엇보다도 블랙리스트 피해자들의 상처를 조금이나마 어루만질 수 있다.

앞으로 남은 과제들도 산적해 있다. 블랙리스트 조사위가 권고한 제도개선 권고안은 31개 대표과제와 85개 세부과제로 정리되어 있다. 이 중에서 30개 과제가 이행 중이며 특히 문화예술계 블랙리스트 사태 재발을 방지하기 위하여 지원배제 명단을 작성하거나 작성을 지시하여 이용하는 경우, 5년 이하의 징역 또는 5천만원 이하의 벌금형 등을 규정하는 '예술인의 지위 및 권리보장에 관한 법률(가칭)'이 제정될 예정이다.[6]

문체부의 백서 발간도 백서의 완료형이 아니다. 연극계를 중심으로 한 '검열백서위원회'는 향후 문체부 백서를 바탕으로 하여 연극계 내의 블랙리스트 실행 구조 및 사건 규모와 실태, 피해자의 구체적 피해 사례 등을 광범위하게 자체 조사하고 분석하여 더욱 구체적인 민간백서

---

6 '예술인의 지위와 권리의 보장에 관한 법률' 제정안이 2021년 8월 31에 국회 본회의를 통과했다. 그러나 블랙리스트 사태와 같은 일이 재발할 시, 공무원의 처벌조항 등에 대해서는 구체적으로 명시되지 못했다.

를 발행할 계획이다.

끝으로 필자는 '2015 공연예술 창작산실' 심의위원으로서 박근형을 배제하려는 예술위의 시도를 사건 발생 당시인 2015년 6월에 즉각 폭로하지 못함으로써 박근형이 결국 포기각서까지 쓰게 된 사건에 대하여 매우 미안하고 부끄러운 마음을 갖고 있다. 그나마 2015년 9월 9일 뒤늦게나마 JTBC를 통해[7] 박근형과 함께 사건의 일단을 폭로할 수 있었던 것은 당시 도종환 의원실과의 긴밀한 협의를 통해 용기를 낸 때문이다. 도종환 장관이 책임규명 이행 과정에서 예술계를 크게 실망시킨 부분이 있으나 2015년 국정감사로부터 2016년 국정감사에 이르기까지 이 문제에 대한 관심의 끈을 놓지 않고 공론화에 앞장 서 준 것, 장관 취임과 동시에 블랙리스트 진상조사위를 신속히 꾸려준 것에 대해 이 지면을 빌어 감사한 마음을 전한다. 블랙타파와 대학로X포럼을 중심으로 그동안 블랙리스트 사태 해결을 위해 큰 지지와 응원을 보내주신 모든 분들께도 감사드린다. 특히 블랙리스트 진상조사위에서 함께 활동하며 마지막 책임규명 이행계획 재검토와 백서 이의제기에 대한 사실 재확인 작업까지 최선을 다해 마무리해준 이양구 작가에게 경의를 표한다.

---

7 「지원자에 작품포기 종용, 순수예술 정치검열 의혹」, JTBC 뉴스룸 '탐사플러스', 2015.9.9. 〈http://news.jtbc.joins.com/article/article.aspx?news_id=NB11026116〉(검색일: 2021.8.16.)

블랙리스트 사태 후속조치 제대로 되고 있나

2000년, 민주화를 위한 전국교수협의회 활동 - 국가보안법 폐지서명 등
동명이인 확인 후 조치할 것
제외할 것
자체확인 및 12명 제외조치 완료 보고
간이확인: 이상 없음
자체확인 결과 2명 제외, 나머지 3명 진행 - k
임수경 방북지지, 친노, 노무현추모공연기획, 남편 한겨레 활동 등
2009소고기반대 시국선언 1건
대운하 반대
현정부 우호적 활동가로 양해됨
지원중단시 국제적 불신 초래, 연극계원로들의 거센 반발 예상
심사 제외
국가보안법 비판
대표 개인의 활동이 문제되며
절대 안 됨
자체 판단
이력 파악 후 판단
정치적 인물
대사관 요청사항
단순 가담
특이사항 없음
그냥 할 것
제외하고 진행키로 함

차기부터 없앨 것
개폐회식 안 됨
추후 제외할 것
특이 없음
간이확인
정치활동
의심사례, 가능한 안 하는 것으로
각종 시국선언

블랙리스트 사태 후속조치 제대로 되고 있나*

문화예술계 블랙리스트 사태는 여전히 그 상처를 제대로 치유하지 못하고 있다. 아니, 치유는커녕 주요 가해자들이 전혀 처벌받지 않고 여전히 활개 치는 상황들이 속출하여 2차, 3차 가해가 발생하고 있다.

대표적인 예로 2019년 7월 1일에 문화체육관광부(이하 '문체부')는 블랙리스트 범죄의 책임이 있는 수사의뢰자 3인에 대해 국장급 인사를 단행함으로써 문화예술계의 큰 반발을 불러일으켰다. 문화민주주의실천연대의 항의 성명과 '블랙리스트 재발방지 이행협치추진단'(이하 '이행추진단')의 강력한 문제 제기가 이어졌다. 특히 이행추진단은 수사의뢰 대상자들 외에도 블랙리스트 사태 당시 예술정책과 과장이었던 자를 예술정책관에 임명한 것에 대해서도 엄중히 항의하였다. 문체부는 결국 3인의 수사의뢰자 중 기관장격인 국립한글박물관장을 다른 자리로 보냈고, 예술정책관에 대해서도 전보인사를 단행했다.

현재 또 하나 물의를 빚고 있는 사건은 송수근 전 문체부 차관이 계원예술대학 총장에 임명된 일이다. 송수근 전 차관은 2019년 8월 1일

* 『연극평론』 2020년 봄.

자로 계원예대 총장에 임명되었고 이후 많은 학생들과 뜻있는 교수들이 총장 퇴진을 요구하며 강경 투쟁을 벌이고 있다. 송수근 전 차관은 박근혜 정부 당시 문체부 기획조정실장으로 임명된 2013년 8월 이후 청와대의 요구에 따라 블랙리스트 실행 계획인 「건전 문화예술 생태계 진흥 및 지원방안」이라는 보고서 작성을 주도했다. 이후 송수근 기획실장은 '건전콘텐츠 활성화 TF' 단장을 맡아 매주 개최한 TF 회의를 통해 블랙리스트 실행과정을 지속적으로 상부에 보고했다. '블랙리스트 총장 퇴진과 학교 정상화를 위한 계원예술대학교 교수 모임'은 2020년 1월 20일에 발표한 2차 성명에서 "문화계 블랙리스트의 근절은 문재인 정부의 국정 과제 중 하나입니다. 이러한 상황 속에서 블랙리스트의 최고위급 실행자가 예술대학교의 총장직을 수행하고"있음을 개탄했다. 계원예대 교원인사위원회는 작년 연말에 이들 교수 모임에 속한 서동진·성기완 두 교수에게 교수 품위를 손상시켰다며 경고를 내렸다.

문화예술계 블랙리스트 사태에서 가장 핵심적 가해집단인 문체부가 여전히 인사문제에 둔감한 것은 문화예술계의 지속적인 반발을 불러일으키고 있다. 송수근 전 차관의 총장 임명건은 교육부에도 그 책임을 묻지 않을 수 없다. 가해 공무원들이 자숙하는 태도조차 보이지 않는 것이 문제이고, 정부가 뚜렷한 인사기준 없이 가해자들을 요직에 기용하는 것은 더 큰 문제이다.

문체부, 피해자 명예회복과 기억사업을 시작하다

'블랙리스트 진상조사 및 제도개선위원회'(이하 '블랙리스트 진상조사위')는 '블랙리스트 방지를 위한 후속조치 권고'로서 ① 국가의 사과와 정의의 실현, ② 피해자 명예회복 및 피해보상, ③ 진상규명 및 권리 보장을 위한 기구 설립, ④ 이행협치추진단 설치를 명시한 바 있다.[1] 이행추진단은 박양우 문체부 장관은 취임 직후인 2019년 5월 초에 '블랙리스트 피해자 명예회복 및 사회적 기억사업'을 요구했고, 장관은 이를 추진하겠다고 약속한 바 있다. 이후 이행추진단은 기억사업을 위한 전문가 자문 및 세미나 활동을 하며 준비작업을 진행했다. 2019년 12월 2일 '팝업씨어터 공개사과 이후-블랙리스트 피해자 명예회복과 사회적 기억사업을 시작하며'를 주제로 열린 공청회에서는 장관이 직접 팝업씨어터 사건 피해자들에게 사과하고 명예회복과 사회적 기억사업을 다짐했다. 공청회가 열린 장소는 바로 2015년 10월에 팝업씨어터 사건이 발생했던 씨어터카페(대학로 예술극장 1층)였다.

사실 공청회가 열리기 전까지 팝업씨어터 피해자들과 한국문화예술위원회(이하 '예술위') 사이에는 상당한 진통이 있었다. 대표적으로 2019년 7월 19일에 역시 씨어터카페에서 '팝업씨어터 사태에 대한 사과 및 재발 방지를 위한 약속 -팝업씨어터 사과에 대한 입장문 발표'가 있었다. 그 날 사과는 이행추진단과 함께 양쪽이 수차례 회의를 거친 결과였다. 그러나 7월 19일 예술위의 사과는 여전히 피해자들에게 진정성 있게 다가가지 못했고, 참가자들 사이에 때때로 격앙된 고성이 오갔다. 직접적인 가해자들이 사과의 자리에 나오지 않은 채 위원장이 대표로 사과하는 형식은 팝업씨어터 사태로 상처받은 수많은 예술가들을 근원적으로 위로하지 못했다.

12월 2일 공청회에서 박양우 장관의 사과에 이어 박종관 예술위 위

1 『블랙리스트 진상조사 및 제도개선위원회 백서 - 블랙리스트 방지를 위한 제도개선 종합보고서』, 본권 제 3권, 문화체육관광부, 2019.2, 154~167쪽.

원장도 피해자들에게 재차 사과했다. 이날 분위기는 대체로 차분했으며 특히 팝업씨어터 사태를 공익제보했던 김진이의 발제는 참가자들을 숙연하게 했다. 문체부 장관이 직접 피해자들을 만나 사과하고 명예회복 및 사회적 기억사업을 약속했다는 것은 블랙리스트 사태의 후속조치에서 하나의 큰 전환점을 마련했다고 볼 수 있다.

연극분야에서 블랙리스트 기억사업의 두 번째 과제는 '서울프린지네트워크' 선정배제 사건이다. 2020년 1월 22일, 대학로 예술가의집에서 서울프린지네트워크, 예술위, 문체부, 이행추진단 관계자들이 함께 첫 만남을 가졌다. 서울프린지네트워크(이하 '프린지')의 오성화 대표가 사건의 개요와 지난 5년간의 고통스러웠던 시간들을 담담하게 피력했다. 프린지는 1998년 독립예술제를 모태로 성장하기 시작하여 2000년에는 이른바 다원예술 분야 지원사업이 생성되는 모태가 되었다. 프린지는 2006년 예술위 주최의 '올해의 예술상'에서 다원예술부문을 수상했고, 2008년 문체부 공연예술행사 평가에서 최우수축제로 선정되기도 했다. 2013년에는 서울시설공단과 MOU를 맺고 서울월드컵경기장에서 공간실험을 시작했다.

그러나 프린지는 2014년 17번째 축제 '절대반역'이 아르코 창작지원사업 다원예술부문 1차 심의에서 탈락하는 납득하기 어려운 상황이 벌어졌다. 당시 예술위는 심의결과를 NCAS를 통해 개별적으로만 확인가능하도록 변경했는데 이것이 블랙리스트의 실행 과정임을 프린지측은 미처 알 도리가 없었다. 블랙리스트 진상조사위 백서에 나오는 오성화 대표의 진술에 의하면 2012년 여름 서울프린지 축제 당시 박근혜 대선 후보 캠프에서 계속 연락이 왔고, 박근혜 후보가 축제에 와서 젊은이들과 소통하는 그림을 만들고 싶어했다 한다. 오성화 대표는 계속 거절했지만 박근혜 후보는 기어이 축제를 찾아와 젊은 여대생들과 대화하는 영상을 찍고 갔다. 그 후 박근혜 대통령 직속 청년위원회쪽에서 오성화 대표에게 사업 기획을 부탁했으나 오 대표는 이때도 거절했다.[2] 블랙리스트 진상조사 결과에 의하면 문체부가 2014년 3월 5일경 작성한 「이념편향 논란의 사업선정관련 대책방안」 문서 중 서울프린지네트워크가 별도 보고된 사실이 확인된다. 또 다른 보고문건인 「2015년 문예진흥기금 공모사업 신청현황」에서는 오성화 대표가 용산참사 해결, 철도파업 지지 시국선언에 참여했다는 사실 등이 지적되고 있어[3] 이런 사유들로 인해 서울프린지가 지원사업에서 배제되었다는 결론에 이르렀다. 백서가 출간된 후 서울프린지네트워크는 입장문에서 다음과 같이 토로했다.

> 그 시절 문예위는 무엇을 시도했습니까. 과연 문예위는 권리와 책임을 다했습니까. 현장과 제도 간에 쌓아 올린 신뢰가 이토록 허무하게 무너질 수 있는 것입니까. 상대와 다른 의견과 실패할 수 있는 기회, 중심보다는 주변에서 다양한 목소리를 내는 것이 왜 검열의 이유가 되며, 독립예술가를 응원하는 것이 블랙리스트에 올라갈 이유란 말입니까. (중략)
>
> 한국문화예술위원회가 신뢰받는 정책의 파트너로 돌아올 때까지 지켜보겠습니다. 그리고 블랙리스트 작성에 힘을 썼던 공무원들은, 심사에 참여했던 비전문가들은 프린지와 예술가에게 진심으로 사과하십시오.

예술위 지원사업에서 다원분야 지원사업은 아직도 복원되지 못하고 있다. 서울프린지네트워크는 2020년 2월 17일에 '프린지 블랙리스트를

2 『블랙리스트 진상조사 및 제도개선위원회 백서』 부록 - 진상조사결과보고서: 공연1, 2-2권, 831~832쪽 참조.

3 위의 책, 848쪽 참조.

말하다-첫 번째, 이야기 자리'를 마련한다.

한편, 국립극단이 〈날아가버린 새〉 배제 사건에 대해 공식 사과한 후 2019년 12월 24일에 후속조치를 위한 첫 간담회가 있었다. 피해자인 장지혜 작가와 전인철 연출, 국립극단 오현실 사무국장, 문체부 송윤석 과장이 참석했고 연극계에서 심재찬, 남명렬, 고연옥, 김미도, 이양구가 함께 자리하여 후속조치를 논의했다. 피해자들은 국립극단에서 공연을 올리는 것은 원치 않았으며, 재발 방지를 위한 직원 교육 등에 더 무게를 두었다.

예술위, 여성 위원 후보 0명과 재공모 사태

'블랙리스트 진상조사위'는 '블랙리스트 방지를 위한 한국문화예술위원회 개선 권고'에서 예술위 위원 선임 절차의 문제점을 심각하게 지적한 바 있다.

> ● 예술 현장과의 소통, 위원 선임 및 위원회 구성 원칙과 기준, 민주주의 절차를 통한 위원 선출, 위원회 활동에 대한 객관화 된 평가 체계 등이 실종되고 문화체육관광부의 의사결정에 따라 위원회 구성 및 운영이 진행됨
>
> - 한국문화예술위원회 위원 구성에 대해서는 『문화예술진흥법』 제 23조(위원회의 구성) ①항의 다음 규정 이외에 명문화된 규정이 없음. "위원회는 문화예술에 관하여 전문성과 경험이 풍부하고 덕망이 있는 자 중에서 문화체육관광부 장관이 위촉하는 15명 이내(위원장 1명을 포함한다)의 위원으로 구성한다."[4]

이처럼 문체부 장관이 위원 선임의 결정적 권한을 가지고 있는 구조는 블랙리스트 사태 당시 예술위 위원들 중 누구 하나 적극적으로 저항하기는커녕 블랙리스트 실행에 순응하고 협조하는 참사를 낳았다. 2005년 합의제 민간위원회로 전환한 예술위의 자율성과 독립성이 철저히 파괴된 것이다.

예술위 위원 선임 과정에 대한 문제점은 2018년 '아르코혁신 TF'에서도 심각하게 지적된 바 있다. 아르코혁신TF는 개선 방향으로 위원 구성절차에 대해 참여적 구조를 활성화하여 위원 선임과정이 현장으로부터 추대되는 절차 중심의 구조로 전환할 것을 권고한 바 있다. 또한 위원추천위 구성(권한)을 예술위에 '위임(단기)/이관(장기)'하고 위원추천위는 공모와 심사과정을 공개하라고 요구했다.

기존 위원 선임절차에서 또 하나 문제가 되는 것이 바로 위원추천위원회의 구성 과정이다. 위원추천위원회는 말만 '추천'이지 사실 위원 공모에 응한 지원자들을 단순 심의하여 2배수를 문체부 장관에게 올리는 기능만 가지고 있다. 그런데 이 위원추천위원회를 또 문체부가 구성하도록 되어 있어 문체부의 입김이 개입할 여지가 크다.

문체부는 작년 가을, 예술위 7기 위원 선임 절차에 들어가면서 법인으로 등록된 협단체로부터 추천을 받아 장르당 2인씩 위원추천위원회를 구성했다. 그런데 협단체 위주의 추천과정이 또 문제가 되었다. 특정 협단체에 속한 추천위원들이 협단체장 출신들을 위원 후보로 추천할 가능성이 커지기 때문이다. 결국 결과는 예상대로 나타났다. 연극분야 위원 후보로 박장렬 전 서울연극협회 회장과 손정우 전 연출가협회

---

4 『블랙리스트 진상조사 및 제도개선위원회 백서 - 블랙리스트 방지를 위한 제도개선 종합보고서』, 본권 제 3권, 95쪽,

회장이 추천된 것이다. 다른 장르에서도 비슷한 현상이 나타났고, 가장 큰 문제는 후보자 16명이 전원 남성으로 추천되었다는 점이다.

예술위 위원 후보자들이 전원 남성으로 추천된 것에 대해 '성폭력반대연극인행동'(이하 '성반연')이 즉각 반발하고 나섰다. 2019년 11월 14일 성반연은 성명서를 통해 여성후보자가 없는 것뿐 아니라 위원 후보 추천과정의 전반적인 문제점을 지적하였다.

> 공모에 있어서 여성 후보자가 적었다면 자격의 적격성, 추천의 방법론에 문제가 있지는 않은지를 살펴야 하는 것이 아닌가? 적절한 여성 후보자를 발굴하려고 노력했어야 하는 것 아닌가? 매번 위원공모에 있어서 후보자가 많지 않고, 공모시기가 짧다는 관행에 대해서 이를 극복하거나 개선하려는 노력을 하였는가? 현장이 요구하는 대표성과 전문성의 의미가 달라졌다는 점에 대해 얼마나 인식하고 있는가? 특히 연극분야는 해결되지 않은 전 협회장들의 문제뿐만 아니라 만주전선[5]을 통해 협회가 지닌 폐쇄적이고 위계적인 구조를 다시 한 번 확인했다. 문화예술위원회는 여전히 장르협단체만이 추천위원을 추천할 수 있는 문화예술단체라고 규정하고 있는가?

성반연을 필두로 문화예술계의 반발이 크게 확산되자 문체부는 11월 28일에 보도해명자료를 통해 "현재까지 진행된 위원 선임 절차를 중단하고 현장의 의견을 반영할 대안을 검토해 나가겠"다고 발표했다. 이러한 문체부의 전격적인 결정을 문화예술계가 환영하면서 곧바로 공론화

5 극단 쏘울씨어터의 〈만주전선〉은 2018 대한민국연극제에서 강원 대표로 본선에 올랐으나 주최측인 한국연극협회의 부적절한 업무 처리로 본선 심사에서 배제된 바 있다.

과정에 돌입했고 총 3회의 공개토론회를 가졌다. 2020년 1월 30일에 열린 3차 토론회에서는 예술위 위원 선임에 대한 새로운 기준들이 대략 정리되었다. 무엇보다 특정 성별 비율이 60%를 초과하지 않도록 하고, 40대 이하와 50대 이상의 위원들을 50:50으로 조정함으로써 세대간 비율도 고려하기로 했다. 20대가 위원으로 추천될 확률이 적은 부분에 대해서는 예술위 내의 소위원회 제도를 적극 활용하여 청년층의 참여를 보장하기로 했다. 또 추천위원회 구성에 있어서는 법인 미등록단체와 개별예술인까지 추천 주체를 확대함으로써 추천위원회가 현장으로부터 신뢰받는 인사들로 구성될 수 있도록 고려했다.

공론화 과정을 통해 개선된 예술위 위원 선임 절차는 결국 블랙리스트 진상조사위와 아르코혁신 TF가 권고했던 개선안과 같은 방향성을 지향하고 있다. 예술위 위원 선임과정의 개혁은 예술위의 독립성과 자율성을 확보해감으로써 예술위의 근본적 문제점을 개혁할 수 있는 초석을 놓았다고 할 수 있다. 비록 7기 위원 선임과정이 상당히 지연되었으나 문체부의 전향적인 결단 후 현장과의 적극적인 소통을 통한 문제해결 노력은 문체부가 현장으로부터 신뢰를 회복하는 중요한 전환점이 되었다.

연극계, '2020년 연극의 해' 논란을 통해 본 갈등과 반목

2019년 11월 13일에 한국연극평론협회(이하 '평협')는 한국연극협회(이하 '한협')로부터 '〈2020연극의 해〉 추진위원회 참여 요청 건'이라는 공문을 받았다. "한국연극평론가협회 김미도 회장님을 추진위원회 위원으로 모시고자" 한다는 내용이었다. 그런데 이 공문에는 이미 추진위원장과 추진위원들의 이름이 나열되어있는 것으로 보아 평협을 애초에 의도적으로 배제했거나 무슨 이유에선지 마지막에 공문을 보낸 것으로 보인다. 그 공문에 나열된 명단은 다음과 같다.

> 추진위원장: 최종원, 심재찬
>
> 추진위원: 방지영, 김수미, 김혁수, 임정혁, 우상민, 윤우영, 박근형, 김광보, 손상원, 최용훈, 박장렬, 이성열, 이훈호, 유경석, 복영한, 문체부1, 문예위1, 서울시1 등

평협은 이 공문에 대해 이사회 논의를 거쳐 2019년 11월 18일 한협에 다음과 같은 답변을 보냈다.

> 한국연극평론가협회는 한국연극협회의 내부 문제들이 명확히 정리되지 않은 상황에서 한국연극협회가 연극계를 대표하여 '연극의 해'를 추진하는 것에 동의하기 어렵습니다. '연극의 해' 추진 배경과 지금까지의 경과에 대해 연극계에 공론의 장을 마련해 주시고, 추진위원회의 구성방식부터 연극계의 의견을 폭넓게 수렴해주시기 바랍니다. 한국연극평론가협회는 현단계에서 추진위원회에 참여하지 않겠다는 입장을 밝힙니다.

평협의 입장문은 한협의 공문과 함께 페이스북 대학로X포럼에 게시되었는데 이를 계기로 큰 논란이 빚어졌다. 이 게시글의 댓글들에는 평협 이사회에서 우려했던 점들이 즉각적으로 나타났다. 일차적인 문제는 최종원 추진위원장이 2016년 블랙리스트 사태가 뜨겁게 달아올랐을 때 한협의 블랙리스트 비대위 위원장을 맡은 후, 아무 역할을 하지 못했다는 점에 집중되었다. 특히 예술위 위원이었던 전 한협 회장의

블랙리스트 실행 협조 혐의에 대해 한협 비대위가 아무 조처를 취하지 않은 것이 다시 도마에 올랐다. 당시 한협의 무대응에 분노한 연극인들이 따로 '블랙리스트 타파와 공공성 확립을 위한 연극인 회의'(이하 '블랙타파')를 결성하여 전 한협회장을 고발한 바 있다. 댓글들 중에서 특히 연출가 채승훈은 가장 우려했던 문제를 명확히 제기하였다.

> 아연실색!
>
> 지난 3년간의 고통과 헌신의 흔적은 눈 씻고 찾아 볼래야 볼 수 없는 반개혁적 추친위원 구성입니다. 단체장들 중심이라는 허울이 지금 시대에 왜 필요한가요. 화합이라는 위장된 명분으로 방식이나 면면이 과거로 회귀했다고밖에는 볼 수 없습니다.
>
> 무엇보다 연극의 해 행사는 하면 결코 안됩니다. 적어도 수년 내에는 하면 안됩니다. 블랙리스트로 연극계가 누구보다 많이 상처받았다고 위무해 주려는 배려입니까. 그렇다면 그건 더욱이 해서는 안됩니다. 피해자들의 상처와 영혼을 지원금에 팔아먹는 것과 다름 없습니다. 참여자들도 돌이켜 생각들 좀 해보세요.
>
> 그리고 도대체 한국연극협회는 생각이라는 게 있는지 모르겠습니다. 지금이 위로잔치나 벌일 때입니까.
>
> 그리고 무슨 일 나면 항상 한국연극협회가 중심이 되려하는데 한협은 수많은 단체 중 하나일 뿐입니다. 또 누군가 한국연극협회를 통해서 뭔가 연극계 전체를 통일시키고 무마하고 획책하려 한다면, 그런 방식 크게 잘못하는 것입니다. 그것이야말로 독재시대에 했던 방식인 것이고 바로 수년 전에 블랙리스트 실행을 가능케 한 과거식 사고가 아닐 수 없는 것입니다.

'연극의 해' 추진이 최초로 언급된 것은 2019년 4월 30일에 박양우 문체부 장관이 취임 직후 협회장들 중심의 연극인 간담회를 마련한 자리에서였다. 이 때부터 블랙리스트 피해를 '연극의 해' 지원금 몇 푼으로 무마하려 하는 것 아니냐는 불쾌감들이 떠돌았지만 이후 '연극의 해'가 어떻게 추진되는지 연극현장에서는 사실상 깜깜소식이었다. 평협의 문제 제기는 그 파장이 예상외로 매우 컸다. 논란이 가열되자 11월 22일에 모인 1차 추진위원회는 국회 예산 확보 후 해산하고, 본격적인 조직 구성은 "사업내용에 걸맞은 다양한 계층의 사람들로 구성한다"는 결정을 내렸다.

참으로 알 수 없는 일은 문체부 홈페이지에 2019년 10월 22일자로 「2020 연극의 해 추진계획 수립 및 효과분석 보고서」가 올라와 있다는 사실이다. 이 연구용역 보고서의 수행기관은 '한국연극협회', 책임연구원은 엄승용(사단법인 문화자원진흥원 이사장), 공동연구원은 박장렬(2019대한민국연극제 예술감독), 정달영(동국대 영상대학원 공연예술학과 교수)으로 되어 있다. 문제는 이 보고서가 작년 10월에 문체부에 제출되기까지 '연극의 해' 추진에 관한 어떤 공론화 과정도 없었으며, 그 이후에도 '연극의 해' 추진상황에 대해 현장연극인들은 거의 인지하지 못했다는 사실이다. 이 보고서에서 '〈연극의 해〉 지정의 의미' 부분을 보면 "블랙리스트나 미투 운동 등 최근에 불거진 불미스러운 문제는 공연예술 창작현장이 제도와 정책만으로 불투명하고 불공정한 관행이 청산되지 않는 한 언제든지 재발될 수 있다는 근본적인 문제의식에서 출발하여 연극 생태계 전반에 걸친 행태적, 문화적 개혁이 우선되어야 함을 보여주고 있음"이라고 적시함으로써 '연극의 해'가 블랙리스트 사태의 무마용이라는 의혹을 짙게 드리운다. 애초 추진위원 명단에 블랙리스트 사태의 피해자, 가해자, 내부고발자는 물론 화이트리스트의 대표격인 인물까지 뒤섞여 있는 상황은 선불리 연극계 내부 갈등을 봉합하려 한 혐의마저 엿보인다.

찜찜한 의혹들에도 불구하고 애초 결성되었던 추진위가 전격 해산됨에 따라 범 연극계를 아우르는 새로운 추진체를 만들기 위해 총 세 차례에 걸쳐 공개토론회가 이루어졌다. 2019년 12월 16일에 열렸던 1차 토론회는 기성세대와 젊은 세대의 갈등, 협회원과 비협회원(또는 반협회) 사이의 반목이 폭발하며 고성이 오가는 등 매우 혼란스러운 분위기로 종료되었다. 그러나 2020년 1월 29일에 열린 2차 토론회, 2월 11일에 열린 3차 토론회를 거치며 성숙한 토론문화가 실현되었고 '연극의 해' 추진체를 다시 꾸리기 위한 원만한 합의에 이르렀다. 비록 '연극의 해' 선포는 지연되고 있지만 블랙리스트 사태 이후 대두된 새로운 연대체들이 연극계의 의사결정 과정에 적극적으로 참여하고 기존 협회와 갈등을 조율해 나간 점은 매우 고무적이다.

블랙리스트 사태 후속조치는 이제 시작

블랙리스트 사태의 후속조치는 이제 첫 걸음을 뗀 정도이다. 이 와중에 대법원은 2020년 1월 30일, 블랙리스트 사태에 있어 김기춘·조윤선 등에 대한 직권남용권리행사방해죄 판단에 법리 오해가 있다며 서울고등법원으로 파기환송함으로써 찬물을 끼얹었다. 문화민주주의실천연대, 블랙타파, 평협 등 75개 단체와 370명의 개인이 2월 5일에 공동으로 발표한 성명서를 일부 인용해본다.

우리는 대법원에게 묻는다. 상급기관 공무원들이 블랙리스트 검증을 목적으로 하급기관에 지원신청 명단을 요구하거나, 하급기관 직원들이 그 요구에 부응하여 명단을 송부한 것이 그들의 통상적인 '의무'였단 말인가. 각종 공모사업 심사에서 블랙리스트 검증이 이루어지고 있는 상황을 수시로 보고한 것이 청와대 및 문체부 공무원과 산하 공공기관 직원들 사이의 '의무'란 말인가. 한국문화예술위원회 직원들이 블랙리스트 실행 상황 보고를 위하여 매주 나주에서 세종시까지 봉고차를 타고 왕복했던 것이 자신들의 '의무'를 다했던 시간이란 말인가. 대한민국이 검열과 사찰이 일상적 '의무'가 된 전체주의 국가인가? 일상적인 사찰과 배제 업무 보고가 어찌하여 청와대 및 문체부 공무원과 산하 공공기관 직원들의 의무가 될 수 있단 말인가.

블랙리스트 사태에 대한 법원의 합당한 판결을 얻어내기 위해 우리는 다시 험난한 투쟁의 길을 나서야 한다. 상식적인 판결, 국가의 사과와 배보상, 피해자 명예회복과 기억사업이 완료되는 날은 언제일까. 영화 〈기생충〉의 아카데미 작품상 수상을 계기로 블랙리스트였던 감독 봉준호, 배우 송강호 등으로 인해 블랙리스트 사태가 모처럼 언론에서 집중적으로 다루어지며 대중적으로 광범위하게 호명되고 있다. 그러나 대중은 또 금방 이 문제를 잊을 것이다. 표현의 자유를 위한 투쟁에 대해 최소한 예술가들과 그 언저리에 종사하는 사람들이라도 절박한 '당사자성'을 갖지 않는다면 이 비극적인 역사는 결코 해피엔딩을 기약할 수 없다.

나도 피해자다

2000년, 민주화를 위한 전국교수협의회 활동 - 국가보안법 폐지서명 등
동명이인 확인 후 조치할 것
제외할 것
자체확인 및 12명 제외조치 완료 보고
간이확인: 이상 없음
자체확인 결과 2명 제외, 나머지 3명 진행 - k
임수경 방북지지, 친노, 노무현추모공연기획, 남편 한겨레 활동 등
2009소고기반대 시국선언 1건
대운하 반대
현정부 우호적 활동가로 양해됨
지원중단시 국제적 불신 초래, 연극계원로들의 거센 반발 예상
심사 제외
국가보안법 비판
대표 개인의 활동이 문제되며
절대 안 됨
자체 판단
이력 파악 후 판단
정치적 인물
대사관 요청사항
단순 가담
특이사항 없음
그냥 할 것
제외하고 진행키로 함

차기부터 없앨 것
개폐회식 안 됨
추후 제외할 것
특이 없음
간이확인
정치활동
의심사례, 가능한 안 하는 것으로
각종 시국선언

나도 피해자다*

2017년 6월 28일 서울중앙지법 형사 30부(재판장 황병헌 부장판사) 심리로 열린 김기춘 전 대통령 비서실장과 조윤선 전 문화체육부 장관 등의 공판에서 독립기획자인 임인자는 김기춘을 향해 "뭘 몰라요! 거짓말하지 마세요!"라고 외치다 법정에서 끌려 나왔다. 임인자는 그 날 언론과의 인터뷰에서 "블랙리스트는 단지 지원배제가 아니라 예술활동을 한다는 것은 사실 우리에게 생명과도 같다"[1]며 울먹였다. 또 "마치 사람을 죽인 것과 다름없는데도 김 전 실장은 기억나지 않는다고 하고 자신이 한 일이 아니라고 하는데, 그러면 누가 도대체 이런 일을 했다는 건지 너무…"라며 블랙리스트는 "국가 범죄이고 폭력이고 반드시 단죄하고 엄벌에 처해야 한다고"[2]도 했다.

---

* 「청산과 개혁 – 블랙리스트 타파와 공공성 확립을 위한 대토론회」, 대학로 이음센터, 2017.7.3.

1 「"뭘 몰라요! 거짓말하지 마세요!" 절규 나온 김기춘 재판」, 미디어오늘, 2017. 6.28. 〈https://news.naver.com/main/read.naver?mode=LSD&mid=sec&sid1=100&oid=006&aid=0000087483〉 (검색일: 2021.8.16.)

2 「"김기춘, 거짓말 마라!" 예술인 법정 외침…" 블랙리스트, 살인과 같다"」, 경향신

사실 임인자는 김기춘, 조윤선 등의 첫 재판이 열리던 4월 6일에도 김기춘을 향해 "얼마나 많은 연극인들이 힘들어했는지 아십니까. 부끄러운 줄 아십쇼"라고 외치다 법정에서 끌려나왔다. 지난 6월 26일에 있었던 '검열백서 6월 포럼'에서 이양구 작가는 임인자의 외침이 재판정에서 발화된 '유일한 피해자의 목소리'라고 단언했다. 김기춘, 조윤선 등의 재판에서는 블랙리스트를 작성하고 실행한 문체부와 문예위 공무원들마저 피해자의 입장에서 진술하고 있는 아이러니를 꼬집은 것이다.

김기춘, 조윤선 등의 재판에서 진짜 피해자들의 목소리는 거의 배제되고 있다. 오히려 가해자인 공무원들이 피해자로 둔갑하여 사건의 본말을 흐리고 있다. 블랙리스트 사건은 청와대가 기획하고 국정원의 협조를 받아 문체부가 실행한 조직적 국가범죄이며 국가폭력이다. 그 피해자들은 블랙리스트에 이름이 오른 9,473명에서 그치는 것이 아니며, 단순히 지원에서 배제된 예술가들에 한정되는 것도 아니다. 수면 위로 드러난 피해의 실태는 빙산의 일각에 지나지 않는다.

나도 피해자다

나는 오늘 그동안 가슴에 담아두었던 이야기들을 털어놓으려 한다. 2015년 4월 11일 '2015 공연예술 창작산실' 시범공연 심사 마지막 날, 당시 문예위 창작지원부장이었던 장○○으로부터 박근형의 배제 요구

문, 2017.6.28. 〈https://www.khan.co.kr/national/court-law/article/201706281221001〉 (검색일: 2021.8.16.)

를 받던 그 순간부터 2년이 훌쩍 지난 오늘에 이르기까지, 나는 하루도 블랙리스트 문제에서 자유롭지 못했다.

4월 11일에 끝난 심사결과를 두 달 넘게 발표하지 않다가 6월 18일 심사위원 전원을 '예술가의 집'에 소집했을 때, 장○○과 이○○(당시 예술진흥본부장)은 블랙리스트의 존재를 강력히 암시했다. 심의위원들이 심사결과를 바꿀 수 없다고 하자 이○○과 장○○은 그 날 오후, 박근형을 직접 찾아갔다. 그 날 있었던 일을 박근형은 다음과 같이 증언했다.

> 어느 날 문예위 직원들이 찾아와 출품을 취소해달라고 말했다. 내가 취소하지 않으면 창작산실 사업이 없어질 수 있다고 했다. 이유를 묻자 '개구리' 때문이라고 했다. 부당하다는 걸 알았지만 후배들의 앞길을 막을 수 없어 포기했다.[3]

'후배들의 앞길을 막을 수 없어'라는 말은 박근형이 포기하지 않으면 창작산실에 선정된 다른 7개 단체도 공연을 할 수 없고, 심지어 사업 자체가 없어질 수도 있다는 문예위 직원들의 '협박' 때문이었다.

박근형이 포기의사를 밝혔는데도 6월 21일에 장○○은 나를 찾아와 "위에 가서 보고했더니 박근형을 어떻게 믿느냐, 포기각서까지 받아오라"고 했다는 얘기를 전했다. 만일 그런 일이 벌어진다면 결코 가만있지 않겠다고 나도 '협박'을 했다. 장○○이 "그러면 안되겠죠?"라고 대화를 마무리했기 때문에 나는 그가 박근형을 다시 찾아갔으리라고 생각

---

3 「블랙리스트 사건의 당사자 '개구리'의 박근형 연출 입 열다」, 중앙일보, 2017. 5.21. 〈https://news.joins.com/article/21592108〉 (검색일: 2021.8.16.)

하지 않았다. 나는 그 때까지만 해도 문예위 공무원들의 난처함을 일정 부분 이해하면서 약간의 연민도 가지고 있었다.

장○○과 이○○이 박근형을 다시 찾아갔고, 박근형이 포기각서까지 써주었다는 사실은 한동안 까맣게 모르고 있었다. 단지 나는 문예위에서 공공연히 검열이 자행되고 있는 사실을 어떻게든 세상에 알려야 한다고 생각하며 그 방법을 놓고 전전긍긍했다.[4] 나는 고심 끝에 도종환 의원실에 제보하는 방법을 택했고[5], 2015년 교문위 국정감사 직전인 9월 9일에 JTBC를 통해 먼저 이 문제를 폭로했다.[6] 박근형이 포기각서까

---

4 당시 나는 이 문제에 대해 믿을만한 지인들 및 연극계 동료들과 의논 중이었다. 연극계 동료들은 이 사건을 공론화하려고 장르간 연대포럼을 준비하고 있었다. 그 과정에서 이 문제가 도종환 의원실에 알려지게 되었다.

5 나 혼자 이 문제를 폭로하는 것이 무척 두려워서 도종환 의원실에 검열과 관련된 또 다른 증거 확보를 요구하였고, 도종환 의원실은 '아르코문학창작기금'관련 지원배제건에 대한 증언을 확보하였다. 이후 블랙리스트에 대한 도종환 의원실의 집요한 추적이 없었다면 전현직 문체부장관과 대통령 비서실장이 구속되는 데까지 이르지 못했을 것이다. 도종환 의원실은 2016년 10월 10일에 블랙리스트의 존재를 확인할 수 있는 2015년 5월 29일자 문예위 회의록을 입수하여 전격 공개하였다. 그 이틀 후인 10월 12일에는 한국일보가 블랙리스트에 오른 예술인들의 숫자가 9,473명에 이른다고 보도하였다.

6 이 폭로 이후 2015년 9월 17일에 대학로X포럼 긴급토론회가 열렸고, 9월 21일에 '예술 검열을 반대하는 연극단체들의 연대 성명서'가 발표되었다. 10월 5일에는 979명의 연극인이 연대 서명한 성명서가 국회에 전달되었다. 2016년 6월부터는 21개 극단 22개 작품이 참여한 '2016권리장전_검열각하' 릴레이 공연이 무려 5개월 동안 펼쳐졌다. 블랙리스트의 존재가 확실해진 2016년 10월 이후, 2016년 11월 4일, 광화문 광장에서는 전국 288개 문화예술단체 및 예술가 7,449명이 참여하여 '우리 모두가 블랙리스트 예술가다 - 박근혜 퇴진 문화예술인 시국선언'이 발표됐고, 몇몇 예술가들은 바로 그 날부터 광장에 천막을 치고 노숙생활을 시작하며 장기간 투쟁에 돌입했다. 세월호 천막만 있던 광화문 광장에 예술인들의 천막이 늘어나면서 이른바 '광화문 캠핑촌'이 형성되었다. 12월 25일에는 천막미술관인 '궁핍현대미술광장'이 세워졌고, 2017년 1월 10일에는 급기야 '광장극장 블랙텐트'가 기습적으로 세워졌다. 이후 '광장극장 블랙텐트'는 블랙리스트에 저항하는 상징적 아이콘이 되었고, 수많은 공연들이 릴레이 공연되는 가운데 박근혜 퇴진을 위한 위대한 예술적 투쟁을 전개했다. '박근혜-최순실 게이트' 수사를 위해 출범한 박영

지 써주었다는 사실을 인지한 것은 1차 국정감사가 끝나고 2차 국정감사를 앞둔 2015년 10월 3일이었다. 그 날 박근형이 연출한 작품을 보러 갔다가 박근형을 만난 김에 혹시 장○○과 이○○을 다시 만난 일이 없냐고 물어보았고, 박근형은 포기각서까지 써준 사실을 말해주었다. 나는 그 얘기를 듣는 순간 문예위 직원들에 대해 형언할 수 없는 배신감을 느꼈다.

박근형은 "6월 22일 4시 40분에 한성대역 카페베네서 만났습니다. 한 장짜리 포기각서에 서명만 했구요. 날짜는 7월 15일로 적혔습니다"라는 사실관계를 문자메시지 형태로 국회에 제보할 수 있게 해주었다. 2차 국정감사에서 이 메시지가 공개되었고 당시 증인으로 출석한 이○○, 장○○은 포기각서를 받아낸 사실을 인정하였다. 문예위 직원들이 극단 골목길 대표의 아이디로 국가문화예술지원사이트에 접속하여 극단 대표가 직접 해야할 지원포기신청까지 입력한 사실도 드러났다. 이는 흔히 말하는 공문서 위조 행위로 '공(사)전자기록위작변작죄'(형법 232조)에 해당하는 범죄이다.

이○○과 장○○의 가해 행위는 여기서 끝나지 않았다. 2015년 11월에 발표된 한국문화예술위원회 「감사결과 처분요구서-2015년도 지원

수 특검은 2017년 1월 8일에 블랙리스트가 사상의 자유를 침해한 중대 범죄라고 규정했다. 특검 수사에 의해 블랙리스트 실행의 주체는 전현직 문체부 장관을 넘어서 김기춘 전 대통령비서실장으로 거슬러 올라갔고 종국에는 박근혜 전 대통령의 사주에 의한 것이었음이 드러났다. 김종덕 전 문체부 장관을 비롯하여 블랙리스트에 관여한 청와대 고위 공무원들이 구속되기 시작했고, 2017년 1월 21일에는 김기춘 전 대통령 비서실장과 조윤선 당시 문체부 장관까지 구속되었다. 3월 6일에 특검은 박근혜 대통령에 대한 최종 수사결과를 발표하면서 박근혜 대통령이 소위 '문화계 블랙리스트' 사태에 깊숙이 관여한 것으로 결론지었다. 3월 10일, 마침내 헌법재판소는 박근혜 대통령의 탄핵을 인용하였고 3월 31일에 박근혜 전 대통령까지 구속 수감되었다.

심의 관련」에는 다음과 같은 내용이 있다.

> 2015년 6월 18일 오전 10시 대학로 예술가의 집에서 연극분야 심의위원들을 소집하여 우려를 표명하게 되었는데 그 날 논의 과정에서 위원 중 한 사람이 박근형 연출가를 만나 직접 우려를 표명할 것을 제안하기도 했다. 이에 담당자는 같은 날인 2015년 6월 18일 오후 2시 광화문에 있는 한 커피숍에서 박근형 연출가를 만나 같은 우려를 표명하였고 이 자리에서 박근형 연출가는 사업포기 의사를 표명하였다.
>
> 한편, 2015년 6월 21일에는 담당자들이 국립극단 백성희·장민호극장에서 위원 중 한 사람(박근형 연출가를 만나라고 제안한 위원)을 만나 박근형 연출가의 사업포기와 관련하여 의논하였고 다음 날인 2015년 6월 22일 오후 4시 40분에 서울 한성대학교 부근 카페에서 박근형 연출가를 만나 지원포기서를 요청하였다.

이 감사보고서에 의하면 문예위 직원들에게 박근형 연출가를 만나라고 제안한 사람은 바로 나로 특정된다. 6월 18일 회의에서 심의위원들 사이에 박근형 연출을 만나보라는 제안이 나온 것은 사실이지만 그것은 어디까지나 나머지 7개 극단마저 공연을 할 수 없고, 창작산실 사업 자체가 없어질 수도 있다는 문예위 직원들의 협박 때문이었다. 나는 그런 제안을 먼저 하지도 않았으며 이 부분에 대해서는 검열백서위원회의 이양구 조사위원이 최근에 그 날의 녹취록[7]을 확인한 바 있다. 심의위원 5명 중 최소 2명 이상은 6월 18일 이전에 문예위 직원(장○○, 이○○으로 추정됨)들과 박근형 문제를 사전 논의한 사실이 있고, 녹취

7 이 녹취록은 2015년 국정감사 자료로 국회에 제출되었고, 박영수 특검에도 제출되어 있다.

록에도 그런 정황이 명백히 남아있다. 심의위원들에게 처음에는 특정인을 배제하라고 요구하고, 나중에는 이미 정해진 심사 결과를 번복하라고 요구하고, 그것도 통하지 않으니까 다른 단체들도 공연을 못하게 된다고 협박함으로써 자신들이 의도한 결론으로 유도해 놓고서 그 책임을 심의위원에게 전가하는 '2차 가해'를 행한 셈이다. 장○○은 최근 재판에 나와서도 비슷한 진술을 함으로써[8] 내게는 '3차 가해'를 했다.

장○○은 박근형에게 포기각서를 받으러 가기 전에 왜 나를 만나러 왔던 것일까? 내 동의를 얻어 또 심의위원이 시켜서 그렇게 했다는 알리바이를 만들고 싶었던 것일까? 기회가 된다면 나는 그에게 꼭 그 이유를 직접 물어보고 싶다.

장○○은 피해자인가 가해자인가

장○○은 2017년 5월 12일 김기춘, 조윤선 등의 공판에 증인으로 출석하여 김기춘을 향해 미리 써 온 A4 2쪽 분량의 글을 읽었다고 한다.

> 장 부장은 "2015년 청와대에서, 문체부에서 내려왔던 지원배제 리스트는 도저히 온전한 이성으로는 이해하기 힘든 부조리한 명령으로, 민심에 반하는 명령이었다"라면서 "당연히 그 명령은 실행하기가 너무너무 힘들

---

8 장용석은 2017년 5월 12일 김기춘, 조윤선 등 공판에서 변호사를 통해 "박근형 사업 포기가 심의위원들 사이에서 자연스럽게 나오기 시작했다. 사업 포기는 증인이 먼저 말을 꺼낸 것이 아니라 누군지는 알 수 없으나 심의위원들 사이에서 나온 이야기다"라고 진술했다. 장○○은 문예위 자체 감사에서 김미도가 먼저 박근형을 만나보라는 얘기를 했다고 진술했었는데 재판에 와서는 진술을 모호하게 바꾸었다.

었고 큰 고통이었다"고 말했다.

이어 "한국문화예술위원회의 창작지원부장의 자리는 예술인들을 가장 잘 도울 수 있는 자리로 저의 기쁨이자 자랑이었다"라면서 "하지만 2015년 배제 리스트가 시작된 이후 제 자리는 고통이자 슬픔의 자리로 변했다"고 말했다.(중략)

장 부장은 김 전 비서실장을 향해 "오래 전부터 많이 뵙고 싶었지만 제가 뵙고 싶었던 때는 오늘 이 자리 법정이 아니라 2015년 배제 리스트가 한창일 때였다"라면서 "도저히 말도 안되는 어처구니가 없는 상황 속에서 지시를 내린 사람을 직접 만나 왜 이것이 말이 안되는지 조목조목 설명하고 싶었지만 아쉽게도 그럴 기회를 얻지 못했다"고 말했다.

그러면서 "남북분단과 6.25전쟁, 오랜 군사독재 시절이 없었더라면, 한국 현대사의 아픔이 없었다면 실장님도 보통의 대한민국 국민으로, 박근형과 이윤택, 고선웅, 한강을 즐길 수 있었을 것"이라면서 "언제고 좋은 날에 이들의 작품을 편견 없이 보실 수 있는 날이 오기를 기대한다"고 덧붙였다.[9]

장○○은 그런 지시를 내리는 최고 윗선이 김기춘이라는 사실을 알고 있었던 것일까? 왜 그 말도 안된다고 생각하는 지시들을 한 번도 거부하지는 못했을까? 장○○의 편지글에 대한 기사를 보고 시인 이시영은 페이스북을[10] 통해 "우연히 전철에서 만난 그가 블랙리스트의 실행 책임자(창작지원부장)였으며, 그 때문에 극심하게 괴로워한 섬세한

---

9 「"오래 전부터 뵙고 싶었다" 예술위 관계자가 김기춘 실장에게 보낸 편지」, 민중의소리, 2017.5.12. 〈http://www.vop.co.kr/A000011587 56.html〉 (검색일: 2021.8.16.)

10 〈https://m.facebook.com/story.php?story_fbid=448082508878662&id=100010307495967〉

영혼의 소유자란 걸 알게 되어 참으로 미안하다"고 하였다. 이 글에 대해 "그는 예술위 직원으로서 사명감을 가진 사람 중 하나입니다. 그런 그를 정권이 망가뜨린 것이지요"라든지, "참으로 드문 정직한 참회록이네요"라는 등의 댓글들이 달렸다.

우리 시대의 가장 훌륭한 예술가 중 한 사람을 찾아가 집요하게 포기각서까지 받아내면서 예술가의 영혼을 파괴한 사람이 한 순간에 '섬세한 영혼의 소유자'로 세간의 동정을 받는다. 장○○은 편지글에서 이런 말도 했다. "대한민국을 살리는 명령이라면 밤새워서라도, 아니 목숨을 바쳐서라도 할 텐데, 지난 날 지시는 그렇지 못했습니다." 목숨을 바쳐서라도 대한민국을 살리겠다는 장○○은 왜 지원배제 지시를 거부하지 못했단 말인가. 그는 과연 섬세한 영혼의 소유자인가. 그는 섬세한 영혼의 소유자가 되고, 나는 왜 내부고발자로서 아직도 끊임없는 정신적 가해와 그에 따른 고통에 시달려야 하는가.

내부고발자로서 고통받는 이는 나뿐만이 아닐 것이다. 우리는 2015년 10월 18일에 일어났던 팝업씨어터 공연방해 사건에 대해 용감하게 내부고발에 나섰던 한국공연예술센터 직원 김진이를 기억해야 한다. 그는 당시 한 언론과의 인터뷰에서 이렇게 말했다.

> 우선은 저에게 내려왔던 일들 그리고 이런 지시와 그 공연 방해 자체가 부당한 행동이라고 생각이 됐습니다. 저는 공연예술센터에서 공공기관에서 일을 하는 사람이고 제가 이 일을 하면서 해야 되는 일은 아티스트와 관객이 만나는 일을 도와주는 역할이라고 생각을 했는데요. 실은 현장에서 제가 이번 사태를 겪으면서 제가 그런 일을 하지 않고 오히려 공연을 관객들하고 만나지 못하게 하는, 방해하는 그런 죄를 짓고 있다는 생각을 했습니다. 그래서 이 일을 이렇게 알리고 이렇게 말해야 한다고

생각했습니다. 그래야 제가 일을 잘 하고 있는 거라고 생각을 했습니다.[11]

장○○의 발언과 김진이의 발언을 비교해보면 같은 사안을 놓고 각기 다른 결단을 했다는 것을 쉽게 알 수 있다. 장○○은 비겁하게 부역자의 길을 걸었고, 김진이는 두려움에 떨면서도 진실을 공개했다. 누군가는 불의를 보면 참지 못하고, 누군가는 그냥 모른 척하며, 또 누군가는 불의와 타협하기도 한다. 그 결단이란 결국 개인의 양심의 몫이다.

김진이는 당시 폭로를 하면서 "너무 무섭고 두렵습니다"라고 말했다. 그는 나보다 훨씬 어리지만 실명까지 공개하고 인터뷰에 응했다. 나도 많이 두려웠는데 어린 그가 느꼈을 두려움의 깊이는 짐작하기도 어렵다. 결국 그는 한국공연예술센터를 그만두었다고 들었다. 그가 지금 무슨 일을 하고 있는지는 알지 못한다. 얼마 전인 2017년 4월 16일, 게릴라극장 폐관식에서 팝업씨어터 공연방해 사건의 주역인 유○○ 전 한국공연예술센터장(현 SPAF 사무국장)은 "페이크(fake) 뉴스에 속지 마십시오"라고 말했다. 김진이가 거짓말을 했다는 것인가. 김진이가 왜 신변의 위협을 무릅쓰고 그런 거짓말을 지어낸단 말인가. 김진이가 유○○의 이런 발언들을 들었다면 어떤 심정으로 지내고 있을까.

영혼 없는 공무원들

영혼 없는 공무원들은 장○○, 이○○에게서 그치지 않는다. 검열백

---

11 「"수학여행이 왜 나와? 이거 세월호 이야기 아냐?"」, 노컷뉴스, 2015.11.4. 〈https://www.nocutnews.co.kr/news/4498609〉 (검색일: 2021.8.16.)

서위원회는 지난 6월 13일에 발표된 감사원의 「문화체육관광부 기관운영감사」 결과를 분석하는 과정에서 다수의 영혼 없는 공무원들을 찾아냈다. 대표적으로 김○○의 경우를 예로 들어본다.

김○○은 2017년 2월부터 문체부 콘텐츠정책관으로 근무 중이다. “유진룡 전 문체부 장관은 김 국장이 예술정책을 수립하고 예술위 등 산하기관을 감독하는 예술정책관 시절 블랙리스트에 저항하다 좌천됐다고 지난 1월 밝혔다. 산하기관에 내려가 있던 김 국장은 ‘블랙리스트 투사’로 떠올랐으며 한 달 뒤 인사에서 본부로 복귀했다.”[12] 하지만 김○○은 “2013년 예술인복지재단 심재찬 이사장과 직원들에게 대외비인 예술인 지원 심사위원 및 지원자 명단을 내놓지 않았다는 이유로 “찍어 자르겠다”고 협박한 당사자다.”[13] 당시 녹취 파일에서 김○○은 “예술인 지원 심사위원회 명단을 요구한 곳은 ‘고위층’, ‘정보기관’ 등이며 자신이나 문화부가 필요해서 대외비 문서를 달라고 하는 것은 아니라고 했다. 그는 40여분 분량의 녹취 파일에서 ‘정보기관’이 자료를 요구한다는 말을 여러 차례 반복했다.”[14]

김○○은 지난 6월 7일 김기춘, 조윤선 등의 공판에 증인으로 출석했다. 그는 2015년 서울연극제 대관이 배제된 이유가 청와대 지시 때문이었다면서 “문제 해결을 노력했지만, 청와대 교문수석실 김소영 문화체

---

12 장지영 기자, 「블랙리스트, 진실과 화해」, 국민일보, 2016.6.29. 〈http://news.kmib.co.kr/article/view.asp?arcid=0923775029&code=11171399&cp=nv〉 (검색일: 2021.8.16.)

13 장지영 기자, 「‘악의 평범성’ 너머」, 국민일보, 2017.2.2. 〈http://news.kmib.co.kr/article/view.asp?arcid=0923688702&code=11171399&cp=nv〉 (검색일: 2021.8.16.)

14 권종민 기자, 「문체부, ‘뉴스타파’ 특종 보도 [동영상]-찍어서 짜르겠다. 월권인줄 알지만… 나는 한다면 합니다!, 심재찬」, 시사코리아, 2013.10.31. 〈https://www.sisakorea.kr/19306〉 (검색일: 2021.8.16.)

육비서관이 "방방 뛰면서 왜 그렇게 중재했냐고 화를 냈다"고 했다.[15] 법정에서 외치는 그의 발언만 보면 그가 블랙리스트의 실행을 상당히 저지한 것 같지만 실상은 그렇지 않다. 그는 2014년 11월부터 2015년 7월까지 문체부 예술정책관으로 일했는데 '2015 창작산실' 심의(2014년 12월 대본공모 심의부터 2015년 6월 심사위원 재소집까지)에서 박근형이 배제되는 과정이 그의 재임기간 안에 고스란히 포함된다.

블랙리스트 실행 과정에서 문화예술계를 가장 분노하게 만들었던 공무원 중 하나는 용○○이다. 용○○은 지난 5월 22일 김기춘, 조윤선 등 공판에 증인으로 출석했다. 그는 2014년 10월까지 청와대 교육문화수석비서관실 산하 문화체육비서관실 선임행정관이었는데 뉴욕 주재 한국문화원장으로 내정되었다가 돌연 취소되었으며, 이후 문체부 산하 국립국악원의 기획운영단장으로 발령받았다. 사실상 좌천 인사라고 했다. 그는 "유진룡 전 장관과의 친분이나 진보 예술계 인사와의 교분, 2014년 후반부터 내가 (윗선의) 지시를 지연하고 회피한 것 때문인지 아직도 의문을 갖고 있다"[16]고 했다.

그의 이 날 발언만 놓고 보면 그 역시 블랙리스트에 저항하다 좌천되었다는 주장이다. 그러나 용○○은 또 어떤 인물인가. 용○○은 2015년 11월 6일 국립국악원에서 진행하려 했던 자체 기획 공연인 금요공감 프로그램 〈소월산천〉에서 박근형을 배제시키는데 주도적인 역할을 한 것으로 지목받아 왔다. 〈소월산천〉 공연 주체인 '앙상블 시나위'는 당시 국립국악원의 박근형 배제 요구를 거절하면서 아예 〈소월산천〉 공

15 김일송, 「피해자의 목소리를 들어야만」, 한겨레, 2017.6.9. 〈https://www.hani.co.kr/arti/opinion/column/798029.html〉 (검색일: 2021.8.16.)

16 「외국 한국문화원장 인사, 돌연 취소... 靑 개입 의혹" 주장」, 연합뉴스, 2017.5.22. 〈https://www.yna.co.kr/view/AKR20170522165900004〉 (검색일: 2021.8.16.)

연 자체를 취소했다. 당시 국립국악원 예술감독이었던 김서령은 〈소월산천〉 사태에 반발하며 자진 사퇴했다.[17] 이런 사실을 알게 된 안무가 정영두 역시 자신이 출연하려던 국립국악원 공연을 취소하면서 1인 시위에 돌입했다.

안무가 정영두의 시위는 국립국악원 앞에서 시작되어 세종시 문화체육관광부 앞으로 이어졌고, 그가 일하는 일본에서도 이어졌다. 그는 1년 가까이 산발적으로 시위를 이어가다가 급기야 2016년 11월 6일부터는 용○○이 근무하는 런던의 주영한국문화원 앞에서 시위를 벌였다. 당시 용원장은 11월 21일에 "앙상블 시나위 공연이 다른 공연으로 대체된 것은, 국악기 연주에 특화된 음향과 조명 등 공연장 특성을 고려해 프로그램 제작·협의 과정에서 일어난 사안"이라며 "박근형이라는 특정 연출가로 인한 정치적 문제와는 전혀 관련이 없다"[18]고 밝힌 바 있다.

그러나 김해숙 국립국악원장은 2017년 2월 7일에 문체부 지시로 〈소월산천〉 공연에서 박근형을 배제했음을 시인한 바 있다. 김원장은 "소월산천 공연을 보고한 간부 직원이 과거 청와대에서도 근무한 경험이 있어서 이런 일이 어떻게 흘러가는지 잘 알고 있었으며, 나는 (블랙리스트를 시사하는) 그분의 말뜻이 무엇인지 잘 이해했다"고 말했다.[19]

---

17 김 감독은 "국립국악원 측이 갑작스럽게 공연의 취소, 또는 앙상블 시나위의 단독 공연을 통보해왔으나 예술감독으로서 받아들일 수 없었다"며 "국립국악원 측과 여러 차례 전화로 논쟁"했으며, "결국 국립국악원 측에서는 앙상블 시나위에 직접 입장을 전달했다"고 말했다. 문학수 선임기자, 「김서령 예술감독, '예술검열'에 항의 사퇴」, 경향신문, 2015.11.12. 〈https://www.khan.co.kr/culture/culture-general/article/201511112108365〉 (검색일: 2021.8.16.)

18 「정영두 안무가, 런던서 1인 시위 나선 이유는?」, 한겨레, 2016.11.21. 〈https://www.hani.co.kr/arti/international/europe/771333.html〉 (검색일: 2021.8.16.)

19 박정환 기자, 「김해숙 국악원장 '문체부 지시 블랙리스트 집행' 사실상 시인」,

여기서 과거 청와대에서 근무했던 간부 직원이란 용○○임이 분명하다. 2017년 4월 20일 김기춘, 조윤선 등 공판에 증인으로 출석한 우○○ 전 문체부 예술정책관(현 국립국어원 기획연수부장)은 2015년 10월 팝업씨어터 〈이 아이〉 공연 방해 사건과 국립국악원 〈소월산천〉에서의 박근형 배제에 대해 "예술위와 국립국악원 직원들이 자체적으로 진행한 것으로 알고 있다고 답하였다."[20] 그렇다면 용○○은 문체부의 지시 없이도 블랙리스트를 매우 '적극적, 능동적'으로 실행했다고 볼 수 있다. 용○○은 청와대 재직 시절에도 블랙리스트를 판정하는 임무를 맡았던 것으로 확인되고 있다. 문예위 심의위원 선정 과정에서 문예위로부터 후보자 3배수 명단이 문체부 오○○에게 올라가고 "오○○이 청와대 용○○ 문체비서관 행정관에게 보내면 통화로 누구는 된다, 안된다 하면서 결정했다"[21]는 것이다. 정영두는 용○○이 "자신의 치적에 대해서는 '나'를 앞세운 개인으로서 이야기 하다가 잘못을 지적하면 기관 뒤에 숨어버리는 화법을 구사한다"면서 "예술가나 예술행정가가 아무리 국가 이데올로기의 압력을 받더라도 상식과 윤리를 지켜야 한다"[22]고 일갈했다. 감사원의 문체부 감사결과보고서에서도 "문화·예술 지원 등 업무 관련자들은 이와 같은 상급자의 위법·부당한 지시에 따르지 아니하여야 한다"[23]고 명시하였다.

News1, 2017.2.7. 〈https://www.news1.kr/articles/?2905389〉 (검색일: 2021.8.16.)

20 임인자, 「블랙리스트 재판 방청 보고」, 검열백서 6월 포럼, 2017.6.26.

21 이양구, 「검열사건일지 업데이트: 새로 드러난 사실들」, 검열백서, 6월 포럼, 2017.6.26.

22 장지영 기자, 「[인터뷰] 안무가 정영두 "검열문제 예술행정가들의 역할 분명히 밝혀야"」, 국민일보, 2017.1.10. 〈http://news.kmib.co.kr/article/view.asp?arcid=0923674681〉 (검색일: 2021.8.16.)

23 「감사보고서 – 문화체육관광부 기관운영감사」, 감사원, 2017.6, 120쪽.

장○○, 김○○, 용○○ 등의 최근 언행들을 살펴보면 금세 공통분모를 눈치 챌 수 있다. 블랙리스트 실행의 책임을 자신들이 재직하고 있는 기관보다 상위기관, 궁극적으로는 청와대로 미루면서 자신들은 오히려 블랙리스트에 저항했다고 변명하기 바쁘다는 점이다. 그들 누구도 진심 어린 사과는 없다. 정영두가 런던문화원 앞에서 여러 날 시위를 이어갔건만 용○○은 그를 본체만체했다. 장○○은 선한 명령이라면 목숨을 바칠 수 있지만 악한 명령에 대해서는 그럴 수 없었다는 유체이탈 화법을 구사했다. 김○○은 정보기관이 시켜서 하는 일임에도 불구하고 자기 말을 안 들으면 예술인복지재단 직원들을 찍어내겠다고 윽박질렀다. 그들 모두는 두말할 나위 없이 블랙리스트의 적극적, 고의적 실행자들이다.

우리 모두가 피해자다

블랙리스트의 1차적 피해자는 지원에서 배제된 예술가들일 것이다. 그러나 그들의 피해는 결코 경제적인 피해만이 아니다. 우선 박근형의 경우를 예로 들어보자.

박근형은 2013년 9월 〈개구리〉 사태 이후, 이미 여러 경로로 신변의 위협을 느끼고 있었다. 재직 중인 학교로 개인감사가 들이닥쳤고, 그 후에 남부터미널 근처에 있는 정체불명의 건물에 불려가 또 조사를 받은 적이 있다. 남부터미널 근처의 그 건물은 감사원 소속이라고는 하는데 건물 어디에도 감사원과 관련된 간판은 없었다고 한다. 박근형을 부른 사람은 그 건물의 위치를 직접 알려주지 않았고 남부터미널 근처에 가서 연락하니 요원(?)이 데리러 나왔다고 한다.[24] 듣기만 해도 소름이 오싹 끼치는 일이다.

박근형은 '2015 창작산실' 사태가 터지기 이전에 이미 많이 지쳐 있었다. 그런 그가 2015년 9월 9일에 방송될 JTBC 취재에 응하는 것 자체가 위험천만한 일이었다. 그런데 그는 인터뷰에서 심지어 '청와대'를 운운했고, 나는 순간 심장이 멎는 줄 알았다. 그 이후 연극계에서는 박근형을 동정하는 여론 못지않게 비난하는 여론이 있었다.[25] 공연을 포기하지 말고 적극적인 투쟁에 나섰어야 한다는 것이다.

나는 2015년 6월 18일 문예위가 심사위원들을 재소집한 직후 박근형에게 전화를 걸어 심사위원들이 8작품의 선정 결과를 바꾸지 않은 사실을 전해주면서 "포기하지 말고 같이 싸우자"고 했다. 박근형은 최근 나를 비롯한 몇몇 연극인과 함께 한 자리에서[26] "그때 같이 싸우자 하셨죠. 동료들도 같이 싸워줄 것이라 하셨죠"라고 했다. '동료들도 같이 싸워줄 것'이라는 말은 2년 전 얘기라 나도 잊어버린 말이었지만 그가 그렇게 말하는 순간 당시의 상황이 명료하게 떠올랐다.

그렇다. 나는 박근형이 투쟁의 길로 나서면 나머지 7개 단체들도 공

---

24 이런 내용은 2015년 6월 7일, 박근형 연출의 〈히키코모리 밖으로 나왔어〉를 보러 갔다가 술자리에서 박근형으로부터 개인적으로 듣게 된 것이다. 2년 전 기억이므로 디테일에서는 약간 차이가 있을 수 있다. 이때 그는 '2015 창작산실' 심의결과 발표가 지연되는 이유도 자신 때문이라는 것을 알고 있었다.

25 박근형은 2017년 5월 10일자 경향신문과의 인터뷰에서 "어느 날 문예위 직원들이 나를 찾아왔다. 그 사람들이 나한테 '먼저 그만두라'고 했다.(중략) 창작산실 지원사업 자체를 아예 없앨 수도 있다고 했다. 연극계 동료들과 후배들은 나한테 그때 일을 왜 낱낱이 털어놓지 않냐고 하는데,(한숨 쉬면서) 그 직원들이 나를 찾아와 거의 울면서 그런 얘기들을 했다. 그래서 내가 혼자 나가서 담배 한 대 피우고 와서, '그럼 내가 안할게'라고 했다"고 밝혔다.

26 이 자리는 박근형의 〈모든 군인은 불쌍하다〉가 남산예술센터에서 재공연되기 하루 전인 5월 12일에 있었고 박근형과 그의 처, 김재엽, 김일송, 우연 등이 함께 했다.

연을 포기하고 함께 싸워주리라 기대했다. 그 동력으로 연극계 내에 거대한 투쟁의 연대가 형성될 수 있으리라 기대했다. 그러나 박근형은 결국 포기의 길을 택했고, 2015년 9월 9일 JTBC 보도 후에야 이 사실을 알게 된 7개 단체들은 공연포기를 심각하게 고려했으나 결국 공연을 올리기로 했다.

> 한편 창작산실 선정작 공연팀들은 공연을 준비하던 중 이 사건이 알려지면서 깊은 고민에 빠졌다. 배제되지 않았다고 해서 검열을 당하지 않은 것은 아니다, 우리 모두가 검열의 당사자다, 검열에 항의하기 위해 공연을 포기해야 하는 것 아니냐, 우리는 연극인이다, 연극인이 무대를 포기하는 것은 적극적인 선택은 아니다 등등의 논의가 창작산실 공연팀과 주변 연극인들 사이에서 이루어졌다. 결국 수많은 고민을 안고 창작산실 공연팀들은 공연을 올리기로 결정한다.[27]

당시 7개 공연팀의 혼란을 접하며 나 역시 멘붕에 빠졌다. 나와 박근형이 이 문제를 진즉 공론화하지 않은 것을 원망하는 목소리도 있었다. 사실 내가 폭로를 미루고 있었던 데에는 후배들을 위해 포기를 결정한 박근형의 뜻을 존중하고자 하는 마음이 있었다. 그래서 폭로 시점은 최소한 7개 극단에 대한 지원이 이루어지고 공연이 가시화되는 이후라야 한다고 생각했다.[28] 폭로 이후 직접 고민을 호소해온 작업자들과 얘

27 김소연, 「검열과 예술의 내상」, 『문화과학』 2016년 가을.

28 또 하나 폭로를 미룬 이유 중 하나는 고 김동현 연출이 2015년 2학기부터 한국예술종합학교 연극원에 교수로 임용될 예정이었기 때문이다. 그는 2015년 4월 11일 창작산실 시범공연 심사 마지막 날, 장용석이 박근형 배제를 요구했을 때 거세게 항의하며 곧바로 심의위원을 사퇴하겠다고 밖으로 뛰쳐나갔었다. 국립대학 교수 임용시 신원검증 절차에서 혹시 이 문제가 그를 곤경에 빠뜨리지 않을까 염려되었

기하는 과정에서는 내가 괜한 짓을 했다는 자괴감마저 들었다. 나는 그들을 그토록 번민하게 만든 것에 대해 미안한 마음을 지닌 채 7개 공연을 모두 관람했다. 그들이 만든 일부 프로그램북에서조차 검열이 있었다는 얘기도 들었다.

공연이 올라가기 전에 또 다른 해프닝도 있었다. 문예위 측에서 한국연극평론가협회가 발간하는 계간 『연극평론』에 창작산실 광고를 주겠다고 했다. 문예위가 일부러 연락해서 광고를 주겠다고 한 일은 처음이었다. 이 문제를 놓고 당시 편집장이던 나를 비롯한 편집위원회와 회장을 비롯한 이사진 사이에서 심각한 갈등이 불거졌다. 그 광고를 거절하면 문예위에 찍혀서 잡지 지원이 끊길 것 같다는 이사진의 위기감과, 검열 및 불법행위가 자행된 공연의 광고를 게재할 수 없다는 편집진의 의견차가 팽팽히 맞섰다. 내가 편집장 사퇴까지 불사했던 그 일은 편집위원 중 한 분이 광고를 제안한 문예위 직원 이○○과 통화하여 광고를 자진 철회하는 것으로 일단락되었다. 그런데 나는 그 제안이 이○○으로부터 제기되었다는 것에 또 한 번 아연실색했다. 그는 '2015 창작산실' 심의 과정에 가장 직접적으로 관여하면서 심의위원들의 동태를 사찰한 것으로 의심되는 인물이다.[29]

다.

29 문예위와 문체부의 보고 체계는 어떻게 이루어지고 있었을까. 그 단서를 필자가 참여했던 '2015 창작산실' 심의 과정 보고에서 찾아볼 수 있다. 2015년 5월 13일에 작성된 '2015년 문제사업 현황'이라는 문건에 의하면 '심사 전: 4건 발굴(3건 제외, 1건 배제 불발)', '심사 후: 특이사항 2건 통보'라고 되어 있다. 당시 창작산실 우수작품 제작지원 심의에는 총 15편이 올라와 있었다. 문예위는 심사 개시 전, 자체 대본검열을 통해 '4건'이 문제 있다고 파악한 듯하다. 그런데 그중 3건은 심사과정에서 자연스럽게 제외되었고 한 건이 배제되지 못했다. 아마도 그 한 건이 박근형 작, 연출의 〈모든 군인은 불쌍하다〉일 것이다. 5인의 심사위원들은 심사 마지막 날 총 8편의 작품을 선정했는데 다시 2건에서 '특이사항'이 발견되었다는 것이다.

이처럼 블랙리스트 사태는 지원에서 배제된 예술가들은 물론 지원에서 선정된 예술가들에게도 깊은 상처를 남겼고, 검열사태에 저항하는 과정에서 적극적인 쪽과 방관하는 쪽 사이에도 감정의 앙금들을 남겼다. 현장 예술가들과 심의위원들 사이에, 심지어 평론가들 사이에도 서로에 대한 불신과 비난들이 팽배해 갔다. 특히 2015년 9월 9일 JTBC의 검열 폭로 이후, 반복적으로 심의에 들어간 심의위원들에 대한 비난 여론은 날로 거세어졌다. 평론가들 사이에서는 블랙리스트 문제에 골몰하는 쪽을 너무 정치적이라고 비판하기도 했다.

블랙리스트가 실행된 동안 심의에 참여한 위원들 역시 피해자이자 가해자가 되었다. 개중에는 정말 별 생각 없이 심의에 들어갔다가 검열이 벌어졌는지도 모른 채 지금 의혹의 눈초리를 받고 있는 분들이 있을 것이다. 그러나 최근 감사원 감사결과는 심의위원 중 일부가 심지어 심의 전에 문예위 직원들과 사전 공모하고 배제 시나리오까지 짠 다음 심의에 들어간 것으로 적시하고 있다.[30] 문예위 지원사업을 담당했던

보고 문건에는 또 '현장에서 공연을 직접 보면서 인터뷰하는 실연 심사방식 상, 사전에 협의했음에도 불구, 5명 중 2명의 심사위원이 강하게 반발하여 1건 배제 불발'이라고 적혀 있다. 강하게 반발한 심사위원은 필자와 고 김동현 연출이다. 5일간 진행된 심의 마지막 날인 4월 11일 점심시간에 장○○ 당시 창작지원부장이 처음 나타났다. 그런데 그는 이미 5일간 심사위원들 사이에 오간 의견들을 상당 부분 알고 있었으며 박근형이 선정될 가능성이 높다는 것도 파악하고 있었다. 5일간 진행된 심의 과정을 장○○에게 보고한 사람은 문예위 직원인 이○○이었으리라 짐작된다. 그가 5일간의 심의과정에 대부분 배석하고 있었기 때문이다. 보고 문건에는 문제가 된 3개 작품에 대한 '검토의견'이 첨부되어 있다. 이 검토의견은 누가 작성했을까. 이○○ 또는 장○○일 확률이 높다. 김미도, 「블랙리스트의 실행과 작동」, 『연극평론』, 2017 봄.

30 감사원의 문체부 감사결과 보고서에 의하면 "2015.10.27. 심의를 주도할 수 있는 친정부 성향의 심의위원을 사전 접촉하고 지원배제 명단을 공유한 후 심의과정에서 배제대상자가 지원후보로 거론될 경우 해당 심의위원이 사업계획서 부실 등 부적격 의견을 제시하는 방법 등으로 "공연예술 발표공간 지원사업"의 신청자인

문예위 사업책임자들은 거의 모두가 블랙리스트의 집행자였다고 봐도 과언이 아니다. 그들은 책임심의위원, 또는 간사 자격으로 심의에 들어가 블랙리스트에 있는 개인 및 단체들을 여러 가지 그럴듯한 사유로 지원이 부적절하다는 의견을 냈고, 심의위원들은 그들의 의견을 별 의심 없이 받아들였을 수 있다. 좀 더 적극적으로는 문예위 직원들이 심의에 간사로 참석하여 정부의 지원배제 방침을 심의위원들에게 노골적으로 전달하기도 하였다. 이 경우에는 심의위원들이 검열 사실을 인지했으면서도 묵인하고 동조한 경우로 볼 수 있다.[31]

누가 우리들을 이렇게 서로 의심하고 불신하도록 만들었는가. 평소 호형호제하며 격의 없이 지내던 동료들 사이에 쉽게 회복되지 않을 것 같은 감정의 골이 왜 생겼는가. 심각한 부역 혐의가 포착되는 몇 몇 연극계 선배 및 동료들에 대해 후배들은 왜 철저한 배신감을 느껴야 하는가. 이런 엄청난 일이 벌어지고 있을 때 대부분의 연극계 원로들은

사단법인 ○○ 등 22개 단체가 지원배제되도록 하였다."고 되어있다. 당시 심의위원은 안호상, 정현욱, 김동석, 류경호, 도완석 5인이다.

31 감사원 감사결과서에 따르면 문예위 아르코예술인력개발원장 양○○은 2015.5.22.(무대예술전문인력 지원사업) 및 2015.6.11.(공연예술분야 기획 및 경영 전문인력지원사업) 지원배제 지시를 이행하기 위해 지원 대상자 선정을 위한 심의과정에 간사로 참석하여 지원배제 대상 단체에 대해 "해당 단체는 정부 방침으로 지원대상에서 배제되어야 하는 단체입니다. 지원배제가 되지 않으면 사업 전부가 폐지되어 모든 단체를 지원할 수 없습니다"라고 하는 등 정부의 지원배제 방침을 심의위원들에게 설명하는 방식으로 '극단OO' 등 31개 단체가 지원대상에서 배제되도록 하였다.
또 2016년 6월 중순경 '공연예술스태프 지원사업'에서 문예위 사무처(당시 이○○ 사무처장 직무대행)가 지원심의 과정에 간사로 참석하여 선정 가능성이 있는 단체에 대해 "정부에서 지원을 하지 않는 것이 좋겠다는 지시가 있었다"라고 하는 등 심의위원들에게 지원배제 지시 내용 언급 및 이행의 고충을 토로하고 배제를 요청하는 방식으로 '사단법인 ○○' 등 19개 단체가 지원배제되도록 하였다. 원래 감사보고서에서는 이름을 영문 이니셜로 표현하고 있으나 검열백서위원회의 분석 과정을 거쳐 해당 직원과 심의위원 명단을 밝혀냈다.

왜 함께 나서서 싸워주지 못했을까. 더구나 대한민국 예술원 회원들은 왜 지금까지도 침묵으로 일관하고 있는가.

블랙리스트의 피해 범위는 결국 문화예술계 전체라고 할 수 있다. 2015년부터는 "한국문화예술위원회에서 전체 신청자 명단이 고스란히 문체부에 올라가고 청와대와 국정원으로 올라갔다가 다시 한국문화예술위원회로 내려오는 형태로 운영되었다."[32] 김기춘의 문화예술계 지원 배제 지시가 내려지는 2013년 9월부터[33] 박근혜 정권이 퇴진하기까지 모든 문화예술계 종사자들은 전부 사찰 대상이었고, 검열을 당했다.

최종적으로 블랙리스트의 피해는 온 국민으로 확산되었다. 블랙리스트의 실행 과정에서 문화예술계는 그 활동이 심하게 위축되었고 국민들은 헌법이 보장한 표현의 자유와 문화예술 향유에 관한 권리를 제대로 누리지 못한 셈이다. 최근 문화예술계뿐 아니라 교육계, 언론계, 법조계 등에서도 블랙리스트 문제가 첨예하게 대두되는 상황을 보면 결국 온 국민이 사찰 대상이었다고 할 수 있다.

---

32 임인자, 앞의 글.

33 김기춘 재판에 나온 박준우 전 청와대 정무수석의 업무수첩에 의하면 2013년 9월 9일자에 "천안함(영화) 메가박스 상영문제, 종북세력 지원의도, 제작자 펀드 제공자 용서 안돼. 국립극단 개구리 상영 용서 안돼. 각 분야의 종북·친북 척결 나서야. 강한 적개심 갖고 대처. 비정상의 정상화 일환" 등의 기록이 있다. 국립극단 제작, 박근형 연출의 〈개구리〉에 대한 중앙일보 최민우 기자의 기사 「박정희·박근혜 풍자냐 비하냐… 국립극단 논란」이 나온 것은 2013년 9월 12일이었다. 여기서 9월 9일 김기춘의 발언과 9월 12일 최민우 기자의 기사 사이에 어떤 상관관계가 없을지 합리적 의심을 하게 된다. 그동안 연극계에서는 최민우 기자의 기사에 의해 청와대가 박근형 연출의 〈개구리〉를 인지하게 되었고, 이로부터 블랙리스트 작성이 본격화 된 것으로 파악하고 있었다. 그러나 김기춘은 9월 9일에 이미 청와대에서 개구리를 용서할 수 없다고 발언했다. 혹 최민우 기자의 〈개구리〉 관련 기사는 청와대의 지시에 의한 것은 아니었을까. 김미도, 「김기춘과 아이히만」, 『연극평론』 2017 여름.

치유와 화해를 위한 블랙리스트 진상조사

김기춘, 조윤선 등에 대한 재판이 마무리되어가지만 블랙리스트의 진실은 이제 겨우 그 윤곽을 드러냈을 뿐이다. 증거와 증언들이 차고 넘치는데도 김기춘과 조윤선은 블랙리스트에 대해 모르쇠로 일관하고 있다. 더구나 이 재판에서는 증인으로 출두한 가해자들마저 피해자로 위장한 채 진짜 피해자들의 목소리는 철저히 배제되었다. 문체부와, 문예위를 비롯한 문체부 산하 공공기관들에서 블랙리스트가 어떻게 구체적으로 실행되고 작동되었는지는 이제부터 본격적으로 밝혀 나가야 한다.

그 진상을 낱낱이 밝히지 않으면 앞에서 열거한 일부 공무원들의 행태처럼 가해자들은 끊임없이 진실을 왜곡하면서 피해자들에게 더 가혹한 트라우마를 남길 것이다. 가해자들도 평생 양심의 가책을 씻어내지 못할 것이다. 철저한 진상조사와 그에 따른 반성 없이는 블랙리스트의 망령이 언제 다시 살아날지 알 수 없는 일이다.

이 자리를 빌어 블랙리스트 작성과 실행에 가담한 공무원들과 문화예술계 내부 인사들이 좀 더 진솔하게 양심고백에 나서주기를 바란다. 진정 어린 사죄와 고백만이, 응징과 처벌이 아닌 치유와 화해로 나아갈 수 있는 길이다.

끝으로 표현의 자유와 관련된 관련 법규들을 나열하는 것으로 이 글을 맺고자 한다.

> '문화'는 문화예술, 생활양식, 공동체적 삶의 방식, 가치체계, 전통 및 신념 등을 포함하는 사회나 사회구성원의 고유한 정신적·물질적·지적·감성적 특성의 총체를 지칭하는 것으로(문화기본법 제3조), 모든 국민은

성별, 종교, 인종, 세대, 지역, 사회적 신분, 경제적 지위나 신체적 조건 등에 관계없이 문화 표현과 활동에서 차별을 받지 아니하고 자유롭게 문화를 창조하고 문화활동에 참여하며 문화를 향유할 권리와 예술의 자유를 가진다(헌법 제11조 제1항, 제22조, 문화기본법 제4조).

국가와 지방자치단체는 문화가 민주국가의 발전과 국민 개개인의 삶의 질 향상을 위하여 가장 중요한 영역 중의 하나임을 인식하고, 문화의 가치가 교육, 환경, 인권, 복지, 정치, 경제, 여가 등 우리 사회 영역 전반에 확산되며 개인이 문화 표현과 활동에서 차별받지 아니하도록 하고, 문화의 다양성, 자율성과 창조성의 원리가 조화롭게 실현될 수 있도록 그 역할을 다하여야 한다(문화기본법 제2조).

'문화 다양성'이란 집단과 사회의 문화가 집단과 사회 간 그리고 집단과 사회 내에 전하여지는 다양한 방식으로 표현되는 것을 말하는데, 그 수단과 기법에 관계없이 인류의 문화유산이 표현, 진흥, 전달되는 데에 사용되는 방법의 다양성과 예술적 창작, 생산, 보급, 유통, 향유 방식 등에서의 다양성을 포함하며, 국가와 지방자치단체는 문화다양성을 보호하고 증진하기 위한 시책을 강구하고, 문화다양성에 기반한 문화예술 활동을 권장·보호·육성하며, 이에 필요한 재원을 적극 마련하여야 한다(문화다양성의 보호와 증진에 관한 법률 제2조, 제3조)

대통령과 대통령을 보좌하는 대통령비서실 및 그 소속 공무원, 문화·예술·영상·출판 등 사무를 관장하는 주무부처인 문체부 및 그 소속 공무원은 정치적 이해 관계에 대한 고려 없이 헌법과 법률이 정한 바에 따라 문화다양성을 기반으로 문화 예술 활동이 불편부당하게 수행되도록 국민에게 봉사할 의무가 있다(헌법 제7조, 제66조, 제69조)